JN299073

# 現代
# モジュール化
# 経営論
## ―日本企業の再発展戦略

平松　茂実　著

学文社

# はじめに

　日本の企業の多くは，1990年前後からグローバル市場で急激に後退し，その結果日本経済にも陰りが見え始めている。著名な大企業の赤字化や経営破綻のニュースもよく耳にすることが多くなった。本書の目的は，その主な原因が，日本企業が現代の新事業や新製品などの開発の3障壁の一つである産業化の障壁としての「ダーウインの海」を渡れなくなったことにあるとし，そこで日本企業はどうしたらグローバル市場で再発展ができるかを，新しいモジュール化経営のあり方として具体的に提言することにある。

　現代の経営でもっとも認識すべきことは，20世紀に内部化が有利とされた企業経営が，20世紀末のグローバル経営環境の激変で，外部化有利に変わったことである。その結果外部化志向の経営理論として登場したモジュール化経営を活用することが，現代の経営の要諦になるが，内部化志向が強く一度その経営で成功した日本企業の多くは，イノベーションのジレンマに陥ってモジュール化経営に大きく出遅れた結果，「ダーウインの海」障壁が渡れなくなってグローバル市場で急激に後退していると考える。

　日本は幸い藤本隆宏先生とその門下によって，「ものづくり」のアーキテクチャを中心としたモジュール化経営の最先端の研究がなされているが，モジュール化経営の全体体系の研究はまだ発展途上にあると見られている。MITのバーガーらは，約500社の調査研究から，現在のグローバルな成功企業のほとんどがモジュール化経営を実施しているとした。筆者もモジュール化経営に関心を持ち，その研究の一端を2011年1月に『モジュール化グローバル経営論』（学文社）にまとめ，幸いその9月に工業経営研究学会から2011年度学会賞をいただくことになったが，その要旨は，多様化したモジュール化経営を戦略的に活用しやすくするために，そのあり方の8類型モデル化を図ることにあった。すなわち1990年前後からグローバル企業に普及したモジュール化経営では，

モジュールの連結のあり方が多様化するために，もはや一元的なグローバル経営モデルはなくなったとされるに到った。しかしそれではこれからの経営に経営学が寄与する余地はなくなるので，実際経営への指針の提供を図るために，多くの事例を分析して類型化を探り，そのあり方が8モデル化できることを実証し，またその8モデルの選択は内部化志向か外部化志向かの経営理念と，事業規模からほとんど限定できることを示したものである。

　本書では前著よりさらに広くモジュール化経営を捉え，日本企業の現在のグローバル市場での急激な後退の実情を確認し，またそれが新事業や新製品などの産業化に成功できなくなった（「ダーウインの海」を渡れなくなった）のによることを実証し，その対応策として経営の内部化から外部化への転換と，筆者が前著で提起したモジュール化経営戦略8モデルの活用が，有効な対策となることを提唱している。

　またモジュール化経営活用の準備として，これまでに提起された主要な関係理論を回顧点検し，その不足の一部補強も試みつつ，モジュール化経営の構造体系を示した。その上で，新事業や新製品の開発からグローバル市場での産業化と市場支配までの発展プロセスで，日本企業のグローバル市場での後退と，新事業や新製品の開発から産業化までの過程の障壁である「魔の川」「死の谷」「ダーウインの海」との関係を検討し，昨今の後退が「ダーウインの海」を渡れなくなったことにあることを改めて確認した。

　そして現在日本企業が挑戦しているさまざまな「ダーウインの海」渡り戦略の試行例を，モジュール化経営の8モデルによって体系的に分析し，その有効なあり方を整理して示すとともに，これからの日本企業の「ダーウインの海」渡りにさらに有効と思われる，新しい「新IM統合モデル」を提起し，すでに若干見られるその萌しも紹介した。

　なお筆者は，日本企業の経営が，全ての領域で単純に後退しているとは考えていない。ハイテク，高機能，多種少量生産品や特殊なニッチ事業，特に材料工学領域などでは，現在でも優れたグローバル競争力を保持している。したがって長く信奉されてきた，日本経済を支える「原材料を輸入し，工業加工品の

輸出で成り立つ国」とする内部化志向の「瀬島モデル」は，まだある程度は保持され続けると考える。しかし産業の過半を占める加工組立の機械産業分野では，新興国・地域のマス・マーケットが産業経済や企業経営の去就を支配するほどに発展し，またそこではコスト・リーダーシップこそが競争優位であるため，今や疑問の余地なくグローバルに展開するモジュール化経営が必要であり，また装置産業分野でも，原料価格と為替レートを中心としたグローバルな産業立地が求められるので，瀬島モデルに代わって，「グローバル市場で稼いだ資本収支の黒字で経済を支える」新しい外部化志向の「資本収支生存モデル」への転換が，日本の将来の去就を決める時代になったことを本書で確認したい。

　本書は必ずしも通読していただく必要はない。日本企業のグローバル市場での急激な後退の実態やその原因を改めて確認する必要がないか，それが面倒である場合には，第Ⅰ部は第2章の2-5と2-6以外は割愛していただいてよく，またモジュール化経営の体系構造や諸理論の確認が必要ないか，面倒な場合は，第5章の5-1と第8章の8-2の(3)だけに目を通していただければ間に合うはずである。

　ただしビジネススクールでのケース学習と考えて，第Ⅲ部の特に第12〜14章だけは通読していただければ，それぞれ読者各位の置かれた立場で，これからどうすべきかのヒントを摑んでいただけるものと考えている。

　ビジネスの第一線で活躍される各位はもちろん，それを推進する研究や行政に従事する各位にも本書を活用していただきながら，ともにモジュール化経営を研究・活用していただくことによって，日本企業がグローバル市場で再発展し，将来の日本経済の発展に寄与できるよう，切に願望して止まない。

　2012年9月

平松　茂実

# 目　次

はじめに　*i*

## 序　章　本書の目的と概要 …………………………………………… 1

## 第Ⅰ部　日本企業のグローバル市場での後退とモジュール化経営

### 第1章　日本企業のグローバル市場での後退の実態 ……………… 10
### 第2章　日本企業のグローバル市場での後退原因と瀬島モデルの破綻 …… 19
 2-1　モジュール化経営への乗り遅れによるコスト・リーダーシップの喪失　*21*
 2-2　モジュラー化への適合の遅れによるコスト・リーダーシップの喪失　*22*
 2-3　内部化志向経営への固執（ガラパゴス化）によるマス・マーケット不適合　*24*
 2-4　成熟期事業でのグローバル化経営の限界　*27*
 2-5　瀬島モデルの破綻と新しい日本産業モデルへの転換の必要性　*28*
 2-6　新技術情報保護の重要性　*34*

### 第3章　新事業・新製品開発の必要性と三つの発展障壁 ………… 38
 3-1　新事業や新製品の開発と産業化による高シェア獲得の必要性および必要要因　*38*
 3-2　新事業・新製品開発の三つの発展障壁「魔の川」「死の谷」「ダーウインの海」　*40*
 3-3　日本の科学技術力の推移と三つの発展障壁との関係　*43*
 3-4　モジュール化経営における「ダーウインの海」障壁の重要性　*45*

### 第4章　事業や製品などの機能連鎖構造に着目した戦略発想の変遷 ……… 47
 4-1　経営戦略論の発展経緯　*47*
 4-2　事業や製品などの機能連鎖構造に着目した経営戦略論の変遷　*48*
 4-3　モジュール化経営論の発展経緯　*49*

目　次　v

# 第Ⅱ部　モジュール化経営の体系

## 第5章　モジュール化経営の概要 …………………………………………… 56
5-1　モジュール化経営論の基本的な体系構造　56
5-2　モジュール化経営の対象　56
5-3　モジュール化経営論の経営戦略上の評価（位置付け）　57
5-4　モジュール化経営研究の課題　58

## 第6章　モジュール化経営関連用語の定義 ………………………………… 63
6-1　コンポーネントとシステム　63
6-2　モジュール　64
6-3　モジュール化　64
6-4　モジュラリティ　64
6-5　アーキテクチャ　65
6-6　オープン・アーキテクチャ　65
6-7　アーキテクチャ特性　66

## 第7章　モジュール化 ………………………………………………………… 68
7-1　モジュール化についての研究経緯　68
7-2　モジュール化の基本原理　72

## 第8章　モジュラリティ ……………………………………………………… 77
8-1　モジュラリティの情報処理のあり方による3類型モデル　78
8-2　モジュラリティの構造による8類型モデル　79
　(1)　8モデル出現の経緯とその特徴　80
　(2)　8モデル化の意義と効用　83
　(3)　8モデルの概要　85
　　　Ⅰ　（ビッグバン）型　85
　　　Ⅱ　（恒星）型　86
　　　Ⅲ　（南十字星）型　87
　　　Ⅳ　（アンドロメダ）型　88
　　　Ⅴ　（連星）型　90
　　　Ⅵ　（彗星）型　92
　　　Ⅶ　（星雲）型　93
　　　Ⅷ　（ブラックホール）型　95

8-3　モジュール化経営（モジュラリティ）8モデルの活用　97
　(1)　8モデルの成立要因と必要動因　97
　(2)　8モデルのモジュラリティ構造とアーキテクチャ特性の関係　97
　(3)　8モデルの業種適合性　99
8-4　モジュール化経営（モジュラリティ）8モデルによるモジュラリティ設計　100
　(1)　8モデルの選択方法　100
　(2)　8モデルの適合規模，経営資源と展開エリア　101
　(3)　8モデルとスマイリングカーブの関係　102

## 第9章　アーキテクチャ　105

9-1　モジュール化経営とアーキテクチャの関係　105
9-2　既知のアーキテクチャの基本原理　106
9-3　新規に提起するアーキテクチャの基本原理　113
9-4　アーキテクチャとコミュニケーション・コンテクストの関係　126
9-5　オープン・アーキテクチャと第三文化体　129

## 第Ⅲ部　日本企業の「ダーウインの海」障壁を乗り越える再発展戦略

## 第10章　「魔の川」障壁をどう渡るか　134

10-1　「魔の川」渡りとセレンディピティ（知識創造）管理　135
10-2　知識創造の体系（構造とプロセス）モデル　136
10-3　知識創造の機能モデル　139
10-4　知識創造の方法モデルとその実証　141
10-5　日本企業が「魔の川」を渡れる理由　145

## 第11章　「死の谷」障壁をどう越えるか　147

11-1　「死の谷」を越えるための必要要件　147
11-2　日本企業の「死の谷」越えの成功原因　148
11-3　プロジェクト・チームの有効性の実証　151

## 第12章　日本企業は「ダーウインの海」障壁をなぜ渡れなくなったのか　153

12-1　モジュール化経営への出遅れで後退した日本企業　153
12-2　日本企業がグローバル市場で復活するモジュール化経営戦略のあり方　156

(1) 経営目的に合致した外部化志向での最適最強のモジュラリティ構築
　　　156
　(2) アーキテクチャ特性に合致した国・地域へのモジュール分業配置　157
　(3) マス・マーケットのモジュラー型デファクト・スタンダードへの適合
　　　158
　(4) 日本企業のこれからのモジュール化経営戦略のあり方　159
12-3　日本企業のモジュール化経営の現状と問題　160
12-4　日本企業が「ダーウインの海」を渡るための課題　162
12-5　「ダーウインの海」渡り戦略としてのモジュール化経営8モデルの活用
　　　のあり方　164
　(1) 内部化志向の場合　164
　　　Ⅰ　(ビッグバン) 型モデルによる場合　165
　　　Ⅱ　(恒星) 型モデルによる場合　166
　　　Ⅲ　(南十字星) 型モデルによる場合　166
　　　Ⅳ　(アンドロメダ) 型モデルによる場合　167
　(2) 外部化志向の場合　168
　　　Ⅴ　(連星) 型モデルによる場合　168
　　　Ⅵ　(彗星) 型モデルによる場合　169
　　　Ⅶ　(星雲) 型モデルによる場合　170
　　　Ⅷ　(ブラックホール) 型モデルによる場合　171

## 第13章　現代日本企業の「ダーウインの海」障壁渡りへの挑戦……………172

13-1　川上モジュール (新事業・新製品などの創出力) の強化戦略　172
　(1) Ⅳ (アンドロメダ型) モデルで強化　173
　(2) Ⅴ (連星型) モデルで強化　176
13-2　川下モジュール (商品化・生産・販売力) の強化戦略　177
　(1) (ビッグバン型) モデルで強化　179
　(2) Ⅲ (南十字星) 型モデルで強化　183
　(3) Ⅳ (アンドロメダ) 型モデルで強化　183
　(4) Ⅴ (連星) 型モデルで強化　184
　(5) Ⅵ (彗星) 型モデルで強化　189
　(6) Ⅶ (星雲) 型モデルで強化　192
　(7) Ⅷ (ブラックホール) 型モデルで強化　193
13-3　川上・川下モジュール (一貫綜合経営力) の強化戦略　193
　(1) Ⅰ (ビッグバン) 型モデルで強化　194
　(2) Ⅱ (恒星) 型モデルで強化　197

(3)　Ⅳ（アンドロメダ）型モデルで強化　*198*
　　(4)　Ⅴ（連星）型モデルで強化　*200*
　　(5)　Ⅶ（星雲）型モデルで強化　*202*

## 第14章　日本企業が「ダーウインの海」障壁を渡るための新 IM 統合モデル ……………………………………208

　14-1　これまでの「ダーウインの海」渡り試行ケースの点検　*208*
　　(1)　川上強化　*209*
　　(2)　川下強化　*209*
　　(3)　川上・川下一貫体制強化　*210*
　　(4)　「ダーウインの海」渡りに活用されるモジュール化経営の3モデル　*211*
　14-2　新 IM 統合モデル　*212*
　　(1)　合弁協業の対象はモジュラー型新興国企業　*214*
　　(2)　新事業・新製品毎の連星型モデルでの合弁子会社による協業　*215*
　　(3)　貢献度に応じた持株比率（資産と配当比率）の変更　*215*
　　(4)　新事業・新製品の成熟化による合弁協業解消と新たな事業・製品での新合弁協業化の継承　*217*
　　(5)　合弁企業のアーキテクチャ第三文化体構築　*218*
　14-3　新 IM 統合モデルの試行例　*219*
　14-4　台湾・韓国・中国企業の「ダーウインの海」渡り経営　*222*
　　(1)　台湾　*222*
　　(2)　韓国　*224*
　　(3)　中国　*225*
　　(4)　東アジア諸国企業のグローバル化の相違　*227*

あとがき　*228*

参考文献　*231*

人名索引　*240*

事項・企業名索引　*243*

# 序章

# 本書の目的と概要

　20世紀の終わりに近い1990年頃まで世界を席巻した日本の製造業は，21世紀に入ると急激にグローバル市場で後退し始め，日本の著名な大企業の決算や，長年黒字が続いた国の貿易収支の赤字化が問題にされるようになった。本書の目的はその主な原因を究明し，これからの日本企業のグローバルな再発展策を，具体的に提起することにある。

　そのためには，まず最近のグローバルな経営環境の激しい変化と，日本企業の置かれた状況を再確認する必要がある。今世紀に入り，現代の経営領域でのトピックスとして，モジュール化，アーキテクチャ，あるいはオープン・アーキテクチャがクローズアップされている。それは1990年前後から急速に経営のグローバル化，ボーダレス化が進展し，また事業や製品が高度化，多様化，多変化，アジル化し，さらに発展途上地域と見られていたアジアを始めBRICs，VISTAなどの新興諸国・地域で，成熟期の産業が発達してマス・マーケットとなると同時に，成熟化した汎用品の世界の供給拠点化してきたことが密接に関係している。したがって導入期，成長期にある新しい事業も，その産業化に際して生産・販売でこれら新興諸国・地域を活用しなければ，その発展も市場シェアの確保もできない時代になってきている。先進国で創出した新事業や新製品は，急激に巨大な荒海化した「ダーウインの海」を渡れないと，グローバルなマス・マーケットに参入できなくなったのである。

　このような新時代の経営環境に対応するためには，自社力のみでの挑戦はよほど強力な経営力がない限り困難となり，その成功には事業を特定の中小規模事業，あるいは特殊な領域に絞るか，他社との協業がカギとなり，いずれの場

合も経営の機能連鎖をモジュール化して，新しく強いモジュラリティを再構築することが新しい経営戦略になってくる。

また第二次大戦後，次第に先進国の多国籍企業を中心に企業は巨大化したが，大企業病と言われるように，ある程度の規模を越えると組織の機動力も失われ，現代のダイナミックな経営環境で高い機能効率を保つのは困難になってきたことが，これからの経営にモジュール化経営が必要になった背景でもある。

すなわち20世紀の経営では，強固な自社力を築く内部化志向が競争優位の源泉であったが，21世紀には外部の経営力を協業で活用する外部化志向に転換したことが，現代およびこれからの経営で認識せねばならないもっとも重要な変化である。

企業経営をシステム論から見れば，経済成果を求めてそれに適合するシステムを構築し，そのシステムをよく機能させることにあるといえよう。経営でのシステム機能は単純ではないから，目的に対応する全体システムを基準（焦点）システムとした時，基準システムはそれを構成する機能毎のサブ・システムに分解されるはずである。1980-90年前後までは内部化が有利とされたため，企業は主にこの基本システム全体を自社で構築してきており，したがって概して企業規模が問われ，大企業が内外の市場を支配する傾向が強かった。

しかしその後産業が発達して複雑多様化し，また変化や競争が激しくなるとともに市場のグローバル化も進むようになると，自社力だけでは基準システムの競争優位の確保が次第に困難になってきた。また世界全体が発展して，各国・地域に企業が成長発展し，互いに協業やM&Aもしやすくなってきた。すなわちオープン・アーキテクチャ化が進む中で，機能連鎖としての基準システムをサブ・システムに分解し，他社の強いサブ・システムを基準システムに取り込むことで，より強力に機能する基準システムに再構築しようとする動向が見えてくる。サブ・システムは一般的にモジュールとされ，基準システムのサブ・システム（モジュール）への分解をモジュール化という。そしてモジュールをまとめて新たな基準システムに再構築した連結体を，モジュラリティと呼ぶ。またモジュール内やモジュール間のシステムを構成するコンポーネントの関係

のあり方（設計思想）をアーキテクチャと言い，基本的に複雑で相互に密接な擦り合わせが求められるインテグラル型と，単純で独立的に機能できるモジュラー型に2大別されるが，このアーキテクチャ特性は，モジュールを機能させる時やモジュールを接合しようとする際に重要になる。

このような視点からの経営戦略行動では，与えられた経営環境下で，最適でもっとも強力な競争優位を持つモジュラリティを構築することが最重要課題となり，そのために全体価値連鎖を分断するモジュール化のあり方が問われ，せっかくモジュールの分断をうまくできても，モジュラリティ設計の巧みさが問われ，その上で，グローバルな視点から他社事情に精通し，モジュール取り込みの交渉力を持たねばならない。またモジュールを再連結し機能するモジュラリティの再構築に成功するには，アーキテクチャへの配慮・適合が必要となる。

本書はこのような視点から，次の3部に分けて先に述べた目的に応えようとする。

まず第Ⅰ部（第1～4章）では，日本の産業のグローバル市場での後退を点検・確認し，その原因は新しい外部化志向時代のモジュール化経営への乗り遅れによって，日本企業が新事業や新製品の産業化ができなくなったことにあるとした。そこでさらに新事業や新製品の産業化の三つの発展障壁を点検し，そのうちの「ダーウインの海」障壁渡りができなくなってきたことが主因であることを実証し，その対策にモジュール化経営が必要な理由と，日本企業にまだ認識の浅いその主な学説の発展経緯を確認した。

すなわちこの序論に次ぐ第1章では，戦後から1990年まで復活発展し続け，ついに製造業ではグローバル市場を席捲するに到った日本企業が，1990年頃以降から急速に後退している実態を具体的な現象と数値で精査し，それは研究や新事業，新製品などの創出が後退したのではなく，グローバル市場での産業化と高いシェアを確保する競争力が急速に失われた結果であることを実証した。

第2章ではその主な原因を探って，モジュール化経営への乗り遅れ，およびモジュラー化への適合の遅れによるコスト・リーダーシップの喪失と，内部化志向経営への固執（ガラパゴス化）によるマス・マーケットへの不適合，それ

に世界の大勢に遅れながらも適用しているモジュール化経営の対象が，事業や製品の導入期や成長期よりも成熟期や衰退期対策中心であることによる発展限界とする4項目を指摘し，その背景や理由，影響などを説明した。

また新しい外部化志向のモジュール化経営時代になって，もはや日本の立国理論と見られてきた内部化志向の瀬島モデルは崩壊し，新しい資本収支モデルに転換していること，今や新技術情報の漏洩がそのモデルの成立を危うくしていることを論述している。

第3章では，それを打破するためには，日本企業が新事業や新製品でのモジュール化経営に，積極的に転換することが必須であることを論証しようとした。また現代の技術開発では，「魔の川」「死の谷」「ダーウインの海」の3つの発展障壁があることを述べ，日本の技術開発の現状は，「魔の川」「死の谷」は無事に乗り越えているが，「ダーウインの海」を渡れずにいることをさまざまな実態から論証し，それを渡るために，モジュール化経営をどのように活かすべきかを考察した。

第4章では，このように現代の日本企業に求められているモジュール化経営が，おそらくは事業や製品などの経営対象機能連鎖を最適最強化する方法論として創出されたであろう発展経緯を，経営戦略論やSCM論などの機能連鎖に着目した研究経緯と，それに続くモジュール化経営論の主な学説の発展経緯の回顧を通じて点検した。

第Ⅱ部（第5〜9章）では，「ダーウインの海」障壁渡りに必要とする，モジュール化経営論のベースとなる機能連鎖戦略の全体構造を改めて明らかにし，実際経営に活用できるその体系構造を示すとともに，モジュール化経営論の諸学説をその体系に沿って整理し，まだ不十分と思われる原理面の補強もできる限り試みた。

第5章では，モジュール化経営の概要を示した。すなわちその体系構造は，まずその機能連鎖を各機能単位（モジュール）毎に一旦分断し（モジュール化），広く他社のモジュールも活用するという発想転換（オープン・アーキテクチャ）の下，再び必要モジュールを再結合して最適最強の機能連鎖（モジュラリティ）

序章　本書の目的と概要　5

を構築する設計を行い，モジュールの再連結には基本的にインテグラル（擦り合わせ）型とモジュラー（単純組み合せ）型に分かれる設計思想（アーキテクチャ）の相互適合化を図り，最後にそれを具体的に実現するに必要な経営行動力を培うことの，4層から成ることを示した。

　さらにモジュール化経営は，全ての経営理論と同様にオールマイティではなく，モジュール化経営の対象，モジュール化経営の戦略理論としての限界を説明し，さらに筆者の視点からみた研究上の残された課題も列挙した。

　第6章では，モジュール化経営の主な関連用語の定義を改めて点検し確認した。

　第7章では，モジュール化を点検し論述した。経営論で初めに手掛けねばならないモジュール化が，組織論ではかなり詳細に研究されているにもかかわらず，事業や製品への適用ではまだ研究がきわめて浅いことを示すとともに，筆者が考えつく範囲内で原理を補強した。

　第8章では，一旦分断したモジュールを，望ましいモジュール連鎖に再結合する（モジュラリティ）のデザインの戦略的なあり方を論じた。モジュール化経営論では，ここが一番重要と思われるのに，これまではそれが多様化したとの指摘の下，ケース・バイ・ケースで各個企業の戦略企画に委ねられ，わずかに青木昌彦による情報の扱いの違いに基づいた3種のモデルが示されたに過ぎなかった。筆者はモジュラリティの戦略構造からそれが8類型化できること，またその選択は内部化・外部化志向の理念の違いと，事業規模でほぼ決められることなどを提起・論証し，各モデルの代表的な適用例も示した。

　第9章では，一番研究が進んでいるアーキテクチャ論を点検し，まだ不十分と思われる原理を補強し，アーキテクチャが組織や産業，地域などと深い関係のあること，実効を挙げるにはコミュニケーション・コンテクストや第三文化体などとの関連付けが必要であることなどについても論じた。

　第Ⅲ部（第10〜14章）では，新事業・新製品の産業化の3障壁である「魔の川」「死の谷」「ダーウインの海」と，それらを越えるための要諦を確認し，現代の日本企業が成功できない「ダーウインの海」を渡るための課題を探索した。

その上で，第Ⅱ部で確認したモジュール化経営理論の8類型戦略モデルを活用して，日本企業が最近挑戦している「ダーウインの海」渡り戦略が，主に3モデルに集約できることを明らかにするとともに，これからの日本企業の「ダーウインの海」渡りにもっとも有効とする，新しい新IM統合モデルを提起し，その試行の兆しを確かめた。

　すなわち第10章では，再び日本企業のグローバル市場での後退問題に戻り，事業や製品の発展障害である「魔の川」をどう渡るかを論じ，この障害はモジュール化経営とは基本的に関係がなく，行動科学的なセレンディピティ（ひらめき）管理の課題であること，集団志向の日本企業は，比較的問題なく応用(D)型の研究開発に成功していることを論証した。またセレンディピティの裏付け理論として，知識創造の体系，機能，方法モデルとその実例も紹介した。

　第11章では，日本企業のグローバル市場での後退と「死の谷」障壁との関係を点検し，「死の谷」障壁を越える必要要因を示し，この障壁はモジュール化経営に関係深いが，日本企業はインテグラルな企業内プロジェクト・チームの開設で，比較的問題なく「死の谷」も乗り越え，これまで多くの新事業，新製品を生み出してきていることを実証・確認した。

　第12章では最後の発展障害である「ダーウインの海」障壁を点検し，この障壁がもっともモジュール化経営と密接な関係があること，日本企業がモジュール化経営に遅れてグローバル市場での競争力を失ったために，グローバル市場での産業化とシェア確保に敗退している実態を調べ，それを打破するための課題を探ろうとした。

　第13章では，日本企業の最近のグローバル市場での後退が，「ダーウインの海」障壁渡りができないことにあるとしたことを踏まえ，「ダーウインの海」を渡るためのモジュール化経営戦略のあり方，特に筆者が提起したモジュラリティ8モデルとの関係に触れ，その上で，現在の日本企業がさまざまに試みているモジュール化経営の実施例を，川上中心，川下中心，川上・川下一体構造の経営力強化策に分けて点検し，成功モデルがほぼビッグバン型，連星型，彗星型の3モデルに絞られることを明らかにした。

最後に第14章として，台湾，韓国，中国企業の「ダーウインの海」渡りのあり方を比較しつつ，日本企業が「ダーウインの海」障壁を乗り越えて，新事業，新製品の産業化と高シェア獲得に成功し，グローバルなマス・マーケットでの成長発展に成功するためには，その置かれた状況やアーキテクチャの相違から，これら東アジア3カ国企業とは異なるモジュール化戦略が必要であるとし，日本企業に有利と思われる新しいモジュール化戦略である「新IM統合モデル」を提起して，すでにそれに沿って試みようとされている若干の兆しも合わせて紹介・評価した。

なおこのような研究を通じて明確に認識させられたことは，戦後長年信奉されてきた「日本は約数億トンの原材料資源を輸入し，それを工業製品に加工して数千万トンを輸出することで成り立つ国である」とする内部化志向の瀬島モデルが崩壊し，これからは「グローバルな適地に進出した工業的な加工・販売からの投資リターンで成り立つ国である」とする，新しい外部化志向の立国ビジョンを持つ時代に転換したことである。それを読み取っていただくだけでも本書にとっては十分である。

# 第Ⅰ部　日本企業のグローバル市場での後退とモジュール化経営

# 第1章
# 日本企業のグローバル市場での後退の実態

　第二次大戦で決定的な破壊を受けた日本の産業は，その後の国民あげての必死の努力によって，1970-1980年頃には製造業では世界を制覇していたアメリカを脅かす存在になった。そのためアメリカでは，国がバックアップしてMITの産業生産性調査委員会で米欧日の産業の比較調査を実施し，アメリカ産業が後退した異変の原因の解明と再生を図るための対策を探索して，その結果が「*Made in America*」として1989年に公刊されている（Dertouzos, M. L.

図表1-1　日本の国際競争力

日本の国際競争力

ハイテク製品の輸出額の各国シェア

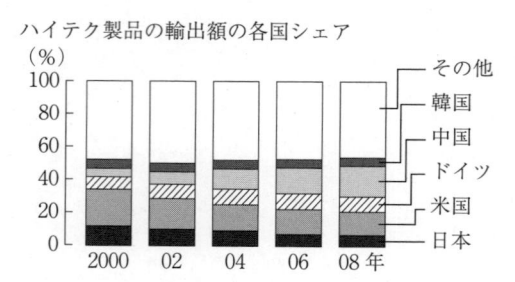

出所）山本明彦（2011.1.3）『毎日新聞』

et al., 1989)。

　その影響がどの程度あったかはわからないが、その後日本のバブル経済が崩壊し、世界の脅威であった日本の製造業も、今日までグローバル市場から後退し続けている（小川紘一，2010.8.3, pp.32-33）。日本の国際競争力はOECD統計などによっても、図表1-1にも見るように、トップから30位前後にまで急激に後退し、特にハイテク製品の輸出シェアが極端に低下し、その一方で、進出外資の貢献が大きいとは思われるが、中国の目覚ましいシェア向上が注目される。韓国は巨大企業の発展が目立つが、国全体としてはそれほど大きな成長は見られず、アメリカも日本ほどではないが同様に後退する中で、ドイツの着実な成長が目立つ。このように日本産業が後退した敗因は複雑であろうが、顕著な現象は、新事業や新製品などの創出・導入期に一旦グローバル市場の制覇に成功しながら、その後の成長発展期に急激に他国企業に敗退していることである。その実態は図表1-2に見られる通りで、図表に見る液晶パネル、DVDプレーヤー、DRAMメモリー、太陽光発電パネル、カーナビのほか、それらに

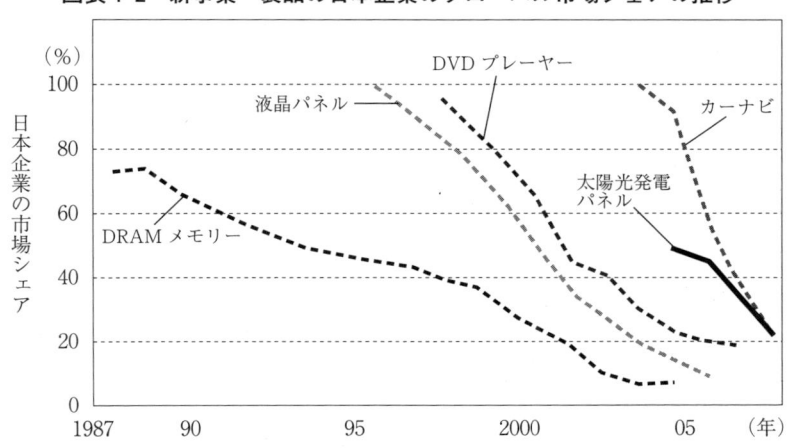

**図表1-2　新事業・製品の日本企業のグローバル市場シェアの推移**

(注)「日本企業の市場シェア」はグローバル市場のトップ10に入っている日本企業のシェアの合計
出所）小川紘一（2010.8.3）『エコノミスト』33頁

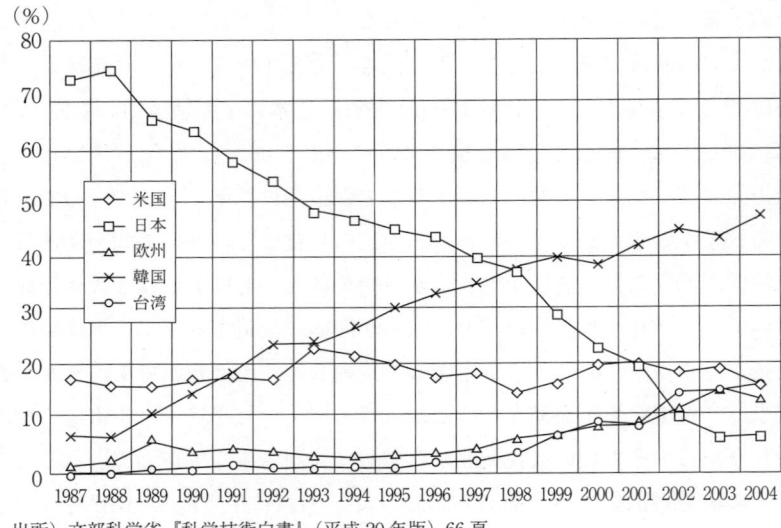

**図表 1-3　世界の半導体の動向（DRAM 出荷額シェア）**

出所）文部科学省『科学技術白書』（平成 20 年版）66 頁

先行した家電，パソコン，携帯電話，オートバイ，工作機械など，それぞれの時代の新事業や新製品でも同様な経過をたどってきている。

　また上述した半導体 DRAM メモリーの世界出荷額の推移を，図表 1-3 で主要国間について比較すると，アメリカが辛うじて横ばいでシェアを守る中で，韓国が急成長し，欧州と台湾も着実な成長を見せている。その中で日本だけが約 80％から 1 桁にまで極端に凋落している。

　図表 1-4 でハイテク産業の付加価値収益シェアを見ても，1985 年以来 2005 年までの 20 年間で日本は半減して 16％になり，アメリカは約 40％近く成長して世界の 35％を占め，中国は約 10 倍になって日本と同じく世界の 16％を占めるに到っている。その間ドイツ，フランス，イギリス，韓国などはマクロ的に見て数％のシェアで横ばいであり，最近注目されるインドはまだほとんどカウント外の存在である。2005 年時点で日本はまだ辛うじて世界 2 位に止まってはいたが，日本だけが例外的に急激なシェア低下を招いていることは，現代の

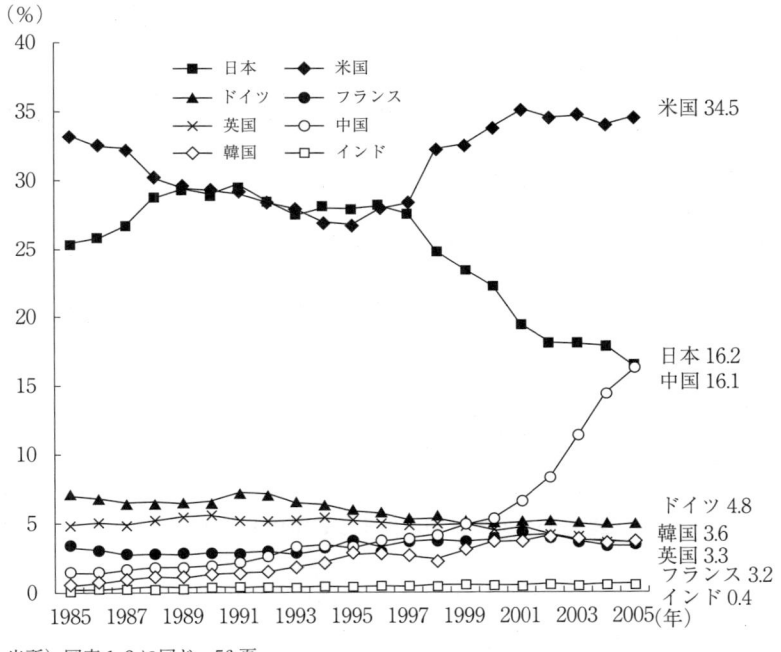

**図表 1-4　世界のハイテク産業の付加価値収益シェア**

凡例：日本、米国、ドイツ、フランス、英国、中国、韓国、インド

2005年値：米国 34.5、日本 16.2、中国 16.1、ドイツ 4.8、韓国 3.6、英国 3.3、フランス 3.2、インド 0.4

出所）図表 1-3 に同じ，56 頁

日本企業だけが世界の企業に及ばなくなった本質的な問題を抱えていることを示唆している。

　ハイテク産業とは，OECD により製造業に対する研究開発費の割合が高い航空・宇宙，事務機器・電子計算機，電子機器（通信機器など），医薬品，医用・精密・光学機器の5産業とされており，2005 年の世界のハイテク産業総収益は 3.5 兆 $ で，製造業全体の 18％を占め，年平均成長率はその他産業の2倍の6％で推移している（NSE, 2008）。日本はこのうち事務機器・電子計算機と電子機器で大幅に後退，医薬品，医用・精密・光学機器である程度の後退をしており，航空・宇宙のみが多少の伸びを見せてはいるが，これは絶対額が少ないので全体へのプラス貢献はほとんどない。

またサイエンスに依拠した産業群，あるいは基礎的な科学の重要性がとりわけ高い産業群としてサイエンス型産業が定義されており（後藤晃・小田切宏之，2003），医薬品，IT，半導体などがその代表産業であるが，2008年の科学技術白書によれば，日本は半導体産業の凋落をすでに図表1-3に確認した通りであり，医薬品やソフトウエアは大幅な輸入超過で，先進国に対して相対的に劣勢にある（文部科学省，2008）。

　さらに文部科学省科学技術政策研究所が2007年に実施した，日本の科学・技術および産業の分野別国際競争力の有識者評価でも，目下は相当の競争力を持ち，特にものづくり，ナノテクノロジー・材料，社会基盤の分野では欧米より強いとされ，5年後になると環境やフロンティア分野での相対的向上も期待されている。しかしその他の領域では低下が懸念されており，特に情報通信分

**図表1-5　アジア勢に対する日本の産業競争力**

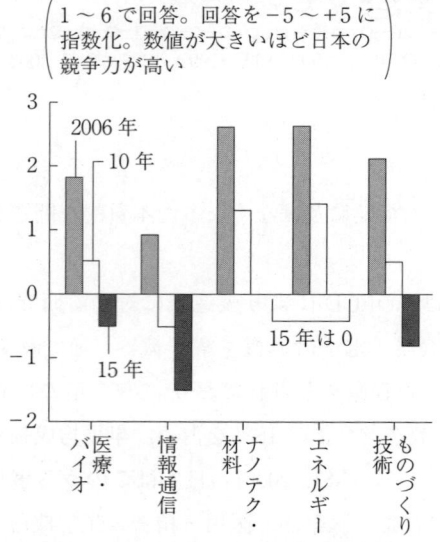

（1〜6で回答。回答を−5〜+5に指数化。数値が大きいほど日本の競争力が高い）

［バイオ・医療，情報通信，材料，ナノテク・，エネルギー，ものづくり技術　を2006年／10年／15年で比較した棒グラフ。エネルギーの15年は0。］

出所）文部科学省（2007.10）『科学技術分野の課題に関する第一線級研究者の意識調査報告書』

野では，アジア，とりわけ中国，韓国，台湾の東アジア諸国の技術力の上昇による急速なキャッチアップで日本の優位性が失われ，10年後には逆転する危機感が持たれている（文部科学省科学技術政策研究所，2007.10）。このことは文部科学省が2010年に行った調査でも変わらず，図表1-5に見るように，日本が強みを持つ産業分野でも，中国，韓国，シンガポールなどに対する競争力は，2015年頃には追い抜かれることが懸念されている。その中で，これまで日本が得意とされてきたものづくり技術までも逆転されると予測されていることが，とりわけ日本の産業界がかかえる大きな課題である。

一方産業力のベースになる研究力（R&DのR）では，世界の科学専門誌での日本の論文数占拠率は，1981年の4位から1990年に第2位に追いあげて以来，2005年まではその地位を確保してきている。その後再び多少は後退したが，図表1-6のように，2008～2010年の平均では科学技術論文シェアで5位，10％被引用論文では7位であり，またさらに最先端を意味する1％論文（引用回数がその分野で上位1％に入る論文）の2009-10年の比較でも，アメリカが1位

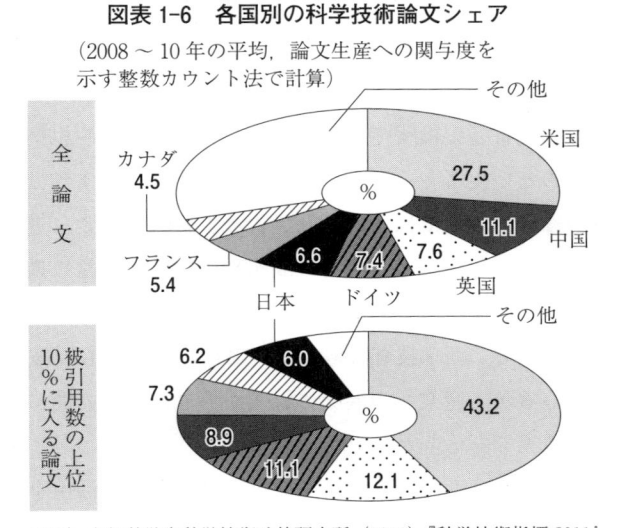

**図表1-6　各国別の科学技術論文シェア**
（2008～10年の平均，論文生産への関与度を示す整数カウント法で計算）

全論文：米国 27.5，中国 11.1，英国 7.6，ドイツ 7.4，日本 6.6，フランス 5.4，カナダ 4.5，その他

被引用数の上位10％に入る論文：その他 43.2，12.1，11.1，8.9，7.3，6.2，6.0

出所）文部科学省科学技術政策研究所（2011）『科学技術指標2011』

で過半を占めるが、2位イギリス、3位ドイツ、4位フランスに次いで日本は5位で6％台を保持し、中国は急増しているが3％台、韓国は1％台に止まる（文部科学省、2011）。いずれもアメリカのトップを除き、2位から7位では大差はないので、日本は今でも十分トップ・グループの中にあって健闘しているといえる。

　元東京工業大学学長の相沢益男総合科学技術会議常任議員も、日本の科学技術力は現在世界のトップレベルを走っていることは間違いないとする。ただし日本の科学技術には3つの問題があるとし、第一に研究成果をさらに伸ばす仕組みの不足、第二に若手研究者の強力なバックアップの不足、第三に科学技術の成果が社会問題の解決に必ずしも結びついていないことを挙げている。すなわち研究成果だけでは不十分で、科学技術がエンジンとなって、社会を前進させるイノベーションにつなげる必要があるとしている（大迫麻記子、2011.5.17）。

　なお通常その具体的な技術力は、科学技術関係分野の研究論文よりも特許の出願状況で見る場合が多い。その特許についても日本は有数の出願国であり、2010年の国際出願数はアメリカに次ぐ2位を維持している（特許庁、2011）。またたとえば2011年の環境庁の調査でも、世界各国で出願された再生可能エネルギーに関する特許約47,000件のうち、日本で出願された特許件数が全体の55％を占めるという。この中にはもちろん外国からの出願も含まれているが、日本の出願が当然一番多いはずであり、また日本が研究の中枢拠点になっていることを示すものといえよう。しかし科学技術振興機構によれば、日本の再生可能エネルギーは研究段階では4段階評価の最上級の「非常に進んでいる」とされるが、企業の生産現場の技術力では欧州や中国の「非常に進んでいる」に対し、「進んでいる」に止まっており、特に技術の実用化とコスト競争力での劣勢が指摘されている（科学技術振興機構、2011）。環境庁も「技術開発力では他国を圧倒しているが、産業への展開に課題があり、いつの間にかシェアを奪われているのが現実である」と分析している。

　このように研究論文はもちろん、研究成果の産業化への活用を示す特許でも、世界有数のシェアを持ちながら、それをグローバル市場で産業化することがで

きなくなってきたところに，高度成長期には見られなかった日本企業の深刻な課題が生まれていると見られる。2010年までにアメリカに出願された液晶関係の特許の80％も日本によるとされるが，現在その液晶事業は東アジア諸国企業に追い上げられ，2010年の液晶パネルの世界シェアでは，韓国のサムスン電子22.9％，LGディスプレー21.6％，台湾の奇美電子14.3％，友達光電14.1％であるのに対し，一に液晶，二に液晶，三，四なくて五に液晶として，ひたすら世界の液晶開発のトップを自負して社運を賭けてきた日本のシャープが，ようやく10.8％で5位のシェアを辛うじて守っているに過ぎず，しかも最近の業績は赤字で（日経産業新聞，2011.7.25），日本企業のグローバル市場での産業化力についての問題の深刻さを認識させられる。

経済産業省は2007年と2009年に外資系企業にアンケートを実施し，日本，中国，インド，シンガポールについて立地競争力の国際比較を行ったが，「アジア統括拠点」「製造拠点」「R&D拠点」「バックオフィス」「物流拠点」の5

**図表1-7　日本とアジア諸国の投資項目別魅力比較**

|  | 日本 | 中国 | インド | 韓国 | 香港 | シンガポール |
|---|---|---|---|---|---|---|
| 市場の大きさ | 9 | 120 | 13 | 0 | 1 | 4 |
| 市場としての成長性 | 2 | 114 | 22 | 1 | 2 | 2 |
| 拠点機能の集積 | 15 | 78 | 13 | 1 | 8 | 13 |
| 研究開発環境の質・能力 | 27 | 27 | 21 | 6 | 4 | 12 |
| 地理的要因 | 13 | 45 | 16 | 3 | 15 | 26 |
| 資金調達・金融環境の充実 | 21 | 28 | 13 | 4 | 27 | 14 |
| 優秀な人材の獲得 | 26 | 29 | 28 | 6 | 9 | 23 |
| 事業活動コスト | 0 | 74 | 32 | 3 | 4 | 3 |
| 法人税率 | 1 | 25 | 6 | 1 | 18 | 16 |
| 優遇措置などのインセンティブ | 3 | 28 | 8 | 3 | 6 | 17 |
| 知財等の法整備の充実 | 16 | 16 | 15 | 9 | 11 | 16 |
| 事業規制の開放度 | 16 | 24 | 11 | 5 | 19 | 17 |
| インフラ整備 | 43 | 36 | 7 | 3 | 6 | 23 |
| 外国人の生活環境 | 28 | 20 | 6 | 2 | 22 | 23 |

出所）経済産業省（2010）『2010年度版ものづくり白書』

項目で2年間に全ての項目で評価を大きく下げ,その後退傾向がますます加速されている実情の中で,かろうじて「R&D拠点」のみが立地競争力として生き残ったが,ただしこの項目も含め,今や中国が全ての項目で1位になっている。図表1-7に,経済産業省が2010年に外資系企業に対して行った,韓国,香港を加えた6カ国の比較調査結果を見ておきたい。すなわちインフラ整備と外国人の生活環境だけは1位であるが,R&Dでは中国と並び,人材獲得も中国,インドに劣るとされている(経済産業省,2010)。したがってこのR&D力でさえ,改めて今のうちに再強化を図らないと,日本の強みをいつまで保持できるかわからないことを認識しなければならない。

## 第2章
## 日本企業のグローバル市場での後退原因と瀬島モデルの破綻

　本章では，第1章で確認できた近年の日本企業のグローバル市場での顕著な後退の原因を考察したい。

　まず現代の産業経済社会の発展には，国力にせよ企業の経営力にせよ技術が重要な要因になるが，それは決して技術だけが重要であることを意味するもの

図表2-1　日本の研究開発の効率性の推移
（研究開発費と営業利益の結びつき）

営業利益／研究開発費

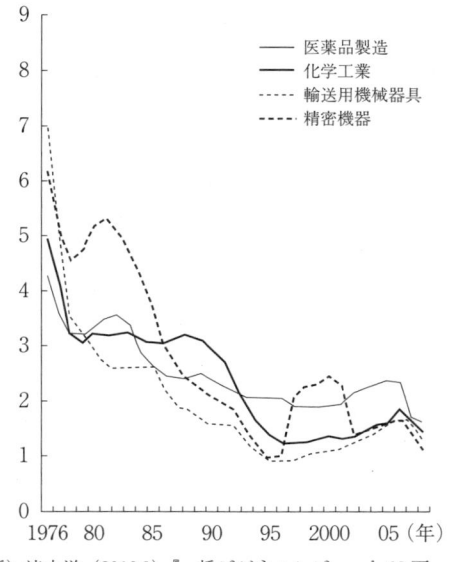

　──　医薬品製造
　──　化学工業
　‐‐‐　輸送用機械器具
　‐‐‐　精密機器

出所）清水洋（2010.8）『一橋ビジネスレビュー』62頁

ではない。いわゆる業績方程式に見られるように，業績＝技術×マネジメントであり，技術は適切なマネジメントによって初めて活かされる。せっかく技術で健闘している日本がその産業化で後退していることは，新しい時代にこの技術を活かすマネジメント力が脆弱なためであると推察される。日本企業の開発費対成果（営業利益）の推移を図表2-1で見ておきたい。

　日本のR&Dがまだ十分強力であることは，すでに第1章で確認してきていることから，日本の企業，あるいは産業社会の後退は技術そのものの後退ではなく，R&Dが成果を生み出さなくなっていることに問題があることは明白である。すなわちその産業化能力に欠ける実情は，すでに前章に見てきたさまざまな統計や分析などからも明らかであるが，以下に筆者なりに掘り下げた考察を加えれば，日本企業の1990年以降のグローバル市場での後退の根本原因は，その頃から始まったモジュール化経営への乗り遅れにあると見る。

　それには大きく見て，3つの問題があると考えるが，その第一はモジュール化経営の進展によるSCMとしての機能連鎖の強化であり，そのためには内部化志向から外部化志向への転換が必要になる。内部化志向で自社力のみで機能連鎖を強化することは不可能ではないし，そうする方がよい場合もあるが，一般的には不利を免れない。

　第二に椙山泰生も指摘するように，1990年代以降になると，生産の付加価値製造現場が世界中に分散されるようになり，いわゆる「トランス化」が進むと，「新興国の成長発展も踏まえて国や地域毎に異なる経営環境に対応しつつグローバルな効率を実現する」という新しい課題に直面することになる（椙山泰生，2009）（同，2009.9，pp.37-41）。その新しい変化への対応としては，さらに拡大するマス・マーケットとしての新興国市場への適合による市場確保と，低コスト生産インフラ拠点としての活用によるコスト・リーダーシップの確保が，経営の成否を決めるようになった。

　そして第三に，このようなモジュール化経営の進展と新興国・地域の産業や企業の発展によって，成熟化した汎用品では先進国は新興国に対して競争優位を失ってしまったことである。したがって先進国では，新事業や新製品を開発

して育てない限り明日はないことになるが，今の日本企業は第1章で確認してきたように，せっかく開発した新事業や新製品を育てて産業化することができなくなってきている。

そのために先進国のグローバルな現代経営に成功している企業は，経営理念をオープン・アーキテクチャ（外部化志向）に転換して，モジュール化経営を推進してきており，その中で新事業や新製品の産業化を推進するに際しては，垂直統合から新興国・地域への水平分業化に転換を図ってきている。一方日本企業の多くは，伝統的な内部化志向のクローズド・アーキテクチャからなかなか脱却できずにいるため，グローバル市場からの後退を続けていると推測される。

以下その各項について，もう少し詳しく見ておきたい。

## 2-1　モジュール化経営への乗り遅れによる
　　　コスト・リーダーシップの喪失

第一の後退の原因は，世界の企業経営のモジュール化の趨勢に乗り遅れたことである。すなわちモジュール化経営は，事業や製品の一連の機能連鎖をそれぞれ単一機能毎のモジュールに一度分解した上で，強いモジュールを集めて再結合することによって，全体の機能連鎖（モジュラリティ）を強化しようとする経営行動であるが，これを実行するためには，他社との連携協業が前提になる。

産業システムと製品アーキテクチャとの関係を中心に追究してきたスタージォンは，アメリカ経済全体が，垂直統合から，モジュラー型ネットワークに生まれ変わりつつあることを指摘した（Sturgeon, T. J., 2002, pp.451-496）。その具体的な代表的研究が，ハーバード大学のボールドウインとクラークが究明した，IBMのシステム/360に始まりコンピュータ産業全体に起こったモジュール化で，他産業の経営でも取り組まれるべき新しい課題であるとした提起である（Baldwin, C. Y. & K. B. Clark, 1997）。その頃からアメリカを中心に，世界の産業は急速にモジュラー（単純組み合せ）化し，またASEANの一部を除きモジュラー型色

の強いとされるアジア諸国の産業や企業が急速に発展してきたため，モジュラー型をベースとしたオープン・アーキテクチャ下でのモジュール化経営が進んだ。アメリカ政府が，その製造業の復活のために MIT に依頼した調査研究によって生まれた「*Made in America*」に引き続いて，同様にアメリカ企業の新しい時代変化に対応したグローバル経営での発展戦略を探索しようとして，MIT のバーガーらに依頼して行われた 2000 年から 2005 年にかけての期間のグローバル経営成功企業 500 社の調査研究でも，それらのほとんどが，他社のモジュールを組み込んだ多様なモジュール化経営を行っていることが，明らかにされている (Berger, S. & The MIT Industrial Performance Center, 2005)。

　世界の大勢は，モジュール化により他社の経営力を活用して自社の経営力を強化している。

　それに対して日本企業も，M&A を行ったり他社と連携したり，次第にモジュール化経営を実行してきてはいるが，本来の内部化志向体質が強く，自社力に頼ろうとする傾向がまだ強く，グローバル市場で競争優位を失ってきている。スマートフォンが出現する寸前の携帯電話業界でも，たとえばフィンランドのノキアが商品設計と販売のみを行い，ソフトウエアはアメリカ，部品は日本，組み立ては台湾の企業を活用しながらグローバル市場の 35％を支配していたのに対し，その全てを自社で行っていた日本企業は全社合わせて 3〜4％のシェアになってしまっていた。

## 2-2　モジュラー化への適合の遅れによる
　　　コスト・リーダーシップの喪失

　ウルリッチが言うように，アーキテクチャ特性には基本的にモジュラーとインテグラルの 2 種があり，複雑で相互に密接な擦り合わせが必要とされるインテグラル型と，比較的単純で基本的に独立して機能できるモジュラー型とのギャップは大きい。

　モジュラー型産業経済社会では，標準化したパーツの単純組み合せで低コスト量産化を図りやすく，またそのような国・地域では低コスト標準化品が主流

である。モジュラー化はそれが製品であれ経営プロセスの価値連鎖であれ，そのモジュール内のあり方，モジュール間の関係が単純な組み合わせがベースであるため，外部のもっとも低コストや高品質のものを容易，かつ比較的費用を掛けずに取り込めるので，外部化志向の経営で大きなメリットを期待できる。最近のグローバル市場は NIES を始め，ASEAN や BRICs の新興諸国地域が大きく成長してきているが，そのような地域経済社会は新宅純二郎らも提起するように，ASEAN 諸国の一部を除いてはモジュラー型である（新宅純二郎・天野倫文編著，2009）。

　先進国企業は自らのアーキテクチャのモジュラー型化傾向を強化しつつ，生産拠点をモジュラー型の人件費や為替レートが有利な新興地域に移すことで，コスト・リーダーシップを確保して，マス・マーケットを支配する方向に転換してきている。

　もちろん日本企業もこれら地域への進出には努力してきているが，しかしインテグラル型傾向が強い日本企業は，特別の配慮をしない限り，これら地域企業との協業はもちろん，従業員や地域社会との仕事の進め方がしにくくなる。高度成長期の日本企業は，自社の得意としてきた内部化志向のままで進出し，日本の本社を中心に，現地組織の上層のかなりの部分を，出向者を中心としたインテグラル型経営の展開で対応し，現地とのアーキテクチャのギャップは，自社組織内に後で述べるような第三文化体の構築で対応したことで成功してきたが，前世紀の末期にモジュール化経営時代になると外部化志向による協業への転換が進み，日本企業は現地とのさまざまな協業に対して，大きなハンディキャップを負うことになった。グローバルな経営を展開する外国企業は，モジュラー型アーキテクチャをベースに，マス・マーケットの新興国・地域企業とのネットワーク協業で，その地域でのデファクト・スタンダードに基づいた商品化によってコスト・リーダーシップを確保していったのに対し，伝統的に内部化志向の日本企業は，インテグラル型のクローズド・アーキテクチャ経営に固執して自社力中心の経営を継続し，モジュラー型経営への転換に出遅れた。インテグラル型の取り組みで，しかも国内に集中した生産体制では，高機能の

ハイテク産業や製品の創出・生産には成功しやすいが、汎用化や安価な量産体制は構築しにくく、マス・マーケットでの競争力は失っていく。またインテグラル型な体制では、グローバルに各国地域で発展する他社の経営資源（生産・販売力や資材・部品など）の活用に不利であり、モジュラー型体質の外国企業には勝てなくなる。アメリカから始まり世界の産業経済が急速にモジュラー型化し、モジュラー型色の強いアジア地域市場が発展してくると、日本企業は急速に市場競争力を失い、その結果図表2-1に見るように、日本の研究開発費対営業利益も急激に低下してきている。

## 2-3 内部化志向経営への固執（ガラパゴス化）による マス・マーケット不適合

1970-1990年頃のグローバル市場での覇者は、バートレットとゴシャールがその特徴を述べているような先進米欧日の多国籍企業であり（Bartlett, C. A. & S. Ghoshal, 1989）、それぞれにある程度展開の相違はあったが、いずれも内部化志向の強大な自社力が発展の動因であった。そのような体制下で、特に製造業では、アーキテクチャがインテグラル（擦り合わせ）型であるとされる日本の企業が強さを発揮した。1960年から1980年頃までの日本は、まだ事業や製品で欧米先進国に追いつき追い越せの状態にあったため、ほとんどの対象事業や製品が、先進欧米諸国で開発されグローバル市場ですでによく知られた汎用品であった。そのような中で日本はTQCや小集団活動を開発し、最高のものづくり技術の体制を生み出して高品質低価格生産を実現したので、グローバル市場で高い競争優位を確保することができたと思われる。その競争優位を背景に、経営のグローバル化でも、上述したバートレットとゴシャールがglobalとする多国籍企業の日本型モデルを展開した。主要な活動を日本に置き、アジアを中心に世界にサブ拠点として配置した海外法人を強い支配体制によって経営することで、グループ全体の経営効率の最適化を図り、その結果特に製造業では、一時世界の覇者的な強い存在になった。

そのような状況下にあって、豊かになった日本の消費者の欲求水準も世界で

一番高くなり，日本企業は品質，機能などで国内での激しい生き残り競争に鍛えあげられ，勝ち残る過程で，いつの間にか日本市場で成功すれば世界の市場でも成功するという神話が国際的にできてしまい，しかも確かに一時はそれが正しく機能した。そのため日本企業は，グローバル市場の顧客ニーズを探ることを次第に忘れていき，ひたすら日本市場で勝てる高級，高機能事業・製品の追求に努力を傾注した。

しかし幸か不幸か1980年頃からの日本の経済水準は世界の最高水準に達し，その結果，世界最高レベルの経済水準市場で成功した事業や製品は次第に特殊な高級品化し，世界のマス・マーケットで大きな需要の獲得が見込める汎用商品のスタンダードからかけ離れてしまった。

さらに輪をかけて日本の経営に不幸であったのは，現代の成長市場がこれまでの発展途上国に転換したことである。これら新興諸国の経済水準は未だにかなり低いので，日本が提供しようとする高品質，高機能，高価格の製品と，低コストの標準的な汎用品が中心の新興市場ニーズとのギャップは一層拡大し，日本の提供製品と，成長が期待できるグローバルなマス・マーケットでの需要とのミスマッチは，二重に拡大することになった。すなわち日本産業のガラパゴス化が進み，次第に発展期にあるマス・マーケットから遊離し始めたのが，日本企業のグローバル市場からの後退の主因の一つであると考える。

たとえばそれはNECの経営の不振に顕著に現れている。NECはもともとNTT用の電話生産専業であったこともあって，現在もNTTドコモに携帯電話を安定的に買い上げてもらっている。一時はそれでトップ・シェアになったが，そのためNECの製品は高スペックにこだわったNTT仕様で一般市場での価格競争力が低くなって苦戦の道をたどり，NECの売上高中のわずか16.5％になってグローバル市場からも脱落し，その経営の先行きが読めなくなってしまっている（島田知穂，2012.2.11，p.20）。

ちなみに最近日経BP社は，企業の技術者を対象に，日本の製造業における品質とコストについての調査をまとめたが，日本企業は品質とコストのバランスがおおむね良いとしたのは全体の2割弱に過ぎず，ほぼ半数が品質への意識

が強過ぎるとしている。さらに設計技術者による製造現場への理解が低下しており，それが品質とコストの両立を難しくしている問題点であることも明らかにしている（日経産業新聞，2011.9.26）。

スイスIMDのバラ・チャクラバーティ教授も，「日本の企業は欧米市場では成功を納めたが，新興国での展開がほとんどできていない。欧米での成功の美酒に，あまりにも長い間，酔っていたのではないか」と言っている（ドミニク・テュルバン＆高津尚志，2012，p.37）。

経済産業省の2011年の調査でも，図表2-2に見られるように，日本企業は新興国市場で企画・マーケティングと販売に弱いと認識しており，その市場に適合できない悩みがうかがえる（経済産業省，2011）。したがって自社での対応は大きなハンディキャップとなり，現地企業との協業が求められよう。

半導体でもすでに見てきたように，日本企業の後退が激しいが，単純な素材が日進月歩で高度化した頃の時代には，日本企業は圧倒的な強みを発揮した。

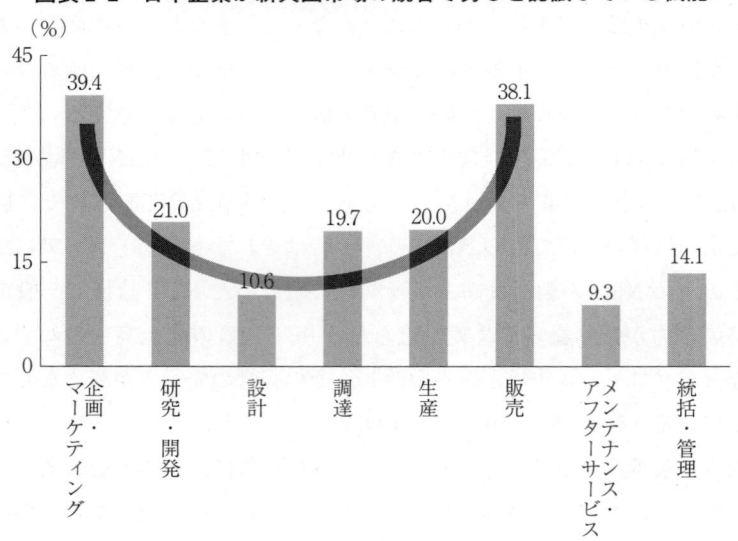

図表2-2 日本企業が新興国市場の競合で劣ると認識している機能

(%)

| 企画・マーケティング | 研究・開発 | 設計 | 調達 | 生産 | 販売 | メンテナンス・アフターサービス | 統括・管理 |
|---|---|---|---|---|---|---|---|
| 39.4 | 21.0 | 10.6 | 19.7 | 20.0 | 38.1 | 9.3 | 14.1 |

出所）経済産業省（2011）『2011年度版ものづくり白書』

しかしその後半導体産業は高度に発達し，生産よりも，その設計資産（intellectual property：IP）と呼ばれる知恵の集積で付加価値の高いチップを提供することがその去就を決めるようになっているが，そのためにはユーザーとの密接な関係構築が必要であり，日本企業は蓄積してきたIPを市場開発に活用できず，「技術で勝ってビジネスで負ける」と揶揄されて久しいと言われる（津村明広, 2012.4.10, pp.40-41）。

今後10年先の日本企業の市場を見れば，おそらくは国内市場は約8割に縮小し，アジアを中心とする新興市場は2倍近くに拡大するであろう。したがってこの成長する海外の新市場で一定シェアを獲得しなければ，日本企業の将来発展はないが，この市場はハイレベルの日本市場の延長線上にあるのではなく，いわゆるマス・マーケットであり，商品は技術的な差別化ではなく，汎用的な製品でのコスト・リーダーシップが競争優位の中心になる。そのためには，技術の高度化さえ追究すればグローバル市場で勝てるという神話から早く脱し，新しい事業発展のための戦略転換を進めなければ，ますますグローバル市場からの後退が進むことになるであろう。

## 2-4　成熟期事業でのグローバル化経営の限界

以上相互に関係する3つの原因を指摘したが，さらにもう一つ，日本企業のモジュール化の採用が，事業や製品が成熟化して発展が行き詰まっての打開策であるという消極的な姿勢であるために，成果が期待できないことを指摘したい。日本企業もこれまでモジュール化経営時代に，単純に手を拱いてきたのではない。しかしこれまでの日本企業は，主に導入・成長期はできる限り自社で手掛け，国内市場を中心に事業の育成に努めつつ輸出に励み，その目途が立つと次第に海外市場に自社中心の進出を図り，事業が成熟化してきて発展の限界が見え始めた頃になると，ようやく国内では合併によるシェア・アップ，海外ではてこ入れのための協業という，内外でのモジュール化経営を図ろうとするケースが多かったと見られる。

しかし成熟期での国内での合併によるシェア拡大は，基本的に「負け犬」か

ら「金の成る木」への復活であるが，せっかく「金の成る木」に戻っても，それは縮小し続ける市場であり，永続的な発展にはつながらない。

　また成熟期の事業や製品での海外進出は，バーノンのプロダクト・ライフサイクル・モデル（Vernon, R., 1966）での産業発展の時間差が大きい後発国・地域，すなわちかつての ASEAN や，昨今の BRICs 市場への進出では，これまでかなり成功してきたと見られる。しかし昨今では産業の発展ギャップも縮小し，また後発諸国・地域の産業や企業も急速に発展してきており，地域ギャップが縮小してグローバル市場をボーダレスな単一市場と見る時代になってきているので，地域格差を利用した成熟事業や製品の進出発展は次第にむずかしくなっている。したがって事業や製品が成熟化した段階では，新興市場への新規参入の魅力は少なく，有力なパートナーが見出せる可能性も低い。ゆえに日本企業が今後の発展を期するためには，日本企業のグローバルなモジュール化経営の展開を，新事業，新製品の産業化の段階，すなわち導入期，成長期から挑戦しなければならないと考えられる。

## 2-5　瀬島モデルの破綻と新しい日本産業モデルへの転換の必要性

　かつて瀬島龍三は日本経済は数億トンの原材料を輸入し，それを加工した数

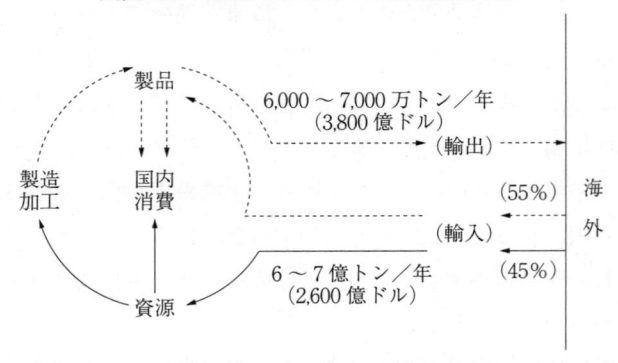

**図表 2-3　瀬島による日本の生存繁栄構造**

出所）平松茂実（1996）『信州大学経済学論集』第 33 号，25 頁

第2章　日本企業のグローバル市場での後退原因と瀬島モデルの破綻

千万トンの工業製品を輸出することによって成り立っているという，図表2-3に見るような瀬島モデルを提唱した（瀬島龍三，1985.3.3）。高度成長時代から21世紀の初め頃までは日本の産業経済はその通りによく機能し，毎年約1,000億ドルの余剰も生み，日本は世界トップの海外資産保有国にまでなったが，本書で見てきたような日本企業の後退が国としての経済にも影響を及ぼし始め，2011年には貿易収支が赤字化し，しかもその状態は恒常化すると予測されている。

瀬島モデルをモジュール化経営の視点から点検すると，資源のない日本は，内部化志向のインテグラルな垂直統合した強力な企業力で，国内生産した工業製品を輸出して外貨を稼ぎ，それで国内消費に必要な資源と輸出加工に必要な原材料を輸入する出費を賄おうとするものである。ただしこの瀬島モデルが現在全て破綻したとは考えない。今後日本企業の事業や製品は，グローバル経営の視点から見ておそらくは二群に分かれよう。

第一群はインテグラルな垂直統合が有効な事業や製品で，特定の中規模なハイテク・高機能・高品質の事業や製品，多種少量生産事業や製品，高機能・高品質のニッチ事業や製品などであり，今後も海外進出は避けられないが，内部化志向中心の経営を守りながら，ある程度は瀬島モデルを支え続けると思われる。

YKK（ファスナーで世界トップ），ナブテスコ（建設用自動ドアで世界シェア20％，産業用ロボットの関節精密減速機で世界シェア60％）（金山隆一，2012.3.6，pp.4-5），東レ（炭素繊維で世界トップ），日本精工（ベアリングで国際化率50％），ミネベア（極小ベアリングで世界シェア60％），コマツ（建設機械で世界2位），クボタ（農業機械で国際化率50％），日本電産（HDD用モーターで世界トップ），マブチモーター（小型モーターで世界シェア55％），ハリマ化成（カラー印刷用ロジン樹脂で世界トップ）（梅沢正邦，2012.1.21，pp.87-89），日本セラミック（赤外線センサーで世界シェア60％），サンエムパッケージ（サージカル・マスクで世界シェア50％），シーシーエス（工業用LED照明装置で世界トップ）などは，高機能，高品質で特定の中規模事業や製品で，インテグラルな内部化志向のビッグバン

型経営を中心に，企業機密を保ちつつ日進月歩の開発を続けることによって競争優位を確保している．

ただし内部化志向で企業が自社力で経営しても，やはりグローバル市場開発や低コスト生産を目指したグローバルな展開は避けられず，その場合多国籍企業論でいうマルチ・ドメスティックな展開はある程度避けられないために，自社単独の経営でも水平分業化する傾向からは免れない．また国の経済にとっては，海外進出した分に相当する輸出外貨は減少しようから，瀬島モデルの半分はおそらくは保持できなくなる．

なおこのようなグローバルな経営環境の変化の中にあって，高レベルのニッチ事業では日本企業はますます堅固な地盤を構築しつつあるように見える．すなわちニッチな製品やサービスなどで，グローバル経営を展開している大企業の経営機能（モジュラリティ）の一部を補完する経営である．13-2にも見るように，モジュール化経営の彗星型モデルの活用で，中小規模の経営でも短期にグローバル化の実現が可能である．外部の大企業に依存するので，新しい外部化志向モデルになるが，競争力の強いニッチ事業であるため，日本国内で一貫した事業を経営し，製品は輸出する場合が多く，基本的に瀬島モデルに該当する事業と見られる．しかし外部化志向モデルでもあり，ユーザーへの接近の必要性などからも，同様に水平分業化によって直接海外販売が今後増える傾向は見られよう．

第二群はコスト・リーダーシップが競争優位となる量産汎用品で，それは基本的にモジュラー型のマス・マーケットに向けて，モジュラー型生産拠点でモジュラー型の生産をすることになるので，新興国企業との協業を抜きにしては不利を免れない．特にこれらの事業や製品では，それが成熟化した場合，R&Dによる差別化でなくコスト・リーダーシップのみが競争優位になるので，先進国企業は新興国企業に勝ち味はない．たとえばTV事業で日本企業は最近各社ともに大赤字になっているが，このような成熟化した量産型の大衆製品では，もはやR&Dによる差別化での競争優位の構築は困難になっている．東芝の佐々木則夫社長は2012年6月の経営方針説明会で，同社のTVの国内生産

を廃止し，今後は同社の埼玉県の深谷事業所を設計・開発とアフター・サービス拠点化し，中国などの海外4工場での生産と，台湾企業などへの生産委託に切り替えると発表し，日立も岐阜県の美濃加茂工場での生産を9月に終了して，海外のEMS（電子機器の受託製造サービス）にすべて委託するとしている（大久保陽一，2012.5.18）。

中国の最大手である青島海信電器（ハイセンス）の55インチLED搭載液晶TVは，ソニー製品の4割の価格でアメリカのウォルマート店頭に出ていながら，営業利益6％を確保している。同社は機能を絞り込み，徹底的にコストを抑えたとするが，特にスリムな組織体制に見るべき点があり，管理部門（役員，総務人事などの間接部門）の要員比率はわずか2.5％に過ぎないとされる。インテグラルなグループ責任体制の日本企業では，本社要員だけで10％を超え，とても比較にならない（Wind資訊，2012.3.10, pp.132-133）。

サムスンの幹部も，その携帯電話で「私は日本製の携帯電話を持っているが，質感から機能まで申し分ない。すばらしい出来栄えだと思います。サムスン製の携帯は日本の部品を使い，頑張っても日本製の85％程度のクオリティーの製品しかつくれません。しかし，われわれは日本製の定価の75％で販売することができる。この10％こそがサムスンの優位性です」と語っている（財部誠一，2010.6, p.46）。

汎用品事業でも，トヨタのように乗用車事業で世界トップ・クラスの競争力を持つ巨大企業の場合は例外的で，まだ多国籍企業モデルと同質の内部化志向のビッグバン型モデルを基本的に持続でき，日本での生産をできる限り守ろうと努力している。しかし自社でのグローバル市場への展開はやはり不可避であり，また部品調達では低コスト品の調達で星雲型での他社活用の拡大を図らねばならず，13-1にも見るように，革新的なR&Dでも連星型で他社との共同開発に挑戦し，またグローバルに展開した事業拠点は垂直統合から次第に水平分業傾向を強めつつあるので，やはり瀬島モデル型の寄与は今後一部に止まろう。

そのトヨタでさえ本体の単独決算は赤字であるが，積極的なグローバル化を推進している日産自動車では，ゴーン社長が2011年度決算報告で「収益の大

部分は海外事業で稼いでいる」と述べ,「2011年度のマイナス要因は円高であり,今後日本からの輸出を最小限に抑える対策を講じる」と,その将来戦略方針を明言している。三菱自動車も水島工場の生産調整を行いつつ,益子修社長は,「海外生産が増えるのは必然的な流れで,元に戻らない」と語っている（髙橋慶浩, 2012.5.12）。

したがって残念ではあるが,日本企業がこれまでの成功経営体質を大事にしている間に,モジュラー型の新興国企業には,日本企業がまねのできない低コスト生産とマス・マーケット開発のノウハウが蓄積されてきていたことを認めないわけには行かない。先進国企業としては,R&D力が必要な新事業や新製品からの産業化が必須の発展戦略となるが,それにはR&Dから産業化までの成長発展の過程に存在する「魔の川」「死の谷」「ダーウインの海」の3障壁を越えなければならない。R&Dレベルの段階ではインテグラルな取り組みが有利となろうから,日本企業が基本的にR&Dは国内中心で実施する必然性が高いが,それで「魔の川」「死の谷」をうまく越えられても,市場開発と生産は「ダーウインの海」を渡るためには,まさに東芝のTV事業に見たように,新興国のモジュラー型他社との水平分業をすることが必要な戦略になり,モジュール化経営の連星型モデルの活用が役立つことになる。連星型モデルを活用しても,モジュラー型の新興企業との協業でなく,NEC,日立,三菱電機の3社の半導体DRAM事業のように,同質の日本企業同士の協業では有効性に欠け,その結果協業事業は破綻している。川上のR&Dに強い企業と,川下の低コスト生産,マス・マーケット開拓に強い企業との相互援助になるような協業でなければならない。

このような協業では,事業や製品の経営の国外移転は当然となり,国内からの輸出は期待できなくなる。ただし加工輸出用の原材料輸入の対外支出は減り,また進出海外法人が利益を挙げられれば国内の親企業が利益配当を受けるので,これまでの貿易収支の減少を,ある程度資本収支の黒字でカバーできるようにすれば,日本経済の国際収支は保持できる。したがって日本経済を支えるためにも,今後この第二群の経営の失敗は許されない。

## 第2章　日本企業のグローバル市場での後退原因と瀬島モデルの破綻

「はじめに」でも述べたように，筆者は日本の企業が全てグローバル市場で後退しているとは考えていない。伝統的な瀬島モデルを支えている第一群に属する企業経営は，基本的にはこれまでの内部化志向の成功モデルを踏襲すればよいので，本書の主張のすべては当てはまらないが，ただしそれでも川下の新興国展開に際しての水平分業化と，海外法人の第三文化体の構築には，本書の内容を踏まえて意を用いねばならない。

本書の議論は，主に新しく主流となった第二群の経営を対象にしている。これらはマス・マーケットが対象の中心であるだけに，日本に対する影響の度合いも大きいことを認識する必要があろう。この第二群の経営は，本書で述べるモジュール化経営の外部化モデルを活用したグローバルな協業展開が中心となるために，輸出がなくなり海外法人の収益となってくる。したがって今後の日本経済を支えるには，海外法人の利益配当としての資本収支の黒字収入で，国内の消費資源の購入支出を賄うように変わらねばならない。瀬島モデルによる経済が半分は残るとしても，海外移転型事業・製品が輸出代替をカバーするには，最近の輸出が約7,000億ドルであったことから，将来は約3,000〜4,000億ドルの資本収入外貨を稼がねばならないと推測する。幸い商社のほか最近では流通業の海外収支の好調が見られるが，これらのサービス産業で1,000億ドル程度の資本収支の黒字も期待するのは無理であろうから，やはり製造業が頑張らねばならない。サムスン電子が韓国GDPの5分の1を担うとされるほど極端な期待はできないが，日本企業の100〜200社が，海外法人から日本本社に20億ドル前後の利益配当ができるくらいにグローバル市場で発展してくれないと，現在の日本経済の水準は保持できないことになる。製造業の海外進出に伴う空洞化を懸念する向きが強いが，問題は海外移転でなくその収支であり，むしろどんどん進出して優れた経営をすることによる資本収支の黒字寄与が求められる，新しいビジネスモデルの時代に転換したと認識を改めなければならない。それがわからない産業人はもはや引退すべきであろう。

## 2-6　新技術情報保護の重要性

　先進国企業としての今後の発展のためには，「魔の川」「死の谷」越え，すなわち R&D での D としての成功と新事業，新製品の創出に加えて，「ダーウインの海」を渡るグローバル市場での産業化を，新興国・地域のモジュラー型企業との協業で達成することが望まれる。したがって先進国企業は，その協業の源泉となる新事業や新製品の開発ができなくなれば，将来の発展は期待できない。しかし開発に成功できても，その情報を企業機密として保持できなければ，企業利益は守られない。先進国企業にとって，新事業や新製品の技術・ノウハウはかけがえのない経営資源なのである。

　一方新興国企業は，デファクト・スタンダード化したマス・マーケットを，汎用品のコスト・リーダーシップで抑えることで，グローバル経営を発展させられる。しかしその上で，新事業や新製品の技術情報を入手できれば，産業化の段階から市場を寡占的に支配することができ，高い収益も期待できるので，自社に欠ける R&D 情報をどう獲得するかが経営の重要課題になる。先進国企業が新興国企業との協業を望むと同様に，新興国企業は先進国企業と R&D や新事業・新製品の情報の入手や協業を望むのは当然である。その入手が技術導入契約や協業による合法的なものであればよいが，現実にはさまざまな無法な方法も行われていることを認識しておかねばならない。先進国企業は経営資源である R&D や新事業，新製品の情報保護に留意しないと，協業による発展も当然期待できない。

　台湾では，日本企業との提携や協業によって発展した企業が多いが（山川清弘ら，2011.10.1, pp.38-87），かつてまだ経営がオープン化されず，日台企業がグローバル市場で競合していた時代には，筆者も台湾のライバル企業からの開発情報獲得についての，あらゆる非合法的な攻撃を経験している。現地人材の引き抜きはもちろん，現地幹部への金の提供による情報の聞き出し，車中の談話を盗み聞くための東京本社前に待機する深夜タクシーの運転手の買収，はては現地法人の技術部長にライバル企業の娘婿が送りこまれていたことなども経

## 第2章 日本企業のグローバル市場での後退原因と瀬島モデルの破綻

験している。韓国企業の提携先も，提携範囲以外の情報入手に，企業視察の際に多数の社員を参加させ，非許可エリアまでを歩きまわって使用機器設備の納入メーカーのプレートを調べ，その後納入メーカーから同じものを納入させるやり方には困惑させられた。一時週末を利用した技術指導のための機密招聘が常態化し，日本の企業側が週末になると，その防止のために社員を空港に配置するようになったことも衆知の事実である。したがってグローバル市場でトップ・シェアを確保しているYKK，サンエムパッケージやミクロ発條などは，使用機器設備も自社開発し，門外不出としている。

　デジタル家電や携帯電話などの主要部品であるセラミックコンデンサー（セラコン）はさまざまな擦り合わせ技術の集積で参入障壁が高く，村田製作所は長く世界トップの座にあったが，2年前にサムスン・グループのSEMCOが2位に浮上し，村田製作所の2011年度の利益は30％減少している。SEMCOは村田製作所やTDKから技術者を引き抜いたと業界関係者は口をそろえている（前野裕香，2012.2.11, pp.26-27）。2012年4月には，新日鉄が韓国の鉄鋼トップのポスコを，高性能の方向性電磁鋼板の非公開製造ノウハウの不正取得で，東京地裁に告訴したとされる。それはポスコの社員が中国の宝鋼集団に技術を漏洩したことについての，韓国での裁判記録から，日本からの漏洩が明らかになったもので，それほど革新技術は盗まれやすい。経済産業省知的財産政策室の石塚康志室長も，このような日本企業の製造技術や営業秘密のアジア企業への漏洩が，最近は先端技術にまで広がっているとする（日本経済新聞，2012.4.26）。三一重工は，最近コマツを抜いて世界トップになった中国の建設機械メーカーである。三一はコマツ本社附近の東京溜池山王に近い霞が関に，数年前からヘッドハンティングオフィスを開設し，日本の建機・部品大手から次々に好条件でスカウトを行い，現在すでに数十人が現地で指導に当たっているとされる（長谷川愛，2012.3.17, pp.24-25）。

　日本企業側にも問題が多い。長く終身雇用による社員の囲い込みと愛社精神に依存して，日本人および日本企業は，ガラパゴス島の生物のように天敵の襲撃に世界でもっとも無関心で，スパイ天国として知られるが，そのために企業

機密保持にも，世界でもっとも安易になっていた。ところが最近終身雇用が急激に崩壊し始め，合理化のために労務政策的なベテラン社員の早期退職も多くなっているが，数年前に筆者が工業経営研究学会のメンバーと中国広東省の企業調査を行った時に，訪問したほとんどの現地企業の工場長か製造部長として，このような日本人のベテラン退職者が再就職していた。そのほとんどの皆さんは長年精勤した企業から冷たく早期退職を求められ，一方中国企業内では例外なくライン長として組織内で尊重され尊敬されていた。人は心意気に感じる存在であり，したがってこのような日本人赴任者は，単身赴任に耐えながらもその技術ノウハウの伝承に一生懸命であったのに感銘するとともに，5年もすれば日本企業の後輩が引き継げないままに，中国企業に生産技術が伝承されてしまうと考え込んでしまった（平松茂実，2006.9 ③，pp.36-71）。

　中国最大の液晶パネルメーカーで，有機ELも手掛けている京東方科技集団（BOE）は，すでに中国内に4工場のほかモンゴルにも工場を持つが，グローバル市場に本格参入しようとして2011年に日本法人も設立し，王東登会長は技術革新とコストダウンの両面が重要として，日本のパネル関連技術者の採用も積極的に進めて技術力の強化を図りたいと語っている（指宿伸一郎，2012.5.4）。原発問題で揺れる東電も，韓国国営企業からの激しいスカウトに遭遇しているとされ，日本の年収の2～3倍の好条件が提示されるようである（三沢耕平，2012.2.16）。スカウトは合法的な手段であり，それによる防衛には技術者の尊重によるほかはない。社員を尊重しない，あるいは夢を持てない企業からは，社員もライバル企業に移動して行く。

　経済産業省も，2012年に退職者などを通じた企業の技術・情報流出について，約1万社を対象にした本格的な実態調査を，初めて行い，実効性のある技術流出の防止策を検討することになった（小倉詳徳，2012.5.9）。

　ここでは本書の目的から外れるので詳述しないが，新技術・ノウハウの漏洩防止には，職場の情報管理システムのほか，組織風土（組織コミットメントや組織としての機密保持体質など），雇用契約（守秘義務契約），公聴人制度（非公開登録），工業所有権（特許・実用新案・商標など）を活用するほか，不法行為の

検挙と告訴・法廷闘争などを合わせて総合的に対応する必要があり，企業にはR&Dに調査部門が併設されていると同様に，情報保護部門も設置する必要があろうが，日本企業の大部分は法務部門か工業所有権部門の一端で扱っている程度で，まだ本格的な対応組織は置かれていないのが普通であり，今後その強化が必要であろう。

# 第3章
# 新事業・新製品開発の必要性と三つの発展障壁

## 3-1　新事業や新製品の開発と産業化による高シェア獲得の必要性および必要要因

　現在の日本企業は，追従型の成熟化した事業や製品に限らず，自社開発の新事業，新製品によるグローバル市場開拓にも努力しているが，最近の日本のグローバル市場での後退は，産業化が確立した成熟期の産業や製品などのコスト競争に勝てなくなっているだけでなく，その新事業や新製品のグローバル市場での産業化に成功できなくなっているところに，日本企業のグローバル経営の本質的な問題の深刻さがうかがえる。

　日本企業の新事業や新製品のグローバル市場での敗退は，以前からのものではなく，新事業や新製品の創出と産業化での市場確保に，1980-2000年前後には一旦みごとに成功しかけたにもかかわらず，2000年以降の産業化，すなわち導入期，成長期での発展と高シェア獲得に成功できなくなったのである。

　成熟期の事業や製品・サービス・ソフトなどの市場は，すでに述べたように，世界の多くの企業の激しい競合状態になっている。国内であれば当然市場に精通した日本の他社とはもちろん，輸入品や進出外国企業との激しい競争があり，海外市場であれば，さらに現地事情に詳しい，あるいはグローバル経営に強い外国の強力な競合他社がひしめいている中での，慣れない市場競争となる。しかも成熟期では市場が伸びる余地は少ないのでゼロサム・ゲームとなるが，この市場競争で勝ち残る要因はハイテクや革新性での差別化ではなく，基本的にはより良いものをより安く提供するコスト・リーダーシップにある。日本は伝

統的に革新に弱く，改良が得意とされている。すなわち産業の発展と技術革新の関係を研究したアバナシーのイノベーション論で言えば（Abernathy, W., 1978），日本は抜本的な革新であるラディカル・イノベーション（radical innovation）に弱く，事業や製品に対する共通の基本的な技術選択が確定して標準的設計概念であるドミナント・デザイン（dominant design）が決まってからの，漸進的な改良であるインクリメンタル・イノベーション（incremental innovation）が得意であると言えよう。

繰り返しになるが，1980年頃までの日本企業は，すでに産業化し，基本的な技術標準の定まった成長期の後半から成熟期にかけての既存事業や製品などでは，インテグラルな組織特質を生かした日本的生産経営手法であるTQCやJIT，TPMなどのチームワーク力の発揮で，商品改良や生産合理化を実現し，またバートレットらがいうglobal型多国籍企業モデルに沿って，グローバルに展開した企業集団の経営効率を最高にする努力で，より良くより安くする差別化経営に成功し，一度はグローバル市場を席巻することができた。

しかし高度に発達した日本産業に求められるようになった新事業や新製品などの創出・育成では，既存事業や製品などの改良とは全く次元の異なる取り組みが必要である。アバナシーのイノベーション論で言えば，ラディカル・イノベーションが求められる。幸い日本企業は，新しい挑戦の時代に対応するドミナント・デザインとしての技術開発にも，先進国に匹敵する成果を挙げるようになれたことは，たとえば図表1-2によっても確認される。

そこで新事業や新製品を創出した後の，インクリメンタル・イノベーションとマス・マーケットのデファクト・スタンダードに合わせた商品化，および低コスト生産体制の構築が日本企業に問われることになる。すなわち新事業や新製品での市場開発（産業化）は，新事業，新製品の創出・事業化とは全く次元が異なる経営が求められることを認識し，その両方に成功しなければならないが，多くの日本企業は，最近その両面体制の確立に成功していないことを確認してきた。

では新事業や新製品などの創出・育成から産業化までの全過程を通じて，経

営に成功するために必要とされる要因は何であろうか。本書では①開発力，②市場開拓力，③低コスト生産力の3要因を挙げたいが，その①にはアーキテクチャのインテグラル型が基本的に有利で，②はマス・マーケットを対象にする限りモジュラー型体質の市場への適合が必要で，③にはモジュラー型の取り組みが有利であり，上記の経営課題全ての成功には，異なるアーキテクチャ特性の併行経営が求められる。新事業や新製品の創出までの過程は，基本的にインテグラル型であることが求められるが，創出した新事業や新製品などの育成・産業化ではインテグラル型とモジュラー型双方を必要に応じ使い分けながら，あるいは融合して推進し，ほぼ産業化に成功した時点からは，主に生産・販売活動でモジュラー型の活動が有利になるので，この両アーキテクチャを使い分けるモジュール化経営が望まれる。日本企業のグローバル市場での後退は，このような新しい時代に必要なモジュール化経営での，アーキテクチャの使い分けがまだ十分にできないことに負っていると思われる。

## 3-2　新事業・新製品開発の三つの発展障壁
　　　「魔の川」「死の谷」「ダーウインの海」

　常に発展し続ける現代経営では，発展の障壁を乗り越える競争に勝つ戦略が必要である。現代の経営学では，それが条件適合であったり，またコア・コンピタンス，ケイパビリティや企業文化に代表されるような経営資源の取得であったり，知識創造であったり，さまざまな対応戦略が提起されてきているが，現代先進企業が直面し乗り越えなければならない現代的な経営課題として，研究開発が産業化に到る間の成長発展障壁である「魔の川」「死の谷」「ダーウインの海」の存在がある。これは1960年代に，アメリカの宇宙探検プロジェクト「アポロ計画」から生まれた，技術経営（MOT：management of technology）に関する概念であるとされる。この3障壁は，総括して「the Valley of Death（死の谷）」と言われたこともある。フリー百科事典『ウィキペディア（Wikipedia）』などでも見られるが，以下3つの障壁についての定義を確認しておきたい（江間繁博編，2007，p.241）（Auersward, P. & L. Branscomb, 2003,

第3章 新事業・新製品開発の必要性と三つの発展障壁 41

pp.227-239）。

　まず「魔の川」（the Devil River）とは，基礎研究から応用研究までの間の障壁を言う。これは「死の谷」に始まり，「ダーウインの海」に次ぎ，事業や製品の創出を細分化して最後に生まれた概念である。

　「死の谷」（the Valley of Death）は，応用研究から事業化，あるいは製品化（パイロットライン）までの間の障壁を指す。アメリカの物理学者でもあるエイラーズ国会議員がその名付け親で，公的資金などが潤沢で生まれやすい基礎研究や，企業が投資して成功した事業に対し，その事業化までの開発研究に資金が得られにくいために開発に成功できないケースが多いことを，比喩的に表現したものだとされる。すなわちもともとは，単純に技術が資金調達の問題から実用化に到らない状態を指す用語であったが，最近ではその他さまざまな要因も含めて研究開発の結果を事業化に活かせない状態，あるいはその原因全般を指すようになりつつある。すなわち研究開発，技術経営，プロジェクト・マネジメントなどにおいて，研究開発が次の段階に発展しない状況や，その障壁となっている事項全般を指す概念である。

　アメリカでは，一般的にこの「死の谷」を越える仕掛けとして，ベンチャー企業とベンチャー・キャピタルがあり，投資家のサポートを得て独立した研究者側からの自由な挑戦が多いが，日本では主に大手企業内プロジェクトとして，企業経営の一端としての取り組みが中心となる。一般的にはプロダクト・ポートフォリオの「問題児」を，次の「金の成る木」を目指して「花型」に育成しようとする体制を整えることが，「死の谷」を越える秘訣とされる。要するに継続的な資金援助が必須で，そのためには定期的に合目的な報告・審議をする，プロジェクト管理体制が不可欠とされる。

　「ダーウインの海」（the Darwinian Sea）は，当初はニュービジネス，あるいは製品化から事業化までの間の障壁を意味した。すなわち「死の谷」と類似の概念である。ただし事業化に到る過程は「死の谷」よりきびしいとして，ハーバード大学のブランスコム名誉教授が「ダーウインの海」として区別することを提起した。現在ではその概念は，さらに事業の産業としての発展までの障壁

に変わってきている。ブランスコムは研究成果を事業化するには，単に資金だけでなく，市場を捉えるマーケティング能力，ライバルの追従をかわす戦略能力，プロジェクトを推進していく実務能力など，幅広いビジネス能力が必要であることを主張したかったと言われる。

「ダーウインの海」は，弱肉強食の世界でサメがうようよ泳いでいる海を，いかにうまく渡りきって生き残るかである。ここで必要なのは，もはやキャッシュでなく成功を実現する力であり，それを管理し運営する組織力とマネジメント力であるとされる。小橋昭彦は，基礎研究から応用研究に到る段階では，流れの速い変化を乗り越える知識が求められ，応用研究を事業化につなげる段階では，資金や人材などを惜しみなく投じる覚悟が求められ，事業を成功させるまでの段階では，多くのライバルの中での厳しい生き残り競争が待っていると区別している（小橋昭彦，2009.7.27）。

このようにかなりの変遷を経てきているが，現在の研究開発経営での課題として，基礎研究を応用研究（開発段階までを含む）にまで持っていくために「魔

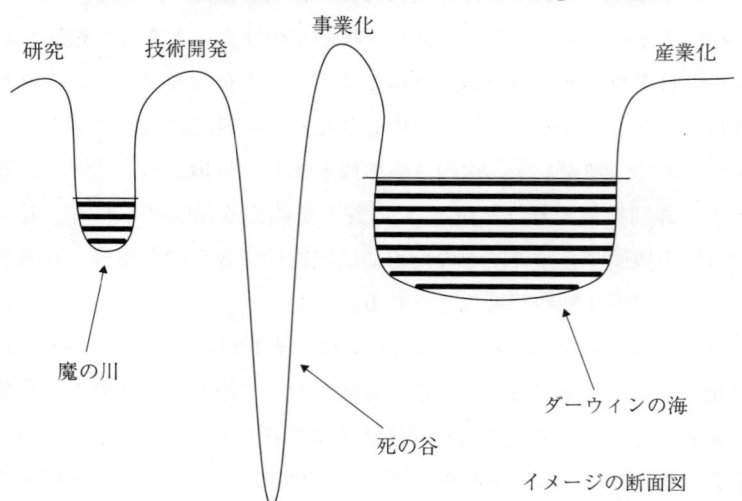

**図表 3-1 「魔の川」「死の谷」「ダーウインの海」の概念図**

研究　技術開発　事業化　　　　　産業化

魔の川

死の谷

ダーウィンの海

イメージの断面図

出所）Jagrons, http://www.jagrons.com/archives/2007/10/post_142.html

の川」を渡らねばならず，応用研究を事業化するまでに「死の谷」を越える必要があり，さらに事業化しても「ダーウインの海」で激しい戦いに勝たなければ産業にまで発展させられないということがよく認識されるようになり，現在では体系的に図表3-1のように認識されている。

## 3-3 日本の科学技術力の推移と三つの発展障壁との関係

　最近の日本企業のグローバル市場での急激な後退は，研究開発や新事業，新製品などの創出にあるのでないことは，これまで第1章，第2章で検討してきた通りである。日本の科学・技術関係の研究論文の数と質は，次第に押され気味とはいえ，現在も世界で上位の地位を保持しており，特許出願も世界有数であり，総合的な科学技術力についても，さまざまな視点から世界のトップレベルにあることが認められている。すなわち研究開発の産業化までの成長発展3大障壁のうち，「魔の川」「死の谷」障壁は無事に乗り越えてきているのである。

　戦前を見れば，日本は「魔の川」障壁を渡るどころか，基礎研究のレベルも低く，例外を除き，全体として科学技術の先進国とは見られてこなかった。「魔の川」を渡った応用研究ではビタミンB，八木アンテナなどがあるが，「死の谷」を越えられずに事業化に到らなかった。「魔の川」「死の谷」をどうにか越えて新事業や新製品化されたのは，明治の3大発明とされる養殖真珠，味の素，カルピスのほか，東北大本多光太郎と高橋弘らのKSと新KS磁石鋼，東大三島徳七らのMK磁石鋼，高峰譲吉のタカジャスターゼ，京大桜田一郎らのビニロン，東レ星野孝平のアミランくらいである。逆に「魔の川」を渡ることなく，欧米技術の実用化研究開発で「死の谷」を越え，さらに「ダーウインの海」を世界に先駆けて渡り，戦前に世界一の産業に発展させることができた化学繊維が唯一の例外として存在する。なお木綿工業は「魔の川」「死の谷」を越えることなく，最後の「ダーウインの海」を渡るだけの成功で，世界の3大国にランクされていたことからも，現在の日本企業が学ぶものがあるはずである。

　それが第二次大戦後，科学技術立国を目指しての必死の努力が見事に稔り，1970-80年頃には科学技術の先進国になって，製造業でも「安かろう悪かろう」

から「追いつき追い越せ」も乗り越えて，図表1-1～1-6に見るように，遂に新事業や新製品も生み出せる体制を確立し，世界の脅威としての存在になるかと思われた。しかしそれも束の間で，1990年前後からバブル経済の破綻に併行して，日本企業は新時代型産業の開発育成で，グローバル市場から急速に後退し始めたのである。

このことは，研究開発の成長発展理論で見れば，「ダーウインの海」を渡れなくなった問題と認識される。それはなぜかが問われるが，本書では日本企業のグローバル市場での後退が顕著になり始めたのと，国際的にモジュール化経営論が認識され始めたのがほぼ同じ1990年頃からであること，また日本企業がモジュール化経営への認識と対応に一番遅れている実態分析の結果から，その原因をモジュール化経営への乗り遅れにあると推測し，その視点からの分析・確認を試みている。

いずれにせよ，日本企業力の集大成である産業社会の総力としても「死の谷」を越える潜在力は十分にあるが，「ダーウインの海」を渡る潜在力に欠けることは，外国企業の動きからも裏付けられる。ちなみに諸外国企業が最近日本に，「死の谷」を越えるための研究開発拠点を強化する動きはいろいろ見られる。たとえば化粧品では世界最大手で130カ国に事業展開するフランスのロレアルは，2012年1月に川崎の研究開発拠点を拡充し，同じくフランスのヘリコプター製造大手のユーロコプターも，神戸空港の約15,000平方メートルを整備して，装備品の研究開発拠点の開設を進めているし，スウェーデンのボルボやアメリカの化学大手の3Mも，数年内に研究開発拠点を整備することを決定したといわれる。いずれもが優れた素材技術や加工技術を持つ日本の研究機関や中小企業と協業し，開発した製品を成長するアジア市場に売り込む狙いがあるとされる（寺田剛，2012.3.6）。

また最近欧州の自動車部品大手も，日本での開発体制を強化しようとしている。ドイツのシェフラーは2015年に開発要員を3倍に増やすほか，ボッシュも環境車分野で2012年から日本で研究開発投資を始めようとしている。オランダのDSNグループは，初めての開発拠点を車体軽量化のために開設しよう

としている。またアメリカの TRW オートモーティブも R&D 拠点の 4 割増員を図り，ジョンソンコントロールズ・オートモーティブシステムズは，2013年 6 月から横浜市内に開発拠点を開設しようとしている。これら企業は日本の優れた R&D 拠点との相乗効果によって，グローバル市場展開への利用を図ろうとするものである（松井基一，2012.4.20）。

しかし「ダーウインの海」を渡るために，日本に生産拠点を開設しようとする話はまず聞くことがない。

## 3-4　モジュール化経営における「ダーウインの海」障壁の重要性

企業経営は，経済成果を求めてシステムを構築し機能させる活動であると言うことができよう。そのような目的でのシステム機能は単純ではなく，目的に対応する全体システムを基準（焦点）システムとした時，その基準システムは機能毎のサブ・システムに分解されるはずである。1980-90 年前後までは，企業は主にこの基準システム全体を自社で構築してきており，したがって概して企業規模が問われ，大企業が内外の市場を支配する傾向が強かったといえる。しかしその後産業が発達して複雑多様化し，また変化や競争が激しくなるとともに，自社力だけでは基準システムの競争優位の確保が次第に困難になってくる。また世界全体の発展から，先進国はもちろん，世界の新興諸国にも企業が成長発展し，グローバルなエリアでの M&A や協業のチャンスも増えてきている。このような経営環境の変化で，サブ・システムを他社と組み合わせる設計思想（オープン・アーキテクチャ）が当然に生まれ，トータルな機能連鎖としての基準システムをサブ・システムに分解し（モジュール化），他社の強いサブ・システムを基準システムに取り込むことで，より強力に機能する基準システムに再構築しようとする動向（モジュラリティ再構築）が見えてくる。

「魔の川」や「死の谷」障壁越えでも，コンピュータ開発の研究からもうかがえるように，協業は有効である場合も多いが，この段階での組織システムは比較的単純であり，またインテグラルな取り組みが主になるために，モジュール化の有効性が絶対的とはいえない。一方「ダーウインの海」では，グローバ

ルに展開する巨大なシステムをアジルに機能させる必要があり，限定された特殊な事業や製品以外は，モジュール化経営の採否が競争力のカギとなる時代になったと思われる。

　すなわち現代の経営のカギは，与えられた経営環境下で，新しい経営目的に対する，最適でもっとも強力な競争優位を持つモジュラリティを構築することになり，そのために経営の全体機能価値連鎖をどのように分断するかというモジュール化のあり方が問われ，次いで競争力のあるモジュラリティを設計し，さらにせっかくモジュールの分断とモジュラリティ設計がうまくできても，モジュラリティ構築のためのモジュールを再連結しそれがよく機能するためのアーキテクチャ特性への適合も必要である。その上で，他社の実態に通じ，協業の交渉力をそなえなければ，モジュール化経営を実現できない。

　このような日本企業の課題を追究する前提として，まずまだ完成しているとは見られていないモジュール化経営論の掌握を図りたい。そのためにモジュール化経営論の発展の経緯，体系の現状などを確認し，まだ不足する点をできる限り補強した上で，そのモジュール化経営論を活用して，改めて日本企業の事業や製品開発での「魔の川」「死の谷」「ダーウインの海」の三つの発展障壁越えの実態の究明を試みたい。特に現在の日本企業のグローバル市場での後退の主因と見られる「ダーウインの海」障壁については，モジュール化経営の戦略モデルを活用して，これまでの代表的な日本企業各社の挑戦の実態の分析を試み，さらに今後日本企業に有用と思われる新しい対応戦略モデルの提起を試みる。

# 第4章 事業や製品などの機能連鎖構造に着目した戦略発想の変遷

## 4-1 経営戦略論の発展経緯

　本章では，現代の日本企業のグローバル発展に不可欠なモジュール化経営論が，どのように誕生し発展してきたかを見ておきたい。経営学もさまざまな視点から累積的に発展してきたが，大きな流れとして捉えた場合，産業革命以前からまず取引に必要な商学の基本となるマーケティング，簿記・会計学，金融・証券学などが発展し，次いで産業革命以降第二次大戦終了までの間は，大規模化した組織や事業の運営を向上させるための組織論や経営管理論が体系化されたと見られる。さらに20世紀後半を迎え，第二次大戦からの復活とさらなる発展の時期となった1950年から1980年頃までは，産業や経営が多様化，高度化，複雑化，アジル化し，ソフト化，IT化，ボーダレス化も進み，その変化や市場での競合が一層激しくなった結果，それに対応する必要から経営戦略論のさまざまな発展を見てきた。その経緯をあえて概観すれば，以下のように見ることもできよう。

　①事業のあり方：すなわち経営戦略の各論モデルである。具体的にはライフサイクル，プロダクト・ポートフォリオ，成長ベクトル，競争優位などのさまざまな理論やモデルが挙げられる。

　②事業のセグメントあるいはポジションのあり方：マーケット・ポジショニング論，ドメイン戦略論，事業領域論などである。

　③経営資源のあり方（経営資源ベース戦略論）：組織文化論は，一時ピーターズとウォーターマンが，エクセレント・カンパニーで具備すべき8つの組織文

化要件を提起して一世を風靡したが（Peters, T. J. & R. H. Waterman, Jr., 1982），その後貴重な反省も見られた。またコア・コンピタンス論，ケイパビリティ論なども，この範疇の理論である。

④知識活用や創造のあり方：サイモンに代表される意思決定モデル，野中のSECIモデルや平松のPAUSE理論などの情報活用論や知識創造論などである。

⑤機能連鎖のあり方：ネットワーク論，SCM，VC，モジュール化経営論などをいう。

このような多様な経営戦略論が，ほぼ①から⑤の順に提起されてきた。①②に類別化される戦略論や戦略モデルは比較的早くから出現して多用され，③④⑤に類別化されるものは近年提起されて，特定の目的に活用されることが多い。モジュール化経営論のベースとなる⑤の機能連鎖論は，最近注目を浴びているとはいえ，多くの経営戦略論の一つとしての存在であり，他の戦略論・モデルと同様に万能ではなく，特定の課題に有効な手段とみるべきで，状況によって使い分けられねばならない。

なおここでは，経営計画論はSWOT分析を含めて経営戦略を総合的，かつ具体的にまとめあげる手法であり，条件適合論は戦略転換の選択指針であり，イノベーション論は戦略転換の視点やプロセスを示す経営理論で，経営戦略論そのものではないと見て，ここには収録していない。

## 4-2　事業や製品などの機能連鎖構造に着目した経営戦略論の変遷

産業や経営が多様化，複雑化，高度化してきた20世紀後半になり，それに対応する必要から経営戦略論のさまざまな発展を見てきたが，最近登場してきた経営戦略論の中で，特に注目を浴び，近年一つの主要な領域を占め始めているのが，一連の事業や製品機能の連鎖構造に着目して，その機能向上を図ろうとする戦略発想である。しかもその着目視点は，時代の変遷とともに変化してきたと思われる。

なぜこのように事業や，製品・工程，さらには組織にいたるまでの連鎖構造に関心が寄せられることになったのかを考えてみると，事業や製品・工程は一

つの完成システム系（モジュラリティ）であり，それを構成する各部分は半完成システム系（モジュール）であると見られるが，過去のビジネス・システムは比較的単純であったために，その完成システムは自社中心に強化を図る方が有利とされる内部化志向が中心であったと思われる。しかし1980年ごろから事業や製品・工程としてのシステム系が複雑になり，その有効性や効率をさらに高めることが新しい経営課題になってきたと推測され，それに対応する新しい着眼点が必要となり，事業や製品・工程などのシステム機能連鎖でのモジュール構造に改めて着目することになったと思われる。

そのような着目は，まずアメリカ・ロジスティックス管理協議会が1986年にロジスティクスについて定義したようなSCMや，ポーターのVC論として現れ，パレートの原理的な重点思考による強化や，事業発展に対する事業の連鎖構造でのボトルネックの解消，あるいは事業発展に寄与する事業の連鎖構造での，最大収益寄与部分の探索とその強化を図ろうとするものであった（Porter, M. E., 1985）。

しかしその後は機能連鎖の一部強化に止まらず，さらに全体強化が必要なはげしい競争時代になり，それを実現する体系理論としてモジュール化やモジュラリティ，アーキテクチャ論が出現した。すなわち事業や製品などの機能連鎖構造の構成単位であるモジュールへの分離（モジュール化：modularize）と，経営目的に最適最強のモジュール集合体であるモジュラリティ（modularity）の再連結設計，それを成功させるためのモジュール内およびモジュール間構造の設計思想であるアーキテクチャ（architecture）特性への留意，などの一連の戦略発想に進んだものと思われる（以下この一連の体系論にまだ明確な名称が定められていないと思われるため，モジュール化経営論と総称し，単なる価値連鎖の各モジュールへの分断を意味するモジュール化とは区別する）。

## 4-3　モジュール化経営論の発展経緯

モジュール化経営論がいつごろから明確に認識され，提起されるに到ったのかは，条件適合論などと同様にはっきりとは決められない。サイモンはすでに

1962年に，コンポーネント同士のあり方として，アーキテクチャという概念を提起している（Simon, H. A., 1962, pp.467-482）。

その後しばらくして，前述したように，自社力にこだわる経営の限界化が見え始めた1990年代から，事業や製品などの機能構造に着目した一連の戦略理論の中で，オープン・アーキテクチャ発想をベースとした，モジュール化やアーキテクチャに関する理論が盛んに登場し始めた。その最初の代表的研究とされるのが，ヘンダーソンとクラークの，アーキテクチャが変われば組織の設計および組織内の知識体系も全面的に組み換える必要があるとする指摘であろう（Henderson, R. M. & K. B. Clark, 1990, pp.9-30）。

日本でも安室憲一は，直接モジュール化経営的な表現をしてはいないが，「モノ・資本移動モデル」から「ヒト・情報移動モデル」への転換によって，ヒト・情報のグローバルなモジュラリティ構築を図ることが付加価値を生む時代に変わったことを提起したが（安室憲一，1992），これは情報モジュールのモジュラリティ設計論である。安室は最近その「埋め込み」論で，自社の核になるモジュールを確保することの重要性も主張している（安室憲一，2012）。また国領二郎も，情報のオープン・アーキテクチャ戦略，すなわち外部化によるモジュールのネットワーク協業で，有効性が高まる時代になったことを提唱した（国領二郎，1995，1999）。

ラングロイスらは，モジュラー化という概念を最初に導入したとされ，また個別コンポーネントのイノベーションにはモジュラー化が適しているが，製品全体の設計を変更するようなイノベーションが求められる時には，モジュラー化は適さないとした（Langlois, R. N. & P. L. Robertson, 1992, pp.297-313）。

ウルリッチは，製品レベルでアーキテクチャ特性は，コンポーネント間の機能的相互関係のあり方によって，インテグラル（擦り合わせ）型とモジュラー（組合せ）型に2類別化されることを指摘した。またウルリッチは，ヘンダーソンらに続いて，製品アーキテクチャの違いによる製品開発の組織やプロセスの変化に注目している。モジュラー型である場合には個別コンポーネント毎に独立・併行となり，インテグラル型の場合には開発組織は各コンポーネントの担当部

門から横断的に人を集めたプロジェクト型，あるいはマトリックス型の組織になるとする。すなわちモジュラー化は社内の各コンポーネント部門を独立化させ，インテグラル型は結合化させる影響を及ぼすとした（Ulrich, K. T., 1995, pp.419-440）。

ファインは，コンピュータと自転車産業の研究から，モジュラー型とインテグラル型のアーキテクチャの転換概念を提起し，製品アーキテクチャは歴史的に両方のアーキテクチャ間で変化し続けてきたこと，またそれに伴いインテグラル型のアーキテクチャでは垂直統合型の構造が，モジュラー型のアーキテクチャでは垂直分業型の構造が選択されることなどを提起した（Fine, H. C., 1998）。

ボールドウインらは，このラングロイスらやファインの提起を，コンピュータ産業のさらに詳細な研究から裏付けるとともに，製品の設計と組織の設計は原則として一致するとする「設計構造とタスク構造の基本的同型性」を提唱した（Baldwin, C. Y. & K. B. Clark, 1997, 2000）。

藤本隆宏は組織のアーキテクチャ特性に留意し，オープン・アーキテクチャ戦略はアーキテクチャ特性で有効性が大きく異なること，すなわちコンピュータのようなモジュラー型事業での有効性は高いが，自動車のようなインテグラル型事業では低いこと，さらに日本の組織はインテグラル適合型であり，したがって擦り合わせが重要な自動車製造は日本に有利な産業であると提起した（藤本隆宏，1997）。

以上でモジュール化経営の基本的な視点は出揃ったと思われるが，その後モジュール化経営を確立する上でもっとも注目されるのは，ボールドウインとクラークの研究である。すなわちコンピュータIBM/360のシステム設計で，IBMの3人の研究者が試みたいくつかの機能分断（モジュール化）デザイン・ルールの定式化によって，個々のモジュールの設計や改善が全体設計から自立して行われるようになったこと，また個々のモジュールに情報を内包する（hidden）カプセル化（encapsulated）を可能にし，これが中央集権的な事前の指示なしに，個々のモジュールの自立的な改善と，事後の結合による全体システムの進化的な形成（モジュラリティ）を可能にしたことを究明した。またボール

ドウインとクラークは，自動車電装装置の製品や工程についても，モジュール化することによって複雑な生産工程が合理化されることも解明し（Baldwin, C. Y. & K. B. Clark, 1997, pp.84-93），さらに米国のIT産業の台頭が，製品アーキテクチャのモジュラー化によることも提唱している（Baldwin, C. Y. & K. B. Clark, 2000）。すなわちモジュール化の最大メリットは，機能連鎖の複雑性の処理とその分業による機能強化であり，それゆえに現代の高度，複雑で多変化な経営に不可欠の戦略として登場したのである。

その後はさまざまな各論的研究が多出し，ここではそれぞれの詳細を紹介し切れないが，そのいくつかに触れれば，たとえば先に述べた藤本隆宏らやミッコーラは，取引関係のような複数企業間でも同じ関係があり，相互に密接に関係して開発する必要があるインテグラルなR&Dでは，単一企業内に限らず複数企業間でも協業関係が生まれ，また逆に相互に関係がないモジュラー型の場合には，互いに独立して開発に当たることになることを明らかにしている（藤本隆宏・葛東昇，2001, pp.211-228）（Mikkola, J. B., 2003, pp.439-454）。

スタージョンはアーキテクチャのモジュラー化によって，アメリカ経済自体が垂直統合からモジュール型ネットワークに生まれ変わりつつあるとしたが（Sturgeon, T. J., 2002, pp.451-496），すなわち垂直統合の典型例である伝統的な多国籍企業の経営構造が，現在では大きく転換したことを裏付ける。

アメリカ政府はアメリカの製造業を復活させるため，MITにまとめさせた「*Made in America*」に引き続いて，今度はアメリカ企業のグローバル市場でのポジションを守るべく，再びMITに膨大な研究費を投入し，MIT産業生産性センターのバーガーらが，現代のグローバル経営に成功している500企業を調査研究して，その結果それら企業のほとんどがモジュール化経営（オープン・アーキテクチャ化）を実施していることを明らかにした。そしてモジュールの組み合わせのあり方は状況次第で多様であるが故に，グローバル経営の一元的な共通モデルはもはやなくなったと提唱した。なおそれまでの研究は，ボールドウインとクラークの研究が，コンピュータや自動車の電装品の生産工程を主にアーキテクチャの視点から研究し，また日本のモジュール化経営研究の第一

人者である藤本隆宏も生産管理論を専門とし，ボールドウィンの研究室に留学してクラークと共同研究をした背景から（Clark, K. B. & T. Fujimoto, 1991）か，モジュール化経営が主に生産経営の立場から製造製品・工程を対象になされてきていた。安室や国領らはモジュール化の対象を情報にしたが，バーガーらの研究はそれを広くハードまでを含めた事業戦略に拡大し，モジュール化経営論が一般的に広く経営戦略に活用されていることを，実態調査で解明したところに，大きな意義があったと思われる。さらにこの研究ではモジュール化経営のあり方が多様化し，したがってこれまでの一元的な多国籍企業論の戦略モデルがもはや適用できなくなったことを指摘した点でも，革新的な研究であったと評価できる。しかしそれゆえに，その実施は各企業の経営に委ねられることになり，国際経営学の役割が失われかねない危惧が生じたことになる。

　そのような中で青木昌彦は，情報の扱い方の違いでモジュールの連結のあり方が3類型モデル化されることを提起している。また筆者はモジュラリティ設計の視点からモジュールの連結構造のあり方の違いに着目し，その連結のあり方，すなわちモジュール化経営（オープン・アーキテクチャ）戦略は8種に類型化できることを，数百のケース研究から実証的に提唱し，またそのモデル選択が内部化志向か外部化志向かの経営理念と事業規模から比較的容易に限定して選択できることを提唱した（平松茂実，2009.9 ①，2011）。

　新宅純二郎と天野倫文は，製品・工程には個別のアーキテクチャ特性があること，また世界各地域・国の組織文化も産業地理的にアーキテクチャ特性のいずれに適合するかで二分化されること，したがって製品や工程のモジュール階層の各部分をアーキテクチャ適地に配分分業することが生産の有効性を高めることを，調査研究で提唱した（新宅純二郎・天野倫文編著，2009）。ただしアーキテクチャ特性については，新宅純二郎らの研究にも見るように，それらは固定的な存在ではなく，現在ダイナミックに変動していることにも留意しなくてはならない。

　椙山泰生は，欧米型経営の単純な追従を否定しながらも，さらに製品のアーキテクチャ特性は設計で変えることが可能で，そのモジュラー型化の推進によ

って，日本企業のトランスナショナル化の進展が促進されたことを調査・論証している（椙山泰生，2009）。

# 第Ⅱ部　モジュール化経営の体系

# 第5章

# モジュール化経営の概要

## 5-1　モジュール化経営論の基本的な体系構造

　このような発展経緯を経てきたモジュール化経営であるが，その基本的な体系構造は以下のような4段階から成ることを改めて確認しておきたい。

　(1)モジュール化：現状の経営価値連鎖を分析し，その強弱に合わせて，適切なモジュールに区分する。

　(2)モジュラリティ設計：その上で，弱いモジュールを強いモジュールに置き換えることで，経営環境や経営目的に最適で最強なモジュラリティを設計する。

　(3)アーキテクチャの適合化：モジュール連結を可能にすべく，その支配要因であるアーキテクチャ特性に留意し，また必要に応じその特性転換を行い，連結の適合化を図る。

　(4)他社モジュールの探索と取り込み交渉：オープン・アーキテクチャ環境下で，上記の必要を満たし取り込みが可能な競争優位の高い他社モジュールを探索し，その取り込みを交渉して実現する。

　以上の4段階がこの順を追ってできなければ，モジュール化経営には成功できない。(1)〜(3)は主に思考行動であり，したがって理論やモデル化ができるが，(4)は実践行動であるから，経験的知見と交渉力の体得的伝承が頼りになる。

## 5-2　モジュール化経営の対象

　次にモジュール化経営で対象にするものは，経営の対象とする機能連鎖であり，本書では簡素化して通常事業・製品としているが，それらは広く解釈した

ソフトやサービスも含めた多様な機能連鎖を指し，以下の①～③で示す3領域となる。その相互の共通性は高いが，経営領域全般で見れば事業がもっともその中心になると思われる。

①ハード製品・ソフトウエア・サービス（本稿では特に補足説明した場合を除き，製品と省略表現して3種の製品コンテンツを意味するものとする）：製品は完成したハードウエアやソフトウエア，サービスのほか，さまざまな半完成品としてのモジュール（集合部品や部分ソフトウエア，サービス），部品（単一品）やその他の要素までを含め，いわゆるコンポーネントの集合体やその連鎖である。

②工程：工程は，さまざまな化学変化や加工・組み立てモジュールの連鎖である。

③事業：事業は，SCMとしての経営機能モジュールの連鎖である。

なお経済社会もさまざまな産業モジュールの集合体であり，その運営にモジュール化経営の考え方は有効であるが，オープン・アーキテクチャに基づいたモジュラリティ再構築は国家の分割や統合問題を伴うので，基本的には実行不能であることから①～③とは異なり，また経営の対象外でもある。

## 5-3　モジュール化経営論の経営戦略上の評価（位置付け）

モジュール化経営論は最近注目を浴びているが，しかしながら全ての経営理論と同様に絶対的なものではなく，以下のような場合にはその有効性は低いことに留意しなければならない。

①競争優位が価値連鎖を問題にしない場合で，たとえば事業が南十字星型モデルである場合は単独のモジュールの強みが問われ，また独占体制にある場合や規制型事業である場合などでは，価値連鎖の競争優位を競い合う必要がない。

②技術や資金力，ブランドなど，他の競争優位要因の価値が圧倒的に高い場合で，豊かな資源（Hoetker, G., 2006, pp.501-518）もその一つである。

③クローズド・アーキテクチャ条件下にある場合は，モジュールの組み換えを戦略的に実施できない。

## 5-4 モジュール化経営研究の課題

　モジュール化経営論は若い学問で，未完成の体系である。またそれは目下のところ，その中でもっとも研究が進んだアーキテクチャ論として扱われることも多い。中川功一も，技術変化と企業行動との相互関係を分析するために，1990年頃から経営学分野に導入された製品アーキテクチャという概念に基づく多数の先行研究をレビューした上で，「製品アーキテクチャという考え方は，1990年頃より現在に至るまで，技術経営の中でも最も関心を集めてきた概念のひとつであった。多くの研究者がこの概念に注目し，これまでにも，多大な研究成果が蓄積されてきた。しかし，筆者は，製品アーキテクチャに関する既存の研究の蓄積状況は，必ずしも十分ではないと考える。製品アーキテクチャ研究はこれまでも無数に行われてきたが，それぞれの研究の分析対象や視点の多彩さのため，さらには研究の質も玉石混交であるために，議論に混乱が生じつつあるように思われる。この背景には，これまでの製品アーキテクチャ研究では，各研究が拠って立つ理論が異なっていたことや，批判的な立場からの再検討があまり行われてこなかったことがある。また，多数のサンプルを採取した産業横断的な統計分析があまり実施されていないといった，研究アプローチ上の課題もあげられる」，としている（中川功一，2011，p.7）。

　その上で中川は，多数の製品アーキテクチャ研究を整理統合し，製品アーキテクチャについての論理の再構築を試みている。この中川の試みは，確かに指摘する課題をある程度前進させたであろうが，しかしまだそれによって，モジュール化経営の基本体系が確立されたとは見られない。

　その理由は，第一に対象領域の偏重である。ここではアーキテクチャという表現をモジュール化経営と同義の古い表現とみて，体系構造の問題には触れずに研究対象領域の問題に絞って点検するが，これまでのアーキテクチャ研究は5-2に見た生産分野の①製品や②工程が中心になっている。しかし経営全体ではむしろ③事業体系の方のウエイトが重いと考えられる。中川の追究も，精密な検討を目指すために研究対象を絞り込み，製造部門の製品アーキテクチャに

限定した研究としている。その意図は理解できるが，しかしそうすると限定した領域の研究になり，モジュール化経営領域の全体をカバーする保証ができなくなる。今後は事業やソフトウエア（IT関連全体を含む），サービスまでも含め，5-2で取り上げた全領域に拡大した広範な研究に発展させる必要がある。筆者は製品領域の追究の大部分は，事業や工程，ソフトウエアなどの領域にも共通するところが多いと考えてはいるが，今後それを十分に比較研究して，共通部分を確認するとともに，①～③の各領域に固有の知見がどの程度あるのかについても，それを確認していく必要があると考える。

　工業製品の研究に限定するとミクロ的な製造業の経営論になってしまうが，しかし産業社会は工業生産だけによっているわけではなく，企業経営も生産分野に成功すればよいとされるものでもない。経営の対象は製造業以外のさまざまな業種にも及ぶ事業であり，したがって業種を限定せず，ソフトウエアやサービス部門なども含めた全業種の究明も同時になされねばならない。

　第二の研究課題は，モジュール化経営の基本的な体系構造全体を追究することの必要性である。ここではアーキテクチャを厳密に解釈して，5-1で確認したモジュール化経営の3段階目の問題に絞った研究と理解して論じたいが，アーキテクチャは確かに現代経営に影響の大きい概念で，一時大きな関心を呼んだことは理解できる。しかしそれに集中したこれまでの研究は，モジュール化経営の全体領域を解明し切れていないことを示す。研究の経緯にも見てきたように，これまでは特に製品アーキテクチャの研究が盛んであったが，アーキテクチャはモジュール化経営の全体体系の中での手段（方法論）的領域であり，それに絞った研究では企業経営全体への活用には限界がある。モジュール化経営の目的は，経営に最適最強のモジュラリティを再構築することで市場での競争優位を確保することにあり，アーキテクチャはそれを実現するための手段に過ぎない。ボールドウインらがコンピュータや自動車電装品のモジュラー化，オープン・アーキテクチャ化による発展と，アメリカのIT産業のモジュラー型化での発展を唱えたことから，モジュール化経営でのアーキテクチャの重要性が注目され，また日本人でも藤本隆宏が日本の得意産業とする自動車産業の

インテグラル型特性を指摘し，新宅純二郎，天野倫文，椙山泰生らがアーキテクチャに関連したさまざまな研究を重ねた結果，特に1990年以降では，工業生産における製品のアーキテクチャが，モジュール化経営研究の主流になったかにみえる。中川功一はそれをアーキテクチャが産業競争の実態をよく説明する概念であるからとし，製品アーキテクチャのモジュラー化と呼ばれる現象は，近年の産業競争を考える上で避けて通れない重要なテーマになっているとしている（中川功一，2011，pp.28-29）。それは確かに間違いないが，すでに見てきたモジュール化経営の体系は4段階領域にわたり，そのうち第4段階は経験則であるため，理論的には3段階の体系構造全般についての知見を開拓しなければ，新しい経営論として現代の企業経営への活用にはつながらない。

本来アーキテクチャという概念は，モジュールを構成するコンポーネントの相互関係や，モジュールのインターフェイスを通じての相互組み合わせ関係の特性であるとされている。すなわちヘンダーソンらが初めて製品アーキテクチャという概念を提起したのは，コピー機を複数のコンポーネント（筆者注：ここではある程度のシステム構造を持つ部品）からなるものと捉え，そのコンポーネント間の技術的相互関係をアーキテクチャと定義し，ゼロックス社のコピー機の業界での競争力の変化から，製品アーキテクチャの変化がそれに重要な影響を与えていることを究明したことによる（Henderson, R. M. & K. B. Clark, 1990, pp.9-30）。したがってもちろんアーキテクチャの変化への適合は重要であるが，各社に共通する一般論としては，ヘンダーソンが対象としたコピー機の代わりに自社が扱う経営事象の機能連鎖を対象として，まずその機能連鎖を予めどの程度どの部分で分割するかというモジュール化が問われ，その上でモジュールのどのような再連結が，もっとも新しい経営環境や経営目的に対して最適で最強のモジュラルティになるかという，設計の知見も合わせて究明されない限り，アーキテクチャの研究は実際の経営で稔らないことになる。

モジュール化経営は，5-1でも示すモジュール化の基本的体系構造(1)～(4)領域全般の研究が必要で，経営事象の機能連鎖を分断するモジュール化，モジュールの競争優位を見極めて最強の競争優位ある機能連鎖に再連結するためのモ

ジュラリティ設計，それを成功させるためのアーキテクチャ特性と経営組織の適合化，の3段階のマネジメントが求められる。したがってアーキテクチャ研究を進め，モジュールの連結に成功したとしても，連結の目的である経営機能の強化をもたらすモジュラリティの設計が巧みにできなくては経営成果につながらないし，また連結対象になるモジュールが初めに適切に分断されていなくては，高機能のモジュラリティを構築できないことになる。適切なモジュール化，モジュラリティ設計，アーキテクチャの適合の3領域の揃った知見が集積されなければ，モジュール化経営論は充分に機能できない。

しかし残念ながら，目下はモジュール化の原理的な研究はわずかを見るに止まり，モジュラリティ設計の戦略的なあり方についても多様化したとする研究が大多数で，類型化を試みた研究は青木の3類型モデルと筆者の8類型モデルしか見られない。学問的体系としてはアーキテクチャとともに，モジュール化やモジュラリティもバランスよく併行して研究される必要があると考えられ，本書はその一つの試みでもある。

モジュール化経営研究の第三の課題は，経営対象のアーキテクチャが独立変動要因ではなく，経営主体である組織との適合関係を無視できない相互関係要因であることが，今後さらに究明されねばならないことである。

最近事業や製品のアーキテクチャを扱う組織との関係が注目され，ボールドウインのアメリカの産業のモジュラー化による効率化，藤本隆宏の日本企業組織のインテグラル型と自動車産業の適合性の指摘などに続き，新宅純二郎らは事業を展開するグローバルな各地域の社会構造そのものにアーキテクチャへの適合性があるとし，グローバルなアーキテクチャの産業地理構造概念を提起するとともに，モジュールの配置にはグローバルな地域のアーキテクチャ特性に配慮する必要があることも提案している（新宅純二郎・天野倫文編著，2009，pp.3-27）。中川功一も，対象は製品アーキテクチャに絞ってはいるが，その著作での研究目的は，アーキテクチャと組織の間に存在する本質的関係の探究にあるとしている（中川功一，2011，p.8）。このように，これまでにもかなりの研究がなされてきたが，今後モジュール化経営論がグローバル経営での有効性を

高めるためには，経営対象のアーキテクチャとそれを扱う経営組織，グローバルな地域社会や各種組織，モジュール化経営を展開する場などのアーキテクチャ適合性との関係を，さらに追究する必要があると考える。

　第四の課題は，それぞれの研究が事例研究に基づく点を大いに評価するが，中川も指摘するように，理論の統合化が未だに不十分で，かつ関係するさまざまな事項や用語の定義の見直しも，まだ必ずしも十分とは見られないことである。

　第五の課題として，他の経営理論と同様に，モジュール化経営の適用が有効な経営活動領域をさらに広く探索すべきであろう。筆者は本書で，現代の日本企業がグローバル市場で後退している原因の，新事業や新製品の産業化の障壁である「ダーウインの海」渡りでの低迷を打破する有効な戦略として活用できることを示し，具体的なモジュール化経営の一つとして，新 IM 統合モデルを提起している（平松茂実，2011.9②，pp.85-88）。

　以上ここでは，これまでのモジュール化経営研究に残された5項目の課題を取り上げたが，まだここで気づかぬさまざまな課題が残されている可能性もあり，今後もさらなる研究が求められよう。

# 第6章

# モジュール化経営関連用語の定義

　モジュール化経営論はまだ若い未完成の学問体系であるから，中川功一も，「製品アーキテクチャ研究はこれまでにも無数に行なわれてきたが，それぞれの研究の分析対象や視点の多彩さのため，さらには研究の質も玉石混交であるために，議論に混乱が生じつつあるように思われる」としている。さらに研究対象は生産分野のアーキテクチャに限らず，広くモジュール化経営全般に及ぶべきであるが，当然使用される用語もまだ明確に定義されているとはいえない。ここでは詳細な比較検討を行う余裕はないので，これまでの提言を踏まえ，本書の議論ができる範囲での，妥当と思われる定義の確認をしておきたい。本書での用語も，この確認に沿って用いている。

## 6-1　コンポーネントとシステム

　コンポーネントはシステムの基本的な構成要素であり，そのコンポーネント相互の関係のあり方がアーキテクチャとされる。

　システムは，モジュール化に直接関係する概念である。水原凞によれば，システムとはそれを構成する複数の要素が存在し，それらの要素が結合されていて，相互に一定の関係を有するものを言う。あるいは特定の目的を達成するために，複数要素が一定の方向に向けて一定のメカニズムで活動している状態をいう。ここで要素とは，入力と出力を持っているもので作要素ともいわれる。一方の要素の出力が他方の要素の入力となるという方法で諸要素が結合している。システムはオープン・システムとクローズド・システムに分けられ，オープン・システムは環境との間で物質，エネルギー，情報などをインプットし，

それを内部で変換してアウトプットを環境に産出する開放的システムであり，クローズド・システムは環境との相互作用を持たず，自己完結的な独自性を持つ閉鎖的なシステムである（水原凞，1988，pp.116-117）。

なおシステム全体は，外部環境との間で流動変数の絶えざる交換を続けながら，一方でシステム内部でのサブ・システムおよび構成要素間での諸変数の処理を行っている（同，pp.122-123）。

すなわちシステムはエージェント（agent：何らかの機能を持つ自律的独立体）としての機能を持つ諸要素が，何らかの関係を持って特定の目的のために一つのまとまった体系を構成したものであるが，その目的を絞れば，全体システムをさらに半完成のサブ・システムや最終的には構成要素（コンポーネント）にまで分割できるものである。

## 6-2 モジュール

全体システムを構成する半自律的なサブ・システムをいう（青木昌彦，2002，p.5）。言い換えれば，事業や製品の機能連鎖を構成する各機能単位である。

## 6-3 モジュール化

一つの複雑なシステムまたはプロセスを，一定の連結ルールに基づいて，独立に設計されうる半自律的なサブ・システムに分解することをいう（青木昌彦，2002，p.6）。または経営の対象となる機能連鎖（モジュラリティ）の，目的に応じた各機能単位への分割である。

## 6-4 モジュラリティ

ある連結ルールの下で独立に設計されうるサブ・システム（モジュール）を統合して，複雑なシステムまたはプロセスを構成することをいう（青木昌彦，2002，p.6）。言い換えれば，経営目的に沿って連結した機能連鎖のことである。

## 6-5　アーキテクチャ

やや複雑な概念で，本来は建築術，建築様式，構造，構成，設計，体系などの意であるが，モジュール化経営では，新しい経営学用語として特殊な意味で活用している。以下にこれまでに見られるいくつかの主な定義を示す。

たとえばサイモンは，コンポーネント同士のあり方をアーキテクチャとしている（Simon, H. A., 1962, pp.467-482）。ウルリッチは，製品アーキテクチャはコンポーネント間の機能的相互関係のあり方，あるいは製品のユーザーから見た機能と実際の物的な構造との関係とする（Ulrich, K. T., 1995, pp.419-440）。また国領二郎は，複雑な機能を持つ製品やビジネス・プロセスの設計思想であるとする（国領二郎, 1999, p.21）。さらに新宅純二郎らは，製品・工程を複数の構成要素からなるシステムと考えた時に，このものづくりシステムをどう設計するかという基本的な設計思想であり，製品を構成要素と構成要素間の関係性で捉える視点であるとする（新宅純二郎・天野倫文編著, 2009, p.11, 40）。

以上を総合して，新宅の定義をものづくりシステムに止めずに，事業や製品，ビジネス・プロセスなどまで拡大したものが，一般的なモジュール化経営での妥当な定義と思われる。

## 6-6　オープン・アーキテクチャ

この概念の提起者である国領二郎は，本来複雑な機能を持つ製品やビジネス・プロセスを，ある設計思想（アーキテクチャ）に基づいて独立性の高い単位（モジュール）に分解し，モジュール間を社会的に共有されたオープンなインターフェイスでつなぐことによって汎用性を持たせ，多様な主体が発信する情報を結合させて価値の増大を図る企業戦略のこととしている（国領二郎, 1999, p.21）。

言い換えれば，事業や製品のモジュラリティ構築をする際，それを構成する各モジュールを，自社のものにこだわらずに広く外部からも求めようとするモジュラリティ設計思想である。

## 6-7 アーキテクチャ特性

ウルリッチは，アーキテクチャには基本的に2つの概念があるとした。ウルリッチによれば，インテグラル型は顧客のニーズと製品の物的な構造が複雑に錯綜しており，製品同士がそれぞれ独自のインターフェイスによって複雑強固に連結されている状態を言い，モジュラー型は顧客のニーズと物的構造との関係が単純であり，部品間のインターフェイスが標準化され，構造的に分離独立したいくつかの部品システムにまとめられている状態をいう（Ulrich, K. T., 1995）。

中川功一は，インテグラル型を製品を構成するコンポーネントが強い機能的相互依頼関係によって結びついた状態とし，またモジュラー型を個々のコンポーネントが互いに独立で機能している状態を意味するとする（中川功一，2011, p.36）。

しかしウルリッチも中川も，事業であれ，製品やソフトウエア，サービスなどであれ，現実のシステムである対象は複雑な複合体のモザイク構造を為すために，各部分のアーキテクチャ特性が常に一様とは限らず，したがって2つのアーキテクチャ特性は概念的なものであって，実際の特性は対象全体のアーキテクチャ特性の平均傾向を示すとしているように，現実の経営では，その度合に応じた柔軟な対応が求められる。

藤本隆宏らは，インテグラル型とモジュラー型の製品について，インテグラル型は製品機能要素（要求機能）と製品構造要素（部品）の関係が多対多で錯綜し，部品間インターフェイスも製品特殊的である結果，製品毎に部品を新規に最適設計しないと全体性能が出ないタイプとし，またモジュラー型を製品機能要素と製品構造要素の関係が1対1に近く，部品間のインターフェイスも標準化されていて，すでに設計済みの部品を組み合わせれば全体製品の機能を保証できるタイプとする（Clark, K. B. & T. Fujimoto, 1991. 増補版訳書，2009, p.6）。

新宅純二郎らは，インテグラル（擦り合わせ）型は，一つの機能を実現するために複数の構成要素が影響しているとき，それぞれの構成要素はその機能の

実現に際して相互依存関係にある状態とし，モジュラー（組み合わせ）型は，各機能が各構成要素で実現され，構成要素間の相互関係がほとんどないような状態としている（新宅純二郎・天野倫文編著，2009，pp.40-41）。

　以上を簡潔にまとめると，モジュール内コンポーネントの相互関係やモジュール間インターフェイスの結びつきに，擦り合わせが必要な状態がインテグラル型アーキテクチャ，単純な組み合わせで間に合う状態が，モジュラー型アーキテクチャであるとする定義が妥当と思われる。

# 第7章

# モジュール化

　本章では，改めてモジュール化経営体系の最初の段階に位置付けられるモジュール化について，総合的に検討しておきたい。

## 7-1　モジュール化についての研究経緯

　先に定義を確認したように，モジュール化は事業や製品の機能連鎖を，必要で適切な機能単位に分割することを意味する。このモジュール化を通常のルーチン的な判断行為とみなすためか，モジュール化についての理論的な直接研究はきわめて少ない。たとえばボールドウインとクラークは，あるシステム設計がコストを無視して独立的なモジュールに分解できれば，モジュールのカプセル化は細分化されるほど，高い期待価値を生み出すことが期待されるとしたが(Baldwin, C. Y. & K. B. Clark, 1997)，実際にはモジュール化にはコストと手間が掛かるので，自動車や航空機などでは，モジュール化は限定的にしか進まないとする予測も見られる（Whitney, D. E., 1996）。また2003年にマッコーマックらは，ソフトウエアの機能別切り分けが，開発促進に有効だったとしている(MacCormack, A. & R.Verganti, 2003, pp.217-232)。しかしそのほかにモジュール化についてのめぼしい研究は見当たらない。

　ただしモジュール化経営論として，事業や製品などの機能連鎖についてのモジュール化は最近手掛けられたばかりで進んでいないが，組織論や経営管理理論の領域では早くから全体組織機能の分割，すなわちモジュール化の概念が理論的に深く追究されてきていた。

　たとえばファイヨルは，事業内容の複雑性や企業規模に関係なく，企業機能

には技術，商業，財務，保全，会計，管理の6活動があるとしているが（Fayol, H., 1916），これは事業や経営組織を，機能別のモジュール集合として扱うべきことを提唱したものといえよう。

ウェバーは1922年に，官僚組織が職務権限の課業配分と上位下達の階層システムからなる，目的達成の合理的システムであるとしたが（Weber, M., 1922），初めて大組織の機能をモジュール化して捉えた主張であろう。またブラウとシェーンハーは，組織サイズが大きくなるにつれ，官僚制システムが変容することも明らかにしている。組織サイズが大きくなると，経営幹部の権限も大きくなり権限の集中化も進むが，ある限度を越えるとそれに逆比例して組織成員の行動が掌握できなくなるので，権限をトップに集中できなくなってその分散化（すなわちモジュール化）が進み，権限の行使も非人格的，規則型（すなわちモジュラー型）になるとした（Blau, P. M. & R. A. Schoenher, 1971）。

組織設計は，新しいモジュール化経営論を意識していてもいなくても，その規模が重要な要因になる。キンバリーは組織規模を小さくすれば大きい組織に比較して環境の変化を機敏に捉え，迅速に対応できるし，コミュニケーションの伝達速度も小規模である方が良いとする。市場の変化などの環境変化にも敏感に，かつ迅速に対応でき，その構造や制度を革新するためのコストも少なくて済む利点もある。しかし他方では，管理職や事務職が相対的に多くなり，現場の作業者比率が低下して組織効率が低下する可能性があるとする（Kinberly, J. R., 1976）。また経営資源が少ないために，機能を十分発揮できない場合も出てこよう。すなわちモジュール規模を適切に保てなければ，その機能が低下することと同義の提起である。

ブラウンは組織原則を研究し，企業の発展とともに仕事を構成する要素に即した分化，すなわち要素的分化，または専門的分化が進められること，すなわち組織の横割り的分割によって水平的分業化が行われることで機能向上が図れるとし，組織は計画，実行，統制という経営活動の各局面に分割すべきであるとしている。モジュール化経営での事業や製品も同じで，開発が進展するほど次第に各機能が独立的に分別機能していく。また垂直的な分業化については，

管理者の部下掌握範囲（span of control）の限界から，管理限界の原則を提起したが（Brown, A., 1945, 1947），これも人の管理面から，組織のモジュール化を図らなければその効率的運営はできないことを示したものと見られる。

　サイモンによれば，組織は情報処理のための存在であるが，情報の入手と処理には限界があり，組織は限定された合理性（bounded rationality）のもとに機能することを示したが（Simon, H. A., 1957），モジュール化でも，それを扱う人の管理限界を見て分別すべきことを示唆している。サイモンの研究は意思決定の合理性であるが，意思決定の過程は階層的連鎖をなしており，上位組織での意思決定は全般的状況を考慮した戦略的なもので，下位組織での意思決定はそれを実現する戦術的なものになる。このように意思決定過程は順次全般から部分的かつ特殊な課題に変換して分解され，分業化されているとする。すなわち意思決定をこのような一連の分業過程にすることが，人間の意思決定行動の限界を拡大し，より高い合理性をもたらすことを示したものと考えられる。現代のモジュール化経営論から見れば，意思決定のプロセスをモジュールの機能連鎖化することで（すなわち適切なモジュラリティ構築によって），組織全体としての意思決定の有効性を高めようとするものと理解される。またサイモンは，意思決定の合理性を高めるための方法として5項目を挙げているが，これも組織をモジュール化し，機能させる具体的な方法基準を示したものと解される。

　当時モジュラー化という意識はなかったが，自動車産業でT型車1車種の低価格量産に徹したフォードでは，事業全体を一つのモジュールとして運営した。一方GMは順次多様な車種事業の吸収合併を行ったので，それぞれの車種事業を異なるモジュールと見て事業部制を採用した。またGEでは，事業の多角化でモジュールとみなせる事業部が約250にもなったために，事業部制による経営が破綻し，トップが掌握可能なモジュール数になるよう，それまでの事業部をグループでまとめたSBU（strategic business unit）という上位モジュールを設定して経営を復活させた。その後はさらにカンパニー制や分社化にまで進め（坂本和一，1997），各事業グループのモジュラー型化を強化して20世紀の成功経営モデルになっている。

## 第7章　モジュール化

　このように組織論については，意識されないままにモジュール化研究が進展してきているが，組織は人の合目的な活動の機能連鎖であるから，そこから事業や製品についてもかなり共通するモジュール化の知見を学べるはずであるが，残念ながらまだモジュール化経営論に反映して体系化しようとする動きはうかがえない。今後はモジュール化経営論の一端として，もっとさまざまな機能連鎖，すなわち事業や製品，ソフトウエア，サービス，工程などについても，同様な最適モジュール化（機能分断）をどのようにどの程度行うかの研究が進められてしかるべきである。組織と同様に事業も製品なども機能システムであり，同じ原理的発想が適用できるはずである。

　森本三男は組織をシステムとして見れば，もっとも基礎的なシステム概念は，「部分から構成された全体」であり，システムは必ず部分（有形，無形の要素，要因，部品など）があること，それらが集合して，部分とは異なる独自性を帯びた性状を持っていると見ている。そして全てのシステムはオープン・システムであるが，機能上システム内に限った考察をする場合にはクローズド・システムとして扱われること，ある基準システムに対して，それに内包されているシステムを基準（焦点）システムのサブ・システム（sub-system）（下位システム），基準システムを内包しているもっと包括的なシステムを，基準システムのシュープラ・システム（supra-system）（上位システム）と説明しており（森本三男，1998, pp.24-25），このようなシステム論はモジュール化経営論確立のベースとなる。

　組織に限らず，事業や製品，ソフトウエア，サービスなどは全てシステムであり，したがってモジュール化でもこのようなシステム発想の視点から，オープン・システムとして基準システムのサブ・システムを経営目的としてのシュープラ・システムに沿ってどう入れ替えるかというプロセスで，基準システムをその目的にもっとも適したサブ・システムに分断することが，モジュール化の基本的な理論基盤になると考えられる。

## 7-2 モジュール化の基本原理

　さまざまな事業や製品，工程，ソフトウエア，サービスなどの経営対象となる価値連鎖について，経営環境に適合したモジュラリティを再構築して経営の発展を目指すためには，まず機能連鎖を次のモジュラリティ設計にもっとも有効性が高くなるような，都合のよい分断が必要になる。当初の価値連鎖をどこで，どのように，またどの程度の規模にまで分断（モジュール化）すべきかが問われる。

　しかし残念ながら現状では，その判断は各自の各個判断にほとんど委ねられており，その指針となるモジュール化の研究がもっとなされてしかるべきであろう。アーキテクチャの研究から，必要に応じて各論的になされたケース研究は多いが，共通する原理を探索する理論的な視点から，この課題に取り組んだものはきわめて少ない。むずかしい課題ではあるが，今後もう少し体系的な究明を求めたい。

　たとえば自動車については，もはや個々の部品を一挙に一工程で組み立てようとする事業所は存在しない。それぞれがモジュール化した半完成品を集めて組み立てるが，どの程度の半完成品（モジュール）にするのがもっとも効率的かということについては，各事業所の経験則によっており，共通の原理がそれほど追究されてきたとは思われない。造船からカメラ，半導体にいたるまでの経験から，ある程度の共通原理を探っておいた方が経営への寄与が高まるはずである。

　これまでに僅かながら提起されたモジュール化理論をみれば，ボールドウインとクラークが，モジュール化のメリットはその分断コストとの兼ね合いになるが，コストを無視できれば，モジュール化によって実現できるカプセル化は，モジュールが細分化されるほど高い期待価値を生ずるとしている（Baldwin, C. Y. & K. B. Clark, 1997）。しかしホワイトニーは，実際にはモジュール化にはそれに対応するコストと手間がかかるので，自動車や航空機などでは，モジュール化は限定的にしか進まないと予測している（Whitney, D. E., 1996）。またソフ

第7章　モジュール化

トウエアについては，マッコーマックらが，事前にソフトウエア全体をよく見極めて，互いに独立したコンポーネント関係に明確に切り分けること（機能別に分離すること）が開発の促進に有効であることを指摘している（MacCormack, A. & R. Verganti, 2003）。

以上を一般理論化すれば，以下の3原理にまとめられよう。

**(1) モジュール化はモジュールおよびモジュラリティ機能強化を促進する。**

まずなぜモジュール化を行うのかが問われる。ボールドウインとクラークは，コンピュータIBM/360のシステム設計で，IBMの研究者が試みたいくつかの機能分断（モジュール化）デザイン・ルールの定式化によって，個々のモジュールの設計や改善が全体設計から自立して行われるようになり，また個々のモジュールに情報を内包する（hidden）カプセル化（encapsulated）を可能にし，これが中央集権的な事前の指示なしに，個々のモジュールの自立的な改善と，事後の結合によって全体システムの進化的な形成（モジュラリティ）を可能にしたことを解明した。

またボールドウインとクラークは，自動車電装装置の製品や工程についても，モジュール化することによって複雑な生産工程が合理化されることも解明している（Baldwin, C. Y. & K. B. Clark, 1997, pp.84-93）。すなわちモジュール化の最大メリットは，機能連鎖の複雑性の処理とその分業による機能強化であり，それゆえに現代の高度，複雑で多変化な経営に不可欠の戦略として登場したのである。

このように経営対象の機能連鎖をどう分断するかの前提原理として，モジュール化は各機能および機能連鎖の機能強化をもたらす。

**(2) モジュール化は分断のメリットとコストの均衡のバランスで行うこと。**

これはモジュール化についての研究経緯にみてきたように，上記のボールドウインとクラークの細分化のメリットと，ホワイトニーの細分化のコスト・デメリットの指摘（Whitney, D. E., 1996）からの均衡論として結論できる。

**(3) コンポーネントの相互関係が強い部分は一連のつながりとして分断すること。**

機能別コンポーネント群に切り分ける（モジュール化する）ことがモジュー

ル開発を促進する。マッコーマックらは、ソフトウエア開発の多数の事例分析から、事前に全体ソフトウエアを機能別のコンポーネント群に切り分けることが、その開発を容易にすることを確認している（MacCormack, A. & R. Verganti, 2003, pp.217-232）。

これまでに提起されてきたモジュール化の基本原理はわずかにこの程度であるが、しかしモジュール化についてはさらに原理を整備する必要があると思われる。本節では不十分ながら筆者が気付いたものを以下に補強しておきたい（平松茂実、2011.9 ①, pp.125-131）。

(4) **モジュールの強弱によって分別すること。**

モジュール化でもっとも重要な留意点は、機能連鎖をその強弱に沿って切り分けることである。モジュール化の目的は、オープン・アーキテクチャの設計思想の下に、自社の弱い機能単位（モジュール）を外部の強いモジュールに置き換えたモジュラリティ構築のためであるから、強弱で切り分けないモジュール化はその経営的な意義がない。

(5) **アーキテクチャの同質性が高くなるように分別すること。**

分断前の対象機能連鎖は必ずしもアーキテクチャが同質とは限らないが、各モジュールの自立的発展や、モジュール連結の効率面からは、各モジュール単位毎にアーキテクチャの同質性が高いようにすることが望ましい。

(6) **対象システムの構造特性に合わせてモジュール化の度合いを変えること。**

最適なモジュール化のあり方は、産業や、事業、工程、製品などの構造特性でかなり大きく異なるため、それぞれに実態に適合した度合いに切り分けないと、再連結の実効が期待できない。

たとえば航空機と自動車では、モジュール化の度合いが大きく異なる。最終組立工場を見た場合、ボーイング・ジャンボジェット機では、胴体、翼、エンジンが主要なモジュールである。おそらくはこれ以上の細分化は、安全に対する統括責任が難しくなるためであろう。一方自動車では産業構造のすそ野の拡がりから、それぞれが手分けして完成責任を持ち、フレーム、シャーシ、ボディ、エンジン、バッテリー、ホイール、タイヤなど、かなり多くのモジュール

から組み立てる。

またモジュール化が望ましい適正規模から大きくずれると、モジュール独自の機能向上に影響するし、モジュラリティ設計もむずかしくなる。たとえば自動車を約3万点の全部品から一桁減らしたくらいの多数のモジュール数で、設計や組立加工生産をするのは困難なはずである。扱いの物理的制限が影響する場合もある。かつて戦艦大和は三菱重工ではインテグラル型の組み立てを行ったが、呉海軍工廠では工数減を目指したモジュール化を意図してブロック方式の建艦に挑戦し、工数の半減化に成功している。その場合6万トンの巨大戦艦のモジュールでは、それが運搬できることが制限要素であり、キールのような移動しない基本モジュールを除き、サイズをせいぜい一般住宅程度以下にする必要があったと思われる。

(7) **経営主体組織のあり方や状態に合わせてモジュール化の度合いを変えること。**

経営の対象を運営する組織のあり方や状態などによっても、モジュール化の度合いはかなり異なってくる。たとえば対応する組織が小規模であるほど、それを管理する能力の限界からモジュールも小規模化する。台湾では零細中小企業が多く、かつ複雑多主体（poly-agent-system）としての機能性が高いので、零細モジュールを分業担当し、それをたとえばで、スタン・シーのいうクライアント・サーバー型ネットワーク協業で必要なモジュラリティに統合しようとしており、その代表的成功例として半導体産業や、世界有数のパソコン企業エイサー社が挙げられる（スタン・シー、1995.7）。

また零細企業が中心の下請構造が発達するほどモジュールが小規模化することも、日本産業社会の実態から明らかである。

一方韓国では、内部化志向が強い中で、サムスン電子やLGは巨大財閥資本としての大規模投資と自社の大組織力で生産しているため、モジュールはある程度の規模を保つ方が効率がよいはずである。

(8) **特殊性、複雑性が高いほどモジュールは小規模になる。**

インテグラル型であれ、モジュラー型であれ、対象機能連鎖が特殊で複雑になるほど、一つのモジュールの経営管理負担が増えるので、効率性を保つのに

適当な程度に，モジュールの規模を細分化しようとする動因が働く。

(9) **変化が激しいほどモジュールは小規模化する。**

その意味するところは前項と同じである。したがって事業や製品の開発期，導入期には多量の新情報を処理するためにモジュールは小規模である方がよく，成長期を経て成熟期に近づくほど変化情報は減少するので，モジュール規模も次第に大型化してよい。

(10) **内部アーキテクチャがインテグラル型よりモジュラー型の方がモジュールは大規模化する。**

モジュラー型はインテグラル型より内部管理エネルギーが少なくて済む上，大規模化すると間接管理部門費も相対的に低減できるので，できるだけ大型化しようとする動因が働く。一方インテグラル型の場合，規模が大きくなるほど擦り合わせが複雑でむずかしくなり機能低下するため，モジュール規模を一定の範囲に抑えようとする。企業組織でも，グループでの擦り合わせが重要な開発研究やプロジェクト・チームの大規模化は見られない。作業現場でも，単純な作業であるほど現場の単位組織は大規模化する傾向があるが，その作業現場でも，擦り合わせが求められる小集団活動を展開する場合の適切人数は，せいぜい6〜8人とされている。

以上(2)から(10)のほとんどは，分断するモジュール化の規模についての原理であるが，今後これらのさらなる補強や，機能差による適正な細分化度合いと分断個所の選定，アーキテクチャ以外のコンポーネントの相互関係に着目した分断個所の選択，対象のアーキテクチャと対応する組織のアーキテクチャの相関したモジュール化の進め方など，さまざまな視点から，さらにケース研究を重ねて原理的な知見を強化すべきと考える。

# 第8章

# モジュラリティ

　事業や製品などの機能連鎖のモジュール化を図った後は，経営環境や経営目的に最適・最強の新しい機能連鎖（モジュラリティ）を設計し，それを実現することが重要な経営課題になる。モジュール化経営の目的はこの点に尽きると言ってよい。

　しかしすでに見てきたように，モジュールの組み合わせ，すなわちモジュラリティによる経営向上については，安室憲一がグローバルに分散する情報・知識の結び合わせ論（ヒト・情報移動パラダイム）で（安室憲一，1992），国領二郎も情報についてのオープン・アーキテクチャ論で（国領二郎，1995）その多様な可能性を提起し，バーガーらはそれをグローバル経営に成功している500社の実態調査から，ハードを含めた事業のあり方にまで拡大しているが（Berger, S. et al., 2005），いずれもモジュールの組み合わせはさまざまであり，その実際の経営でのあり方（モジュラリティ構築）も多様で，もはや一元化モデルは存在しないとしている。そしてそのあり方は，基本的に個々の企業経営者のケース・バイ・ケースの裁量に委ねられているのが現状である。

　そのような中で，わずかに青木昌彦が，モジュールのモジュラリティへの情報処理のあり方による連結体系の3つの基本型を提起しており（Aoki, M., 2001）（青木昌彦，2002，pp.18-23），筆者はモジュール化経営の多様性を類型化して，8種の戦略的なモジュラリティ構造のあり方をモジュール化経営戦略8類型化モデルとして提起している（平松茂実，2009.3，2009.9①，2011）。

## 8-1　モジュラリティの情報処理のあり方による3類型モデル

　青木の解説は，まだ用語も明確に定義されないモジュール化経営論の揺籃期の諸説をベースにしているため，やや難解であるが，筆者が誤解を恐れずに整理して紹介すれば，その3基本型の基本構成要素は，青木がヘルムスマンと呼ぶ中枢センターと二つの連結対象となるモジュール，さらに経営目的を満たすために必要な2種類の情報である。この情報の一つは両モジュールに影響を与え，かつ双方にオープンなシステム環境情報であり，他方は相手のモジュールから独立したクローズドな個別技術情報である。

　まず「ヒエラルキー的分割」とされるものは，ヘルムスマンが連結の事前に連結ルールを固定的に決定し，両モジュールはその連結ルール（システム環境情報）の枠内で，自らの個別技術情報だけを処理する。この代表例はIBM/360のモジュール化対応である。

　次に「情報同化型連結」とされるものでは，変動する連結ルール（システム環境情報）がヘルムスマンとモジュール間で相互のやりとりを通じて継続的に変更決定されてゆくもので，代表例はトヨタ型の自動車生産である。

　最後の「情報異化型・進化的連結」は，ヘルムスマンも複数存在し，モジュールも多数が同時併行的に活動する中で，各主体（ヘルムスマンとモジュール）が自律的に他から独立した個別情報と限定的なシステム環境情報の処理を反復してフィードバックを行うことによって，進化的に特定の最適モジュール結合を生み出すもので，代表例はシリコンバレーでのベンチャー・ビジネス創出機構にある。

　しかし青木の3モデルを異なった次元から見ると，事業や製品のライフサイクルに対応するものと見られる。「ヒエラルキー的分割」は成熟期の事業や製品に適合するものと思われる。事前に連結ルールを決められるのはモジュールの構造が安定しているからできることであり，もし連結中にはげしく構造が変化するようでは，事前の連結ルールは機能しない。ちなみにIBM/360が対応例に挙げられているが，コンピュータ産業は当初はインテグラル型として扱わ

れたが，IBMがパソコンの設計をモジュラー型に転換して成功した頃は，すでにパソコンは成熟時代に入っていたと思われる。

「情報同化型連結」は，成長期の事業や製品についての連結ルールであろう。成長期ではそれほどはげしくないが，モジュール構造はある程度は変わって行くので，時の推移とともに連結ルールも変えていかねばならない。最近の自動車産業はそろそろ成熟期に到達し，かつてのNIESや発展途上国での生産も盛んになったが，1990年代の高性能自動車はまだ成長期にあり，自動車先進企業では設計上の進歩も期待できた時代である。

「情報異化型・進化的連結」は開発期の連結モデルと思われる。当然モジュール自身も複雑多主体（poly-agent-system）による模索で創出されねばならず，その連結も初めて試みるための工夫が必要になる。シリコンバレーでのベンチャー・ビジネスとしての新事業や新製品は，シリコンバレーという経営環境の中から，ネットワーク情報交換の中で試行錯誤的に創出されたものである。

## 8-2　モジュラリティの構造による8類型モデル

筆者は，青木の情報処理のあり方とは別に，自社の持つ基幹モジュールを中心とした戦略的なモジュール連結構造（モジュラリティ）のあり方についての視点から，モジュラリティの類型化を試みた。モジュラリティのあり方はバーガー以来多様とされているが，それは類別化すれば限定された数でのモデル化が可能との見通しの中で，コトラーのマーケット・ポジショニングなどのモデルからもヒントを得て，多くの事例研究からその整理・類別化を試みた結果，そのあり方は8種に類型化されるとしたものである。筆者の視点は青木とは全く異なり，青木のモデルのように事業や製品のライフサイクルとは関係なく，また基本的にはアーキテクチャ特性とも関係なく，保持する基幹モジュールの経営的特性と，どのようなモジュラリティ設計を目指すかという経営理念との関係から生まれる類型モデルである。

なお青木と筆者は全く異なる視点からモジュラリティの複数モデル化を試みたが，今後モジュラリティ設計の戦略モデルとして，青木の3モデルと筆者の

8モデルだけで間に合うものかどうか，もっとさまざまな条件下，あるいは視点からの追究が行われてしかるべきと考える。

(1) 8モデル出現の経緯とその特徴

もともと企業経営は合目的なシステムの策定と運用であり，さまざまな機能モジュールの連鎖体が対象になる。世界の戦後の企業経営の発展の動因は，多国籍企業論の発展に見るように巨大な企業の経営力であった。アメリカ企業を中心に，多国籍企業が急速に成長発展した時代は，外国他社を利用するより直接進出して自社力で経営した方が，高い経営効率が期待できたのであり，モジュール化経営論で言い換えれば，グローバル経営の展開モジュールは全てを自社に依存した。以上はグローバル経営について述べているが，国内市場でも特殊なニッチ事業を除けば強大な企業が強く，他社の助けをもちろん不要とした。したがって伝統的な多国籍企業論モデルは，グローバル化のモデルとしてだけではなく，国内外に共通の一般的モデルとしても活用できる。いずれにせよ，この単純な多国籍企業型の内部化志向モジュラリティが，まずは基本的なモジュラリティ・モデルとなる。筆者はこれを自社力で発展することから，類似の宇宙現象を借りて，Ⅰ（ビッグバン）型モデルとしている。

その後ポーターのいうグローバル（G）型事業（Porter, M. E., 1986）で，グローバル化を図った企業が，その事業規模に限界を感じた場合の対応として，多角的な経営力を持つ場合には，マルチ・ドメスティック（M）型事業の上乗せで一層の経営成長を図ろうとするのは自然の動向であり，筆者はこれをⅡ（恒星）型モデルとした。なお単純な多角化はビッグバン型モデルでフォローできるが，このグローバル型とマルチ・ドメスティック型の性格の全く異なる事業の併行経営は，モジュール特性が大きく異なる事業や製品の運営が求められる点で，当然モデルは区別されなければならない。

なおニッチ事業でグローバルを意図する場合には，ビッグバン型モデルのような機能連鎖の総合力によらず，ニッチな特殊性を差別化競争優位のよりどころとするので，単一モジュールの強さを競争優位とするⅢ（南十字星）型モデ

ルとなる。

　以上の3モデルは第二次大戦後それほど時間的に大差なく発達したが，その後世界各地に産業や企業が発展してくると，1970-80年代には事業や企業のM&Aによる強化が盛んになり，Ⅳ（アンドロメダ）型モデルが出現する。多数事業や企業の買収は外部化志向の行動であるが，アーキテクチャの異なる他社モジュールの買収取得後には，経営効率の低下を避けるためにモジュールのアーキテクチャの同質化を図るために，このアンドロメダ型も内部化志向経営モデルの範疇に入ることになる。

　しかし1980年前後から世界の企業経営には，激しい変化が見られ始める。産業は多様化，高度化，ハイテク化，ソフト化し，経営環境がボーダレス化，アジル化する中で新興諸国も発展し，市場競争は一層激しくなった。そのような状況にあっては，もはや自社力のみでグローバル市場に勝ち残る企業は限られてくる。すなわち自社のモジュールに固執していたのではもはや間に合わなくなり，他社の強いモジュールの活用が重要な経営戦略になってくる。

　その場合まず1，2社の協業を試みるのがⅤ（連星）型モデルで，連携が容易であるために多数の実施例を見ているが，対等かそれに近い連携となるので，一方が他方を吸収して同質のアーキテクチャ化を図ろうとするケースは少なく，たとえばルノーと日産自動車の関係のように，相互の自律性を尊重した連携が多くなり，基本的に外部化志向のモデルとなる。

　この時代になると，中堅・中小規模企業の経営のグローバル化も求められるようになるが，独力ではなかなか難しい。そこで優れた大企業が自らは手掛けたがらないニッチ事業の経営力を持つ企業は，それに特化して大企業のモジュラリティのニッチな一部を補完することで，自社の発展を求めようとする。このいわば小判鮫型の発展策を取る企業も近年急増してきた。これがⅥ（彗星）型モデルで，この場合のモジュールはニッチで競争力があり，他社のモジュラリティの構成部分であることが必須の成立前提となる。

　一方同じ中堅，中小規模企業であっても，特定の経営力を保持して自律的な活動を望む場合には，1990年代に発達したネットワーク協業，特に複雑多主

体システムともいわれる poly-agent-system（高木晴夫ら監修，1995）や，その一種と見られるクライアント・サーバー型ネットワーク（スタン・シー，1995.7）で，必要に応じ臨機応変に連携を組む協業のあり方，すなわちⅦ（星雲）型モデルも現れてくる。

　最後に当該企業よりも外国企業側が，当該企業の持つ閉鎖市場での経営力や限られた資源経営力に誘引されて協業を求めるケースも最近急増している。当該企業の立場からは受け身のグローバル化で，中国や資源国企業に見られる通りであり，このような閉鎖市場や資源事業のモジュール力の経営主体が，提携でメリットが得られる外国の経営主体との連携によって発展がもたらされる連携のあり方が，Ⅷ（ブラックホール）型モデルである。

　このように，3種の内部化モデルはほぼ1980年頃までに出現した自社モジュール中心のモデルであり，アンドロメダ型モデルと4種の外部化モデルは，1980年以降最近までに出現した他社モジュールを組み込むオープン・アーキテクチャ時代化以降のモデルであるが，このモデルの出現の経緯に沿って経営が全て転換してきたとまで考えるのは行き過ぎである。それぞれの企業の置かれた経営環境，経営目的，保有するモジュールの特性などから各社がさまざまな経営を展開する中で，時代の進展にしたがって選択するモデルが多様化してきたと理解するのが適切である。ただし20世紀から21世紀にかけて，内部化（クローズド・アーキテクチャ）から外部化（オープン・アーキテクチャ）への大きな経営転換があり，各企業の経営戦略が，この大きな転換に強く影響されて変化してきたことは間違いない。

　なお提起したモデルはⅠからⅧ型までの8種であるが，モデルの適用に際しⅠ型とかⅡ型などの数字表現ではモデル概念が直観的に掌握しにくいと思われるために，それぞれのモデルの構造が類似した天体現象をニックネームに活用することにした。かなり似てはいるが，もともと経営現象と天体現象をまったく同一視して扱うのは無理であり，詳細に比較すれば矛盾する部分も当然存在する。しかしそれはB.C.G社のプロダクト・ポートフォリオ・マネジメント・モデルに見る「問題児（wild cat）」「花形（star）」「金の成る木（milk cow）」「負

け犬（dog）」などと同じ扱いであり，ニックネームが気に入らない方はモデル番号を使っていただければよい。ただし経営実態とかなり近似の宇宙現象を適用しているので，ニックネームからそのモデルの構造の特徴をほぼ直観的に理解していただくことが可能であると考える。

## (2) 8モデル化の意義と効用

　現在の企業は大規模化し，事業も多角化し，エリア的にも世界各地に広くさまざまに展開しており，その中で内部化理念の下で自社力を強化して一層の成長拡大を図る企業もあるが，一方で外部化理念に徹し，他社との協業で発展を図ろうとする企業もある。自社力による経営のあり方も一元的ではないが，特に他社との協業のあり方はさまざまであり，したがって現在の経営は複雑で，各企業の経営行動も個別的で多種多様化している。このような状況下で，各企業や事業経営の責任者が何らかの指針も得ないままに戦略策定を行うのは，相当の負担になると思われる。ちなみに現代の日本企業の多くは，転換した新しい時代の経営に成功できないままに，グローバル市場で低迷している。

　モジュラリティの8類型化モデル，すなわちモジュール化経営戦略8類型モデルの効用としては，第一に複雑多様化した現在の経営で，自社の新しいモジュール化経営戦略を設定するツール（tool）として活用できることである。すなわちまず自社の経営理念・意思と事業規模を反映したモデルに絞り込み，その上で自社の持つ経営資源，置かれた経営環境や経営目的を勘案し，条件適合的にもっとも適合するモジュラリティの詳細設計を行えばよい。白紙でフリーに考えるより容易であり，また戦略的成功の可能性も高まるはずである。

　上述したプロセスからも分かるように，8モデルは単純に条件適合的に選択されるものではないことを強調しておきたい。複雑な現代の環境下での経営では，まず理念で経営戦略のあるべき方向を絞り込むべきであり，理念を持たない企業の経営は，羅針盤のない船の航路と同様に行方を定めにくい。

　採用したモデルは，一旦投入した経営努力を無駄にしないよう，一定期間そのフォローに努め，安易にモデルの転換をしてはならない。ただしモジュール

化経営でも条件適合はなくならないので，状況が変わって選択している現在のモデルがそれに適合しなくなれば，そのモデルにこだわる意味はなく，なるべく早く転換して新しい状況での効用化を図るべきである。

第二の効用は，多様化したとされ，混沌とした現代企業のモジュール化経営戦略行動が，基本的に整理され理解や対応が容易になることである。

内外のさまざまな成功企業数百社の事例研究から導いた8類型モデルは，現在の経営で考えられるモジュール化経営としての基本的戦略行動の選択肢の，ほとんど全てをカバーできていると考えている。したがって多様化とされるモジュール化経営でのモジュラリティ構築は，この8種モデルの選択に限定されるので，意思決定者の負担を大きく軽減することになる。また次の図表8-1に示すように，この8種モデルは，モジュラリティ設計の理念が内部化志向か外部化志向かを確認し，対象とする事業や製品の相対的なビジネス規模（大，中，小）をみれば，ほとんどそのいずれかに限定できる関係になっている。8モデルはそれぞれ異なった位置付けにあり，したがってそれぞれ重複しない独立した存在のモデルであるということが，モデルの選択を単純にしている。

各モデルに沿った経営ケースは，それぞれいくつも見いだせる（平松茂実，2011，pp.113-204）。ただし現実の経営では，たとえばコトラーのマーケット・ポジショニング・モデルや，アンゾフの成長ベクトル・モデルの適用で見るのと同様に，明確かつ単純にこの8モデルのどれかを選択実施しているとは限ら

**図表8-1 モジュール化経営（モジュラリティ）8モデルと経営理念および事業規模の関係**

| 経営理念<br>（内・外部化志向） | 企業（事業）規模 | | |
|---|---|---|---|
| | 大 | 中 | 小 |
| 内部化志向（強） | Ⅰ（ビッグバン）型 | Ⅱ（恒星）型 | Ⅲ（南十字星）型 |
| 内部化志向（中） | | Ⅳ（アンドロメダ）型 | |
| 外部化志向（中） | | Ⅴ（連星）型 | |
| 外部化志向（強） | Ⅷ（ブラックホール）型 | Ⅶ（星雲）型 | Ⅵ（彗星）型 |

出所）平松茂実（2009.3）『マネジメント・ジャーナル』創刊号，30頁

ず，一企業が複数のモデルを同時に併行的に実行している場合や，基本的に特定のモデルに沿ったモジュール化経営を推進しているが，部分的に（いくつかの事業の一部で）別のモデル戦略を併用しているか，あるいはある時点で別のモデルに転換する場合なども当然数多く見られる（同，pp.205-218）。

たとえばキリンビールのように，当初自社力で成長しながら，やがて積極的なM&Aで内外市場への拡大成長を推進したり（ビッグバンとアンドロメダ型モデルの併行実施），旭硝子や日本板硝子のように，独力でのグローバル化に限界を感じて2社連携合併の連星型モデルに転換し，経営力を強化した企業もある。あるいはベネトンに見るように，スタート時はセーターのブランド・ビジネスを展開しながら，M&Aで事業の多様化を図ったり，生産や販売で協業化を図る（南十字型，アンドロメダ型，星雲型モデルの併用）多様なモジュール型モデルの併行経営で，大規模成長を実現している企業もある。

このように，一見複雑な経営戦略行動をとる企業であっても，8モデルをベースとした分析をすることによって，そのモジュール化経営の戦略行動の掌握がしやすくなるところにも，8モデルの存在意義があろう。

### (3) 8モデルの概要

次に本項ではその8モデルの概要，必要背景を述べ，また代表ケースを示しておきたい。ただしその代表ケースとともに説明の詳細などは，前著『モジュール化グローバル経営論』（学文社，2011）を参照されたい。

#### Ⅰ（ビッグバン）型

その基本モデル概念は，マーケット・リーダーのポジションにある大企業の経営行動であり，特に戦後のグローバル化経営の典型的モデルとされる伝統的な多国籍企業（MNCs）行動と同様である。すなわちポーターの言うどの市場にも通用するグローバル型事業（以下G型事業とする）（Porter, M. E., 1986）を，独力でグローバル市場に展開する経営パターンである。このような，強力な自社力でグローバル市場に進出発展している経営のあり方をⅠ型モデルとするが，これと似て，巨大な質量を集積した宇宙は，やがてビッグバンと呼ばれる自己

爆発をして現在も拡大中である。モデル概念の理解と活用の便利上，その状態の類似性からこのＩ型モデルを俗称（ニックネーム）「ビッグバン型モデル」とした。現代の経営は次第に外部化志向に転換しているが，このような内部化志向で自社のモジュールに集中した経営を守っている企業が，現在でも存続していることも確かである。

このようなモデルを選択するための必要背景としては，強大な企業力のほか，たとえ国内市場対象の経営であっても，グローバルな競争優位を自社で保持することである。通常いわゆるＧ型事業を対象とする方が有利であり，マルチ・ドメスティック（ローカル）型事業（以下Ｍ型事業とする）を対象する場合はあっても小数に止まる。

このモデルで21世紀にも健闘している企業には，たとえば化学ではアメリカのダウ・ケミカルやドイツのBASFなどが挙げられる。また企業規模は中堅クラスでも，特殊なグローバル型事業や製品に絞り込んでこのモデルで成功している企業には，たとえば日本企業でもYKK，日本精工，クボタ，コマツ，コニカミノルタ，京セラ，日清食品などが挙げられ，各社ともにコスト・リーダーシップではなく，特殊な差別化競争優位を確保している。

本書の主な目的は，日本企業の「ダーウインの海」障壁渡りの失敗を乗り越える戦略提供にあるが，日本企業にとって，「ダーウインの海」渡りで自社での事業や製品開発（川上）に強いことは当然の要件であり，ビッグバン型モデルでの展開もそれを前提とした海外市場開発（川下展開）が多く，成功ケースではそのほとんどが中規模の特殊事業を扱うことで，自社で川上・川下全体の十分な経営力を確保している。

Ⅱ（恒星）型

その基本モデル概念は，Ⅰ（ビッグバン）型モデルの基盤となるＧ型事業でグローバル市場に経営基盤を構築した後，さらに事業規模を拡大するために，各地域で構築した経営力を活用してＭ型事業を併行して開発する発展戦略であり，ビッグバン型から生まれた特殊なモデルとみることもできる。Ｇ型とＭ型のタイプの異なる事業経営を併行して経営する困難があるため，このケ

ースはそれほど多いとはいえないし，安易には手掛けられないが，他社がフォローしにくいだけに成功すれば強固な経営基盤が構築できる。

銀河系は半径が5万光年という星の集団からなり，約2,000億個の恒星が銀河系の周りを回っている。太陽はその恒星の一つであり，その周りにまたいくつもの惑星を引き連れて太陽系を構成している。すなわち中心になる大きな恒星が存在するが，その引力によって惑星集団が集まることで，恒星を中心としたより大きな天体系が構成される。II型モデルは，ちょうどこのような太陽系の構造概念が当てはまるので，俗称（ニックネーム）を恒星型モデルとしている。

このモデルの必要背景は，基本的にビッグバン型と同じ要件を保持する中で，母体が強いG型事業を保持するほか，現地のマルチ・ドメスティックな市場開拓のためのM型事業開発の経験を持つ，多角化志向の企業であることが必要である。

代表ケースとしては，味の素社の戦後のグローバル経営の筆者の詳細な研究があるが（平松茂実，2011.12, pp.3-29），同社は日本で発明・開発され，圧倒的なグローバル競争力のあるG型製品であるグルタミン酸ソーダ（monosodium glutamate：MSG）で世界各地に経営基盤を構築した後，限られたMSGやアミノ酸の需要に上乗せしてさらなる発展を図るために，国内市場の食品多角化で培った経営力を活かして，海外現地に適合したさまざまなM型製品を開拓し，両型の事業の併行経営を行うことで一層の経営発展に成功している。

コカ・コーラ社も日本市場での炭酸飲料販売の限界から，止むを得ず日本市場向けの非炭酸飲料（M型商品であるお茶類のインスタント・コーヒー，緑茶，スポーツドリンクのアクエリアス，果実飲料のQooなど）を開発して上乗せ販売に成功し，その結果世界各地の経営もこの日本で開発した恒星型経営に切り替え，現在さらなるグローバル市場の開発拡大に邁進中であり，キッコーマンも醤油販売のルートに乗せて，日本食品の地域向け卸販売で経営の拡大に成功している。

### III（南十字星）型

南十字星はだれもが憧れる代表的な星座である。しかしそれほど大きく輝く

星座ではなく，また北斗七星やカシオペアのように，何時どこでも見られるとは限らない。ある地域，ある時間に限定して南の空に見られる十字架だからこそ，人々の見たいという気持ちを掻き立てる。それと同様に，いつでもどこでも見かける汎用品ではないが，多くの人が探し求めたい商品がブランド商品である。したがってこのモデルは，その商品の魅力が多くの人々の関心を引くブランド商品事業である。このモデルのモジュール化経営上の特徴は，ブランド商品という単独のモジュールの強みだけが成功のカギであり，したがって他のモデルのように，モジュラリティ構築を考えることはあまり意味がない。

このモデルの必要背景は強いブランド商品である。ここでのブランドの意味は，企業ブランドではなく，商品としてのブランドである。したがって特定の需要に応えるものであるから，大規模な売上高は期待できない場合が多く，また顧客のニーズよりもウオンツの掘り起こしに相当の意を用いる必要があり，汎用品化しないためにも，手の掛かる多品種少量生産が求められることが多い。しかしその見返りとして比較的安定した経営と高い売上高利益率を確保できる。ブランド商品を創出するには，アントレプレナーとしての特別の事業意欲が求められ，したがってファミリー的な起業家によって創業される場合が多い。

代表ケースについては，その全てが著名なものばかりであるから，あえて示す必要はないであろうが，日本でもっとも古くからの代表的なブランド商品事業としてミキモト（真珠）があるが，最近ではゲーム・ソフトの任天堂や，ブランド・キャラクターのバンダイなどが現れている。

### Ⅳ（アンドロメダ）型

宇宙には多くの星雲が存在し，集散を繰り返している。その一局面として星雲が拡大しながら隣接する星雲を巻き込んで，より巨大な星雲集団に拡大・成長していくことが，最近の天文学では観察確認されている。地理学ではこのうち２，３の星雲が重なったものを連星雲，それ以上20くらいまでを星雲群，３桁に及ぶような多数の重なったものを星雲団と呼んでいる。アンドロメダ星雲は，星雲の中でもっとも早くからその異常な形状が注目され，２星雲の衝突体であると予想されていたが，最近の宇宙科学の発達により，現在では19個の

星雲の集合からなる星雲群であることが確認されている。

　このアンドロメダ星雲のように，ある企業が成長発展を推進しようとし，多数の企業や事業を吸収しながら巨大なグローバルレベルの企業に発展していく場合を，Ⅳ（アンドロメダ）型モデルとした。すなわち他社モジュールを数多く取り込みながら自社のモジュラリティに組み入れていく，モジュール化経営のあり方である。

　したがってこのモデル構築の必要背景は，まず発展する基盤となる強い事業モジュールを自社で持たねばならない。そうでなければ，相手企業やその事業を吸収して発展する企業力がないはずである。また必要モジュールを万遍なく持たなくてもよいが，M&Aを実行する潤沢な資金力だけは不可欠である。それには①国内市場で競争優位を獲得した事業を経営することによって潤沢なM&A資金を確保する，②あるいはその企業の将来性を見込んで大規模な資金を提供する第三者がいる，③または政府が国策的に特定事業の資金的サポートすること，などが必要である。

　その上で参入したい市場に，自社との関連事業を営み，かつ買収する価値のある相手企業が存在しなければならない。したがって第二次大戦で唯一発展したアメリカに始まり，先進国に普及したモデルであるが，アメリカ以外の諸国経済が復活してM&Aの対象となる企業が世界各地に育つまで，戦後しばらくアンドロメダ型モデルは誕生していない。

　最近のもっとも著名なこのモデルでの成功ケースは，鉄鋼業界のアルセロール・ミタルであろう。スクラップ工場の経営者であったラクシュミ・ミタルが1989年にスクラップの取引先であった粗鋼年産わずか40万トンのトリニダードトバゴの国営企業をM&Aで取得すると，破綻寸前の高炉メーカーを次々に買収して経営を立て直すことで拡大成長を図り，2006年には実に年産1.2億トンの世界トップの製鋼メーカーに発展している。

　アンドロメダ型は，昨今の強力な企業力が求められる医薬品企業でも世界的に活用されているモデルであり，日本企業でも武田薬品はきわめて積極的にM&Aでの経営力強化に努め，2002年以降の主なM&Aだけでも10件を上回り，

2011年9月にはスイスの製薬企業ナイコメッドを実に1兆1,200億円で買収し，売上高世界15位から12位に浮上したが，規模の拡大以上に，日米市場に強かった武田が欧州と新興国市場も強化でき，販売地域を世界28カ国から70カ国に拡大できたことによる経営力の強化が注目される（広岡延隆，2011.5.30, p.16）。このモデルでの経営がなければ，武田は多分グローバル企業に発展できなかったであろう。

　日本電産も相次ぐM&Aで成長した企業であるが，特に2010年8月にはアメリカ電機業界の大手であるエマソン・エレクトリックからモーター事業を買収できたことが，経営強化に決定的な成功をもたらしている。これによってこれまで弱かったグローバル地域に事業を拡大できるほか，世界各国で産業用モーターのきびしい省エネ規制が設定され始めているこの頃，日本でも今後その開発が必須とされる省エネ型モーター技術を日本企業で唯一獲得して，グローバルに活躍できる企業になった（遠藤淳，2011.3.11）。

　IBMの都市インフラ事業の実績は同業他社をはるかにリードしているが，強い経営体制を構築するために，M&Aをどれほど激しく行ってきたかは，IBMが各都市の求める多様なニーズに応えるために，現地ソフトウエア企業を過去10年間で125社をM&A取得してきていることからも理解できよう（日経BP社，2011.10.24, p.34）。

**V（連星）型**

　2個，あるいは例外的に3個程度のほぼ対等の星が相互の引力でペアを構成した時，その連星は一つのより大きい星のような輝きを示す。

　それと同様に，グローバル競争力のある経営を展開するにはやや力不足の企業が，同じか関連する事業を持つ2社，場合により2社以上の少数企業が，互いに密接に連携・協業し合うか合併するか，あるいは特定エリアか事業領域に強い企業が，他のエリアか事業領域に強い企業と提携や合併をすることによって，より強い経営力を獲得しようとするモジュール化経営のあり方である。

　たとえば市場でのマーケット・チャレンジャー同士が連携すればマーケット・リーダーに，「負け犬」同士が連携すれば「金の成る木」に転身して，ともに

有利なポジションを勝ち取れる可能性が高まる。また欧州に強い企業が米州に強い企業と合併するか連携すれば，欧米の両エリアに強い企業になるメリットを共有できる。

　アンドロメダ型と連星型は同質のモデルであるが，アンドロメダ型モデルでの発展は，巨大な投資資金などの経営資源と，多数企業を合併するための一定の時間を要するが，この連星型は比較的少数の企業による単純な相互補完関係なので大量の資金も不要であり，相互の意思疎通もしやすく，迅速に実現しやすい点に長所がある。ただし成長発展には当然ながら一定の限界があり，また協業メリットは独占できないし，アンドロメダが吸収によってアーキテクチャの同質化を図るのに対し，相手企業のアーキテクチャも尊重しつつ，双方ともに自律的な協業を図ろうとすることが多い点にも違いがある。

　したがって成立の必要背景は，特定エリアか特定事業領域のチャレンジャーで，相互に補完できる同質か，相互に利用し合える異なるエリアのモジュールを保持している，2社あるいは2社以上の少数企業の存在が必要条件である。

　最近のこのモデルによる実施例は多いが，日本企業が関連した最近の代表的な成功例の一つに，ルノーと日産自動車の連携が挙げられよう。実質的には日産の資金難に対するルノーの投資によるM&Aであるが，ゴーンCEOの経営方針として両社の自律的経営を尊重した協業を行っているので，外部化志向のモジュール型経営となっている。しかし同じ連星型モデルとしての挑戦でも，経営体質が合わなければ，ダイムラーとクライスラーの提携のように失敗する。

　最近ではトヨタまでが，IT関連のマイクロソフトやセールスフォース・ドットコムと提携するなど，事業の川上の技術開発分野での協業が注目を引く（岡田信行，2011.4.8）（漆間泰志ら，2011.5.24）。日清紡も主事業の一つであるブレーキ材料で世界4位（シェア4％）のチャレンジャーであったが，ルクセンブルグにあるTMD Friction Group SA（シェア10％）を買収して世界トップのマーケット・リーダーになり，技術的に相乗効果が期待できるほか，アジア市場に強い日清紡が欧州と南米に強いTMD社の吸収で，マーケティングでも相互補強効果が期待できるといわれる（*The Nikkei Weekly*, 2011.10.3）。

## VI（彗星）型

彗星は小さな星であるが，恒星や惑星の引力を利用して宇宙の広域を回周することができる。

これと同様に，図表8-2にも示したように，小企業ながら大企業がそのモジュラリティ構築上必要とするニッチなモジュールを補完することによって，自らの事業を確立し強化するモジュール化経営モデルである。

このモデルの必要背景としては，大企業の事業を補完する特殊なニッチで競争優位のある製品・部品や情報・サービスを提供する企業と，それを必要とする大企業が存在することである。

このモデルによれば，売上高が1億から20億円前後の中小ニッチャー企業でも十分に安定した経営はもちろん，グローバル経営も可能である。ただしメーカーの成功事例は多いが，サービスや情報システム事業はローカル傾向が強くて広域展開に弱いので，グローバル経営での事例が多いとはいえない。

彗星型グローバル化では，基本的に1カ所の生産本拠地からの供給で間に合うことが多いが，事業が一定規模以上になると次第に自社で各地域や海外に乗り出す経営力が培われてくるので，経営効率の向上，あるいは顧客へのサービス改善を目指して，まず営業拠点，さらに状況次第では生産拠点まで自社の直接投資で広く海外にまで進出する場合もある。しかし大手企業を補完するニッチ事業であるため，その規模は限られたものとなり，ビッグバン型モデルとは基本的に異なる。

たとえば成功している代表ケースとして，サンエムパッケージ社は売上高約40億円程度であるが，特殊な超音波自動縫製装置の開発で成功し，サージカ

**図表8-2　彗星型モデルでのモジュール化経営の基本構造**

大規模企業　　【】【】【】［］【】【】【】【】
　　　　　　　　　　　　　↑
中小規模企業　　　　［］【】［］
　　注）【】競争優位の強いモジュール
　　　　［］競争優位の弱いモジュール
　　出所）著者作成

第8章　モジュラリティ

ルマスク（外科用）やサニタリーマスク（歯科・工業用）などでほぼ世界市場の半ばを占拠している。ミクロ発條も，売上高10億円強に過ぎないが，自社開発の特殊自動機械で超小型バネを生産し，世界シェア50％を占め，安定経営を確保している。子供用ブランド品のタカラトミーも，川下での連携として中国大手流通企業の販売に不足商品を充足することで（日経産業新聞，2011.7.8），自らは中国市場で「ダーウインの海」を渡るのに成功している。

### Ⅶ（星雲）型

　宇宙に広がる星雲はそれぞれが一つの天体として天空に広がりながら，相互に関係しあった群として集合している。星雲は広い概念であり，局部的なものから膨大な広がりを持つものも含まれる。その星雲の中では，個々の天体は互いに引力によって引き合いながら，相互の動きで時に強く影響し合い，時には関係が微弱になりながらダイナミックに変動し関係し合い，星雲内での相互の引力の影響が低下すれば，それぞれの星はその星雲から離脱していく。

　それと同じように，各企業がネットワークを構築して必要に応じダイナミックに互いのモジュールを多角的，かつ柔軟に活用し合うモジュール化協業のあり方がⅦ（星雲）型モデルである。組織論的には，高木晴夫らの提起する組織論での複雑多主体システム（poly-agent-system）がある（高木晴夫ら，1995，pp.1-24）。独立して機能する組織体としてのエージェント（agent）が相互にネットワークを形成して，それぞれが必要に応じ主体的に他のエージェントに働きかけることで，システム全体が機能する仕組みである。

　したがってこのモデルの必要背景は，各地に分散し自律的でありながら協業できるエージェント企業の存在と，それら相互の高い信頼性が求められる。それに加えて，ある程度の規模に達したグローバル展開では，強力なオルガナイザーの存在が必要な場合が多い。

　星雲型モデルは，限られたエリアでは，基本モデルに忠実な形で比較的多数の存在が確認できる。しかし多くのエージェントが関与したグローバルな展開になると，広域ネットワークの構築が困難になるために，まだその実施例は限られている。また原則的に強力なオルガナイザーの存在が必要になることが多

く，単純な対等の協業ネットワーク関係での成功事例は少ない。たとえば台湾のパソコン・メーカーであるエイサー社に見るように，スタン・シー会長がその成功要因として提起したクライアント・サーバー型ネットワーク（スタン・シー，1995.7），すなわち各エージェントが対等な立場でなく，リーダー役を引き受ける中心企業と，それをフォローするその他企業に機能的に分化したネットワークになりやすい。このクライアント・サーバー型システムは，高木晴夫らの提起する複雑多主体システムの範疇で，ネットワーク運営の主役が決まっている一つの特殊例と見られる。

　モジュール化で提起したように，細分化された組織には対応するモジュールも小規模化する。星雲型モデルは台湾のみに見られるモデルではないし，中小規模企業にのみ見られる戦略パターンでもないが，川上桃子の詳細な調査研究にも見られるように，台湾では中小企業が独立的に多数存在して，それが企業間の密接な取引関係を通じて相互補完的な分業体制を構築し，その集合体としての産業競争力を実現し，台湾でパソコンや半導体産業の急速なグローバル市場参入にも成功している（川上桃子，1998.12，pp.7-8）。モジュール化経営の採用で，零細企業も協業によって大企業に対抗した経営ができ，「ダーウインの海」を渡ることも可能になったことの実証である。

　このモデルで最近もっとも成功したケースは，フィンランドの携帯電話事業でのノキアで，ノキアは携帯電話でもモジュール化経営で連携によって世界トップのマーケット・リーダーのポジションを確保していたが，スマートフォンへの転換に直面しても，この星雲型モデルによって，パートナーとして素早くマイクロソフトと提携し，そのソフトウエア取得に迅速に対応している。

　最近高機能携帯電話 iPhone と多機能携帯端末 iPad のヒットで独走しているアップルも，これまでのノキアの携帯電話と同様に，開発設計と販売は自社で行うが，部品調達や組み立てはグローバルな視点から他社に委託している（岡田信行，2012.1.26）。

　日本企業でも国内では多いが，グローバルな展開事例はほとんど見ない。最近東芝が経営改革でそれに挑戦していると見られ，その成果が問われる。

## 第8章 モジュラリティ

### Ⅷ（ブラックホール）型

　近年ブラックホールと呼ばれる，これまでの光学望遠鏡では観察できない大質量の天体の存在が発見されている。その強力な引力で周囲の宇宙間物質を吸引して成長する第一段階と，やがて一定の質量に達すると自己爆発する第二段階によって，再びさまざまな天体を作り出している。

　これまでに取り上げてきた7種のモジュール化モデルは，当該企業が直接意図的に協業で自社経営を強化し発展したい場合の戦略モデルであった。しかしこのブラックホール型モデルは，ブラックホールと呼ばれる天体のように，当該企業の積極的な経営意図よりも，閉鎖経済国の市場支配企業や，資源国の資源開発企業が，市場や資源の魅力で他国企業を協業に呼び込む受け身のモジュール化協業によって，結果的に経営が強化される特殊なあり方である。このような受け身のあり方が，結果的にグローバル市場への参入も容易にし，「ダーウインの海」を越える場合も，中国や資源国企業などで見られるようになってきている。

　このようなモデルが成り立つ必要背景としては，第一に保護経済国や資源国が魅力ある市場，資源や労働力を持つこと，第二にモジュール化協業を求める外国企業の側が，当該企業に提供できる何らかの強いモジュール（経営資源や協業メリット：新事業や製品，技術，販売力，ブランド，資金力，海外販売チャネルなど）を保持すること，第三に当該企業自身が国内で強い経営力と何らかの外国企業との協業メリット（閉鎖市場での経営力や，資源国での資源開発力，政府との強い関係など）を保有していることの3要件が揃わねばならない。

　市場誘引型ケースは，これまでも保護閉鎖市場での現地企業との合弁に見られるが，最近特に中国で，その巨大かつ急成長する市場に参入を図ろうとして，合弁を求める外国企業が急増し，その結果中国企業は急激にグローバル競争力を獲得している。一方資源誘引型のケースでは，外国企業が資金，技術やノウハウなどの提供を条件に資源国企業に資源の一部輸出を見返りとして求める場合が多い。外国企業からの強い要請によってドアを開け，結果的に発展するケースで，資源獲得競争時代の昨今，いくつものグローバル化発展への成功例が

見出せる。

　ただしいずれの場合とも，当該企業の強い経営力の保持は，協業後の経営権の確保のために重要である。日本でも，かつて日本の経済社会が閉鎖市場であった時代に，その市場の魅力に引かれた外国企業との合弁を図った日本企業もあったが，日本側の企業の経営力の不足で，進出した外国企業に吸収されてしまい，相手企業のグローバル化には寄与したが，当該日本企業は消失したケースも見受けられる。たとえば日本の医薬品業界の自由化政策が実施された当時，万有製薬は販売力は強かったが開発力に乏しかったために，経営強化を図ろうとして，日本市場への参入の機会をうかがっていたメルクに50％資本参加を求め，その開発力で一旦は優良企業に転換した。しかし資本力の差で発展のための増資に耐えられず，やがてメルクに吸収されメルクの100％子会社になってしまった。

　この市場誘引型のブラックホール型モデルについては，特別な代表ケースを挙げるまでもなく，現在多くの企業が中国の市場や労働力を求めて，中国企業とさまざまな形での協業をしていることは周知の通りである。しかし政策的な制限が加わることが多く，たとえばトヨタやダイハツ工業，マツダのほか，フォルクスワーゲンもともに第一汽車集団との提携や合弁企業の設立を指定されているので，第一汽車を通じて各社の機密は共通化してしまっている。

　石油や石炭，鉄鉱石，レアアースなどの資源確保を目標に，各国各社が現地企業に資本参加するケースが昨今急増していることも良く知られている。住友化学のサウジアラビアの国営企業との合弁の石油化学会社のように，資源国にない技術を提供する場合や，天然ガスの開発のような膨大な開発資金と安定顧客の確保が必要な資源開発では，東京電力や東京ガスなどが現地開発企業に資本参加しやすい。最近でも，これまで中国に対して競争優位がなかったオーストラリアやカザフスタンの資源開発会社が，前者では双日の，後者では住友商事の資金と安定購入の援助で，合弁会社を設立して開発を推進することになった（北爪匡，2011.10.24, p.18）。一般的に資源時代の昨今では，資源開発企業側が優位な立場にあり，受け身の現地企業に対して外国企業が積極的に参加を求

めるケースが多い。たとえば中国の急速な鉄鋼業の発展で、急速に需給がタイトになった鉄鉱石は、鉱山会社の寡占化が進んでいて参入が難しく、世界の業界1、2位には外資は参入できず、ようやく3位のローブ・リバーには、オーストラリアの鉄鋼鉱山会社のリオ・ティント社のほかに、日本の三井物産、新日鉄、住友金属が資本参加している（後藤康浩，2011，pp.101-105）。おそらくはローブ・リバー側にも業界でのシェア拡大の期待があるためであろう。またチリは世界屈指の高品位の銅鉱山であり、2011年11月に三菱商事はその鉱山や精練所を経営するイギリスのアングロ・アメリカン社から株式の24.5％を買収取得し、一気に10万トン以上の銅の輸入権を獲得したが、資源国は単純に外資の参入を歓迎せず、同国の国営公社コデルコがアングロ・アメリカン社の株式のチリ側の取得を主張して紛争が起こっている（北爪匡，2011.11.28，p.16）。

　このように資源誘引型のブラックホール型モデルでは、資源獲得のさまざまな利権や政治的介入がからむ場合が多く、状況に対応した配慮が必要になることが多い特殊な協業ケースであると見られよう。

## 8-3　モジュール化経営（モジュラリティ）8モデルの活用

### (1)　8モデルの成立要因と必要動因

　モジュール化経営（モジュラリティ）8モデルの成立要因と必要動因もさまざまであるが、基本的に図表8-3に見る成立要因としての企業の持つべき競争優位要因、必要動因としてのそれら企業の経営意図があり、それらが相互に機能して特定モデルでの発展をもたらす。すなわちこのような必要動因と成立要因を見定めて、それにもっとも適合するモデルを8モデルから選択することが、現代の新しい成長戦略となる。

### (2)　8モデルのモジュラリティ構造とアーキテクチャ特性の関係

　また図表8-4に示すように、事業や製品のモジュラリティ設計では、モジュール間にどのような関係を持たすかが戦略発想のベースとなるが、その際適合するアーキテクチャ特性は限定されることに留意せねばならない。

**図表 8-3　モジュール化経営（モジュラリティ）8 モデルの成立要因と必要動因**

| モデル型 | 成立要因（競争優位） | 必要動因（経営意図） |
|---|---|---|
| Ⅰ（ビッグバン） | グローバル型事業の競争優位 | 強力企業の自力発展 |
| Ⅱ（恒星） | グローバル，マルチ・ドメスティック型事業の複合経営力 | 多角化経営企業の自力発展 |
| Ⅲ（南十字星） | ブランド力 | ブランド事業での発展 |
| Ⅳ（アンドロメダ） | 強い事業と資金力 | M＆Aでの発展 |
| Ⅴ（連星） | 地域市場または特定事業でのチャレンジャー企業の複数存在 | チャレンジャー型企業の連携強化発展 |
| Ⅵ（彗星） | 補完的で競争優位あるニッチ事業企業と顧客としての大企業の存在 | 中堅・中小規模企業の大企業へのニッチ事業補完による発展 |
| Ⅶ（星雲） | モジュール・エージェントの広域分布とサーバー企業の存在 | 中堅・中小規模企業のネットワーク協業による発展 |
| Ⅷ（ブラックホール） | 魅力的市場・資源などの保護経済国と有力外資の存在 | 保護経済国企業の外資経営資源導入による発展 |

出所）平松茂実（2011）『モジュール化グローバル経営論』学文社，91 頁

**図表 8-4　モジュール化経営（モジュラリティ）8 モデルのモジュラリティ構造とアーキテクチャ特性の関係**

| モデル型 | 時代対応 | モジュラリティ構造 | |
|---|---|---|---|
| | | モジュール間構造 | 適合アーキテクチャ特性 |
| Ⅰ（ビッグバン） | 伝統型 | 全モジュールの内部化 | インテグラル型 |
| Ⅱ（恒星） | 中間型 | グローバル型モジュールを基盤にマルチ・ドメスティック型を併用 | インテグラル型かモジュラー型と併存 |
| Ⅲ（南十字星） | 伝統型 | 単一モジュール | 無関係 |
| Ⅳ（アンドロメダ） | 中間型 | 多数外部モジュールの取り込み内部化 | インテグラル型かモジュラー型と併存 |
| Ⅴ（連星） | 中間型 | 少数外部モジュールとの連携協業 | モジュラー型かインテグラル型と併存 |
| Ⅵ（彗星） | 新時代型 | ニッチ・モジュールでの大規模モジュラリティへの補完的参加 | モジュラー型 |
| Ⅶ（星雲） | 新時代型 | 多数外部モジュールとのネットワーク協業 | モジュラー型 |
| Ⅷ（ブラックホール） | 新時代型 | 外部モジュールの市場や資源での誘引による補強 | モジュラー型かインテグラル型と併存 |

出所）図表 8-3 に同じ，112 頁

### (3) 8モデルの業種適合性

本研究で多くのケース分析を重ねた結果，業種や企業規模にかかわりなく経営グローバル化の戦略行動を広く追究した積もりであるが，図表8-5にも示すように，提起した8モデルについての業種適合性はほぼ共通する。ただし製造業には全て当てはまるが，IT事業とサービス事業では，一部当てはまらないか有効性の低いモデルがある。

すなわち提起した8モデルは，もちろん製造業にはすべて当てはまる。

IT事業に対してもほとんど同様であるが，ブラックホール型にだけは適合しないと見られる。先進国企業から見て，後発保護経済国にIT企業が存在しなければビッグバン型モデルでの単独進出となるが，現地IT企業が存在する場合には，産業政策的にもIT企業は国策的な事業であるために，基本的に外国企業の自由な参入は行政からも認められにくいはずで，また現地企業は，IT事業がボーダレスであるだけに，国内市場だけを対象にした提携には魅力を感じないであろう。

サービス業についても，製造業やIT事業と同様に8モデルが適合するとしたいが，やや状況が異なる点がある。すなわち製造業やIT事業はバリューチ

**図表8-5　モジュール化経営（モジュラリティ）8モデルの業種別モデル適合性**

| モデル型 | 製造業 | サービス業 | IT事業 |
|---|---|---|---|
| Ⅰ（ビッグバン） | ○ | ○ | ○ |
| Ⅱ（恒星） | ○ | ○ | ○ |
| Ⅲ（南十字星） | ○ | ― | ○ |
| Ⅳ（アンドロメダ） | ○ | △ | ○ |
| Ⅴ（連星） | ○ | △ | ○ |
| Ⅵ（彗星） | ○ | △ | ○ |
| Ⅶ（星雲） | ○ | △ | ○ |
| Ⅷ（ブラックホール） | ○ | △ | ― |

注）○：該当，△：ある程度該当，―：該当せず
出所）図表8-3に同じ，98頁

ェーンが長く複雑で，したがってバーガーらが指摘するように，事業の成長戦略上，モジュールの多様な組み合わせが可能であり，また協業のメリットも大きいはずである。しかしサービス業ではバリューチェーンが相対的に単純であり，製造業ほど不足するモジュール獲得の必要性は少ないと思われる。また事業のマルチ・ドメスティックな傾向が強いので，他社との協業で自社の競争優位を強化できる場合は限られてくるであろう。したがってアンドロメダ，連星，彗星，星雲，ブラックホール型モデルはいずれも適用はできるが，製造業に対するよりは有効性が低い（実施する魅力が少ない）と思われる。

なおブランドは基本的に商品が対象であり，流通チャネルそのものにブランドがある場合はほとんどないと思われるので，サービス業での南十字星型モデルは適合しない。ただしたとえばテファニーのブランドが，扱う商品でなく店舗名にあるとすれば，南十字星型モデルも△となる。

## 8-4 モジュール化経営（モジュラリティ）8モデルによるモジュラリティ設計

### (1) 8モデルの選択方法

8モデルの選択はフリーではなく（平松茂実，2009.9①，2011），モジュラリティ構築戦略はすでに図表2-2に見てきたように，理念的に自社力を中心にするか（内部化志向），他社とのモジュール協業を目指すか（外部化志向）で二大別される。

次いでその事業や製品の事業規模でも，モジュラリティ8モデルの選択がいくつかに限られてくる。図表8-6に見るように，絶対的ではないがたとえば大規模であればⅠ（ビッグバン）型，Ⅱ（恒星）型，Ⅷ（ブラックホール）型のいずれか，中規模であればⅣ（アンドロメダ）型，Ⅴ（連星）型，Ⅶ（星雲）型のいずれか，小規模であればⅢ（南十字星）型かⅥ（彗星）型の適用が有利である。

すなわち事業理念で二大別し，そのいずれかに対して事業規模を見れば，ほぼ自動的に適合するモジュラリティのあり方が一つか二つに絞られてくる。たとえば外部型志向で小規模事業の発展を図ろうと思えばⅥ（彗星）型モデルの

採用となり，できるだけ内部化志向のまま中堅規模で成長に挑戦しようと思えば，Ⅳ（アンドロメダ）型モデルの採用が有利とされてくる。

### (2) 8モデルの適合規模，経営資源と展開エリア

ここでは経営資源として投資力と企業規模，その展開ゾーンとしてモデルが出現した先行地域とその適合する展開スパン範囲を見ておきたい（図表8-6）。

内部化志向で自社力に頼るⅠ～Ⅳ型モデルでは，Ⅲ（南十字星）型を例外として，当然大規模な直接投資がたいていの場合には必要になる。特にⅣ（アンドロメダ）型は，経営力（規模）の不足を補うためにM&Aを行うので，規模は中規模でもM&A資金は潤沢でなければならない。また展開スパンも原則的に広域の世界全域となる。例外的にⅢ（南十字星）型はブランド・ビジネスであるために需要に限界があり，したがって事業が大部分中堅・中小規模になること，また販売拠点はグローバルに展開するが，生産拠点は基本的に企業の本拠地に集中することから，直接投資も比較的小規模に止まる傾向が強い。

外部化志向のⅤ～Ⅷ型の新しいモデルでは，協業がベースであるため，概して投資負担が軽減される。企業規模も大企業に限らず，その規模に適合したモ

**図表8-6 モジュール化経営（モジュラリティ）8モデルの投資度合・適合規模・先行国・展開スパン**

| モデル型 | 直接投資必要度 | 適合事業規模 | | | 先行国・地域 | スパン |
|---|---|---|---|---|---|---|
| | | 大 | 中 | 小 | | |
| Ⅰ（ビッグバン） | ◎ | ◎ | △ | | 米（欧） | 広 |
| Ⅱ（恒星） | ◎ | ◎ | ○ | | 日米 | 広～中 |
| Ⅲ（南十字星） | △ | △ | ○ | ◎ | 欧米 | 広～中 |
| Ⅳ（アンドロメダ） | ◎ | | ○ | | 米欧 | 広～中 |
| Ⅴ（連星） | ○ | ○ | ◎ | △ | 米欧 | 広～中 |
| Ⅵ（彗星） | △ | | △ | ◎ | 日台 | 中 |
| Ⅶ（星雲） | ○ | ○ | ◎ | △ | 華・印僑，ユダヤ | 中 |
| Ⅷ（ブラックホール） | ― | ◎ | ○ | | 東亜，シンガポール | 狭 |

注）◎：強く該当，○：該当，△：ある程度該当，―：該当せずまたは不要
出所）図表8-3に同じ，92頁

デルの選択が可能である。特に彗星型は大企業の補完事業を対象としたニッチ事業に適合したモデルであるため、その多くは小規模事業になる。各モデルの展開スパンは、連星型は内部化志向モデルと変わらないが、その他はパートナーやエリアが限定されてくるので、展開スパンにもある程度の限界が生じる。

なお連星型、星雲型で中小規模企業でも適合する場合があるとされるのは、グローバル競争力のあるニッチ事業を経営している場合に限られる。

### (3) 8モデルとスマイリングカーブの関係

特に製造業については、その事業や製品の機能連鎖としてのモジュラリティを設計する際、自社のモジュールの選択やモジュラリティ全体の付加価値の創出に、スタン・シーのいうスマイリングカーブとの関係をどう考えるべきかという問題が気になるはずである。

スマイリングカーブは、モジュール化経営から見た場合、必ずしも事業の機能連鎖の全体をカバーするものではない。図表8-7に見るように、スタン・シーが取り上げたその付加価値カーブの基本構成は、横軸には左から右に産業の

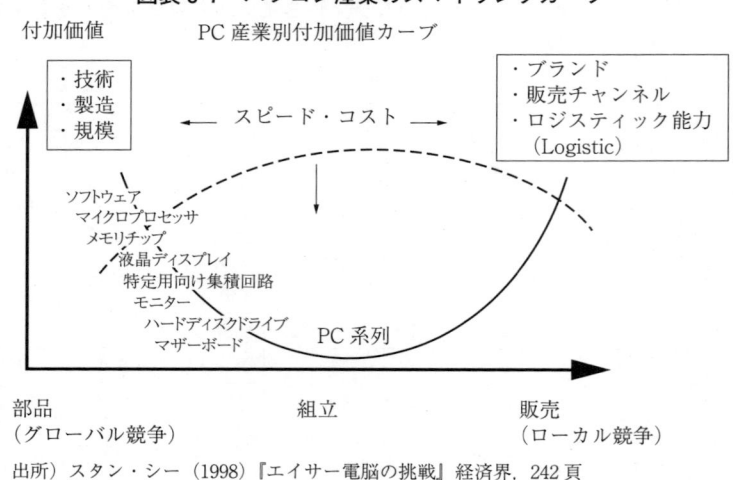

**図表8-7　パソコン産業のスマイリングカーブ**

PC産業別付加価値カーブ

付加価値
- 技術
- 製造
- 規模

スピード・コスト

- ブランド
- 販売チャンネル
- ロジスティック能力（Logistic）

ソフトウェア
マイクロプロセッサ
メモリチップ
液晶ディスプレイ
特定用向け集積回路
モニター
ハードディスクドライブ
マザーボード

PC系列

部品（グローバル競争）　　組立　　販売（ローカル競争）

出所）スタン・シー（1998）『エイサー電脳の挑戦』経済界, 242頁

上流，中流，下流が示され，上流はコンポーネント生産，中流は製品組み立て，下流は販売としている。市場競争の形態から見ると，カーブの左側は世界的規模での競争で，その勝敗は技術，製造，規模によって決まる。また右側は地域的競争を示し，ブランド力，販売チャネル，ロジスティック能力で決まるとする。すなわちスタン・シーのモデルでは，R&D，設計や購買などは生産の背景に入ってしまっている。また商品企画は生産，販売の両方に関係するが，どのように位置付けるかも不明である。

　スタン・シーによれば，それぞれの産業にそれぞれのカーブがあり，付加価値の分布の高低によってカーブの形に違いが生じる。付加価値の高低を決める要因は，参入障壁と能力の累積効果であるとする。参入障壁が高いと，累積効果が高くなり，付加価値も高まるともいう。そしてコンピュータ産業では，たとえばマザーボード生産は単純なのでカーブの左側の低い部分に位置し，液晶ディスプレイやメモリーチップなどのキーコンポーネントの生産は大資本と高い技術が必要で，カーブの左側の高い部分に位置すると見る。このようにコンピュータ産業では図表8-7のように中底のスマイリングカーブが成り立ち，製靴業も同じとする。しかし消費者用電子産業では生産と販売がほぼ同じ付加価値で，コンポーネントは低く，したがって左下がりとなる。半導体産業は製造部門が一番資本集約的で参入障壁が高く，それに販売が続き，設計は一番参入が容易であり，石油化学産業では，原材料と素材としての製品は安いが，生産は多大の投資を要するので，ともに中間が上向きのカーブになるとする（スタン・シー，1998，pp.241-254）。

　このように，スタン・シーのいわゆるスマイリングカーブは，コンピュータなどの特定の産業に当てはまるもので，産業が異なれば，同じ機能を果たすモジュールでも付加価値寄与の度合いも異なり，カーブの形もスマイルになるとは限らない。スタン・シーは上流，中流，下流の付加価値は，それぞれの参入障壁と能力の累積効果であるとするが，筆者は競争優位のギャップが重要な要因であると考えている。すなわち上流の生産でも，どのように大資本や高い技術があっても，半導体のように各社が魅力を感じて参入し激しく競争すれば上

流の付加価値は低下し，一方台湾のホンハイに見るように，中流の組み立てであっても，独占的な競争優位を確保すれば，高い付加価値を得ることができる。

　したがってオープン・アーキテクチャの下でモジュラリティ設計を考える場合，どのようなモジュールを自社に確保するのが有利かは，単純にエイサー社のパソコンのスマイリングカーブを意識せず，市場での自社の競争優位の強弱で取捨選択する，すなわち圧倒的に強い競争優位を確保できる領域を狙うのが正解であると考える。

# 第9章

# アーキテクチャ

## 9-1　モジュール化経営とアーキテクチャの関係

　まずアーキテクチャに関連するさまざまな用語と，その相互関係を明らかにしておきたい。製品・工程・事業・経済社会などの機能連鎖は，機能単位であるモジュールの連鎖からなるモジュラリティである。そのモジュールはコンポーネント・システムと見られ，コンポーネントの相互関係のあり方がアーキテクチャであるが，その特性には2種の概念があり，基本的にコンポーネント相互に密接な擦り合わせ関係があるインテグラル型と，単純な組み合わせ型であるモジュラー型の2種があるとされ，それが製品や事業のあり方に大きな影響をもたらすので，事業や製品などの設計や生産，あるいは事業のあり方などで考慮を要する重要な要因であるとされる。

　またモジュールは目的に対する半完成システムであり，モジュラリティは目的に対する完成システムであるが，ただしモジュールであるかモジュラリティであるかは目的に対する充足度で変わるので，目的が異なれば，同じシステムでもモジュールと見られたり，モジュラリティと見られたりする。たとえばデンソーではバッテリーは完成製品としてのモジュラリティであり，トヨタでは車の集合部品であるモジュールである。そのようなモジュールの内部設計思想は内部アーキテクチャ，当該モジュールの連結すべき相手モジュールの設計思想は外部アーキテクチャ，モジュール間の連結設計思想はインターフェイス・アーキテクチャと呼ばれる。

　またアーキテクチャはそれに対応する組織体質とも関係して適合不適合があ

り，事業や製品のアーキテクチャ特性に適合する組織を考慮しないわけには行かない。その組織体質には地域特性もあり，アメリカを中心に1990年代にモジュラー化が進み，現在はアジアの一部であるASEANを除いてはモジュラー型地域が多く，日本は例外的なインテグラル型の代表地域であるとされるが，椙山によればそれもモジュラー型化への変化でトランスナショナル化が進んでいるという（椙山泰生，2009）。なお事業や製品のアーキテクチャは固有のものではなく，ある程度設計意図次第で変更可能であり，したがってアーキテクチャは，現代の経営上無視できない重要な経営要因であるとされている。

## 9-2　既知のアーキテクチャの基本原理

　アーキテクチャについては，すでに触れたようにかなり多くの研究が蓄積されているが，しかしまだ十分とは言えない。本節ではすでに提起された個々の研究に筆者の判断で多少の補足・補強を加えつつそれらを整理して，アーキテクチャの既知の基本原理として示し，その上で次節に筆者が思い付く原理を補充して提起したい。

　**(1) アーキテクチャは基本的にインテグラルとモジュラー型の2種から成る。**

　ウルリッチが提唱したアーキテクチャについてのもっとも重要な知見であり，製品のコンポーネント間の機能的相互関係のあり方であるアーキテクチャ特性は，インテグラル（擦り合わせ）型とモジュラー（組合せ）型に2類別化されるとした（Ulrich, K. T., 1995）。

　ただし新宅純二郎らは，「製品・工程アーキテクチャはインテグラル型，モジュラー型の2極のスペクトラムのどこかに位置付けられるとするが，製品システムは通常複数の階層を持ち，インテグラルとモジュラーな部分を合わせ持つことが多いと見ており，単純にいずれかに位置付けできない。また同じ製品でも，国や企業で作り方が異なり，製品システムのどこに事業ドメインを定めるか，どのように作るかが重要な判断事項である」として，その多元的な構造特性に触れている（新宅純二郎・天野倫文編著，2009, p.ⅱ）。このように，アーキテクチャは原理的にはインテグラル型かモジュラー型かのいずれかに二大別

されるが，実態は一元的に決められない複合構造をなす。しかし未だに多くの研究で，単純にアーキテクチャを特定の固定的な所与のものとして扱う傾向が見られる点には注意を要しよう。

(2) **製品アーキテクチャのモジュラー型は組織を独立化させインテグラル型は結合化させる。**

またウルリッチは，製品アーキテクチャの違いによって製品開発を行う組織やプロセスが変わることにも留意している。モジュラー型である場合には，個別コンポーネント毎に独立・併行となり，インテグラル型の場合には，開発組織は各コンポーネントの担当部門から横断的に人を集めたプロジェクト型，あるいはマトリックス型の組織になるとする。

すなわちモジュラー化は社内の各コンポーネント部門を独立化させ，インテグラル化は各部門を結合化させる影響を及ぼす（Ulrich, K. T., 1995, pp.419-440）。

(3) **モジュラー化がモジュール開発を促進する。**

ボールドウインらの研究から導かれる原理であるが，コンピュータのように複雑な製品を開発する時には，モジュラー型アーキテクチャを採用することで，各モジュールの開発活動がはるかに容易になるとした（Baldwin, C. Y. & K. B. Clark, 1997）。さまざまなコンポーネントが複雑に組み合わさった製品は，コンポーネント間に複雑な相互関係が生じる可能性が高いが，製品をモジュラー化し，相互に独立なコンポーネント群の集合体とすれば，各コンポーネントは互いに独立して開発できるので，製品開発もはるかに単純化され，容易になる。

ボールドウインらによれば，それまでのコンピュータ・システムの各モデルは，固有のオペレーティング・システム（OS），プロセッサ，周辺機器やアプリケーション・ソフトを持っており，メーカーが新しいコンピュータ・システムを開発する度に，特別なソフトウエアや部品を開発する必要があった。IBMは1964年に開発したコンピュータ・システム/360について，それぞれ特定の機能を発揮するコンポーネント群に切り分けてモジュール化し，各モジュールが相互に正しく機能するための明示的・包括的なデザイン・ルールを構築して公開した。すなわちコンピュータのモジュールのアーキテクチャを，それまで

のインテグラル型から意図的にモジュラー化したのである。そこで世界に分散する設計チームは，そのルールに完全に従う必要がある一方で，自分が設計するモジュールには完全な裁量権を持つようになり，メイン・フレーム事業での圧倒的な競争優位を獲得するようになった。

　ボールドウインらは，さらに米国のIT産業の台頭が，製品アーキテクチャのモジュラー化によることも提唱している（Baldwin, C. Y. & K. B. Clark, 2000）。

　サンチェズらも，製品設計には柔軟性やバリエーションの豊富さを求めているが，その実現の方策として製品アーキテクチャのモジュラー化を挙げている（Sanchez, R. & J. T. Mahoney, 1996, pp.63-76）。

　(4) **モジュラリティ全体のイノベーションにはインテグラルな方が有利である。**

　ラングロイスらは，モジュラー化という概念を最初に導入したとされるが，また個別コンポーネントの開発・改良にはモジュラー型が正しいが，製品全体の開発・改良にはインテグラル型の方が適しているとしている（Langlois, R. N. & P. L. Robertson, 1992, pp.297-313）。

　(5) **オープン・アーキテクチャ戦略にはモジュラー型の有効性が高い。**

　藤本隆宏は組織のアーキテクチャ特性に留意し，オープン・アーキテクチャ戦略はアーキテクチャ特性で有効性が大きく異なること，すなわちコンピュータのようなモジュラー型事業での有効性は高いが，自動車のようなインテグラル型事業では低いことを指摘している（藤本隆宏，1997）。

　(6) **インテグラル型モジュール化経営活動も異なる組織間で機能できる。**

　モジュラー型は独立的に相互に機能するので，必要に応じ異なる組織間でも自由に機能するのは当然であるが，インテグラル型モジュール化経営活動も，藤本隆宏らやミッコーラは，たとえば取引関係のような複数企業間でも同じ関係があり，相互に密接に関係して開発する必要があるインテグラルなR&Dでは，単一企業内に限らず複数企業間でも協業関係が生まれることを明らかにしている（藤本隆宏・葛東昇，2001, pp.211-228）（Mikkola, J. B., 2003, pp.439-454）。

　(7) **産業や製品と組織・国・地域にはアーキテクチャ特性の適合関係がある。**

　産業や製品のアーキテクチャ特性に対して，組織・企業・産業・社会・国・

地域などには適合関係がある。藤本隆宏は日本の組織はインテグラル適合型であり，したがって擦り合わせが重要な自動車製造は日本に有利な産業であると提起した（藤本隆宏，1997）。日本の組織文化がインテグラル型製品の生産に適することは，その後も自動車，携帯電話，カラーTV，エアコン，モーターなどにわたる広汎な日本興業銀行の調査研究や（日本興業銀行，2002，pp.2-57），大鹿隆と藤本隆宏の統計的分析でも確認されている（大鹿隆・藤本隆宏，2006）。

製品アーキテクチャと地域との適合性について，アメリカ経済の生産組織全体がオープン・アーキテクチャなモジュラー型に転換してきていることと，同時に開発，製造，販売の活動間でやりとりされる情報が全て明文化される社会文化化も進んでいることも指摘されており（Sturgeon, T. J., 2002），楊は台湾のエレクトロニクス産業の調査分析から，台湾の組織文化もモジュラー型が強みを持つとしている（楊英賢，2009）。

アジア諸国の組織文化の相違が，アーキテクチャ視点からその国・地域の産業発展に影響を及ぼしているとする研究もなされており，藤本隆宏・新宅純二郎は中国のオートバイ産業などの製造業でのアーキテクチャ特性を調べ，それがモジュラー型であり，それによって他国のさまざまな部材を容易に活用でき

**図表9-1　環太平洋製造業のアーキテクチャ特性**

|  | 擦り合わせ軸 |  |
|---|---|---|
|  | 日本 | ↑知識・資本集約 |
| モジュラー軸　韓国 中国 | 台湾 | 米国 |
| ←労働集約 |  | 知識・資本集約→ |
|  | ASEAN | ↓労働集約 |

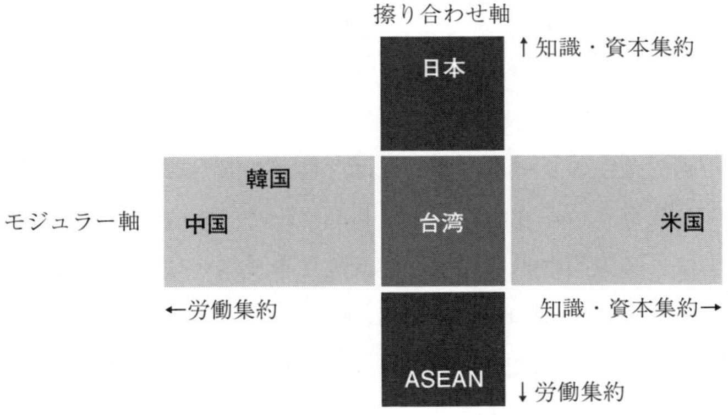

出所）新宅純二郎・天野倫文編著（2009）『ものづくりの国際経営戦略』有斐閣，27頁

ることで発展してきたとしている（藤本隆宏・新宅純二郎編著, 2005）。

　さらに最近新宅純二郎・天野倫文は, 特に東アジア諸国・地域のアーキテクチャをさまざまな産業について精査し, アーキテクチャについての東アジアの産業地理学を提起し, また図表9-1に示したように, 環太平洋の組織文化も産業地理的にアーキテクチャ特性のいずれに適合するかで二分化されること, したがってモジュール化経営に成功するためには, 製品や工程のモジュール階層の各部分をアーキテクチャ適地に配分分業することが生産の有効性を高めることを調査して提唱している（新宅純二郎・天野倫文編著, 2009）。

(8) **同じ組織に異なるアーキテクチャ特性を持ち合わせることは難しい。**

　組織には固有の組織文化があるので, アーキテクチャについても同じ組織で異なるアーキテクチャ特性を合わせ持つことはむずかしい。クリステンセンも同じ企業の中に二つの組織文化をつくることは非常に大変なので, 別会社を別の場所につくるくらいの気構えがいるとしている（Christensen, C. M., 1997）。

(9) **産業や製品のアーキテクチャは利用環境や設計条件で変化する。**

　ボールドウインらの研究で著名なIBMが1964年に開発したシステム/360コンピュータは, それまでインテグラル型だったコンピュータの開発・生産を, 意図的に設計方式をモジュラー型に変えた事例として紹介されている（Baldwin, C. Y. & K. B. Clark, 1997）。

　クラークと藤本隆宏も,「所与の製品や産業に固有のアーキテクチャは存在しない」と明確に述べている。そして「自動車であれパソコンであれ半導体であれ, 利用者が製品に望む機能水準や操作環境, あるいは設計者に課せられる機能要件や制約条件のレベルが変われば, 同種の製品群が, モジュラー寄りにもインテグラル寄りにも変わり得る。製品アーキテクチャの動態的変化を知るには, まずは当該製品の利用環境や設計条件を現場・現物で知る必要がある」と説明している（Clark, K. B. & T. Fujimoto, 1991, 増補版訳書, 2009, p.6）。

　新宅純二郎らも, 先に述べた国や地域のアーキテクチャ特性についての研究でも, それが固定的な存在ではなく, 現在ダイナミックに変動していることを指摘している。

第9章 アーキテクチャ　111

　現在住宅建設からアパレルまで，レディーメイドではモジュラー型生産であるが受注生産ではインテグラル型になることは常識であり，自動車の生産にもインテグラル型とモジュラー型があることは，大鹿らの調査研究で明らかにされている（大鹿隆・井上隆一郎・折橋伸哉・呉在烜，2009，pp.163-184）。
　しかし近年の研究以前に，モジュール化経営が認識されるよりずっと前から，アーキテクチャ特性の設計による変更への挑戦がなされてきている。第二次大戦直前の日本での巨大戦艦の造艦で，戦艦「大和」は呉海軍工廠で，「武蔵」は三菱重工長崎造船所で造艦されることになったが，三菱の武蔵は当時の常識として個別受注生産に適したインテグラル型の設計と加工組み立てを行ったのに対し，呉海軍工廠では工数節減を意図して，福田烈造船部長と西島亮二船殻工場主任，芳井一夫船殻工場作業主任のライン・リーダーが，艦の各ブロックや艤装を予め個別に独立して生産し，その後接合する「先行艤装法」と「ブロック工法」のモジュラー型工法で建造し，工数を武蔵に対して半減させることに成功している（御田重宝，1987，pp.159-163）。両艦は不幸な運命をたどったが，そのモジュラー型のブロック工法は戦後日本の造船業に活用され，日本の造船業を世界一に発展させる原動力になった。なお戦時標準型でない特殊な造艦でモジュラー型を採用しながら，同じ時代の船体建造では，アメリカはモジュラー型の熔接技術を適用して能率を高めていたが，日本は平田造船中将が日本の溶接技術力をまだ信頼に耐えられぬとしてボルトナット接合にこだわったため，それがインテグラル型となり，標準型量産艦の生産性ですでに敗けていたといえるが（内藤初穂，1987，pp.114-115），この敗因はそのまま現在の日本の加工組み立て産業の劣勢につながる。

⑽ **アーキテクチャは時の経過によって変化する。**
　ファインはコンピュータと自転車産業の研究から，モジュラー型とインテグラル型のアーキテクチャの転換概念を提起し，製品アーキテクチャは歴史的に両方のアーキテクチャ間を変化し続けてきたこと，またそれに伴いインテグラル型のアーキテクチャでは垂直統合型の構造が，モジュラー型のアーキテクチャでは垂直分業型の構造が選択されることなどを提起した（Fine, H. C., 1998）。

またボールドウインらは，このファインの提起をコンピュータ産業のさらに詳細な研究から裏付けるとともに，製品の設計と組織の設計は原則として一致するとする「設計構造とタスク構造の基本的同型性」を提唱した（Baldwin, C. Y. & K. B. Clark, 1997, 2000）。

　中川功一は，アーキテクチャ特性は十数年程度の時間経過の中でゆっくり変化したり，かなりひんぱんに起こったりもするとしている（中川功一，2011, p.9と第3章）。

　なお昨今の開発は目まぐるしく，新宅純二郎らは，携帯電話や液晶が開発の進展につれ，急速にインテグラル型からモジュラー型に転換し，その生産の中心が中国などのモジュラー型生産を得意とする地域に移ってしまったことを確認している（新宅純二郎・天野倫文編著，2009, 第2章と第8章）。

(11) **アーキテクチャの変化は対応する組織や知識体系に大きく影響する。**

　すでに触れてきているように，アバナシー（Abernathy, W., 1978）やクラーク（Clark, K. B., 1985, pp.235-251）などは，設計と組織戦略の相互作用の研究をしてきている。またクラークと藤本（Clark, K. B. & T. Fujimoto, 1991, pp.165-205）は，製品設計によって組織が制約される，あるいは組織をコントロールすることによって製品設計に影響を与えることを指摘している。

　製品アーキテクチャの概念は初めてヘンダーソンらが提起したが，そこではアーキテクチャを「製品を構成する複数のコンポーネント（部品）間の技術的相互関係」とし，アーキテクチャが変われば，組織の設計および組織内の知識体系を全面的に組み換える必要があると指摘した（Henderson, R. M. & K. B. Clark, 1990, pp.9-30）。

　スタージェオンはアーキテクチャのモジュラー化によって，アメリカ経済自体が垂直統合からモジュール型ネットワークに生まれ変わりつつあるとしたが（Surgeon, T. J., 2002, pp.451-496），この指摘は，伝統的な多国籍企業構造が，モジュラー化によって現在では大きく転換していることを裏付ける。

(12) **経営上アーキテクチャ特性は競争優位の視点から選択されねばならない。**

　新宅純二郎と天野倫文は，「それぞれの国に固有の能力構築の環境があり，

第9章　アーキテクチャ　113

比較優位があれば，それに有利なように企業はドメインを定めるべきだし，アーキテクチャの分節・連結をデザインすべきである」「国際競争や国際分業の進展とともに，その国の比較優位は強化されるとする。企業は自社の組織能力や自国の能力構築の環境との相性の良いアーキテクチャ分野を伸ばし，相性の悪いアーキテクチャ分野については相性の良い外国の企業の組織能力や能力構築の環境をうまく活用する方法を模索する」，という。すなわち「アーキテクチャの比較優位として，企業は各国の能力構築環境，その国の持つものづくりの比較優位をふまえて，製品・工程アーキテクチャ上の国際的な立地・分業展開を行うべきである」とする（新宅純二郎・天野倫文編著，2009，p.13, 16）。

アーキテクチャが市場での事業や製品の競争優位に強く関係してくる場合，競争相手に対して不利になるアーキテクチャ特性は，仮に自社の得意な特性であっても選択できない（中川功一，2011，p.49）。

日本企業はこれまでインテグラル型のアーキテクチャ特性傾向が強いとされているが，現在コスト・リーダーシップを発揮している地域はモジュラーな傾向の中国・韓国・台湾とASEAN諸国であり，日本企業はインテグラル型アーキテクチャに固執していて，「ダーウインの海」渡りが可能であるかどうかをよく考えてみなければならない。

## 9-3　新規に提起するアーキテクチャの基本原理

モジュール化経営論でも，アーキテクチャについては特に集中的に研究されてきているので，これまでにかなりの原理的知見がすでに集積されているが，さらに不足と思われる以下の原理を補足提起しておきたい（平松茂実，2011.5）。

⒀　アーキテクチャの対象はモジュールのシステム特性である。

アーキテクチャを定義するのに，これまではコンポーネント（component）が対象とされている。最初にアーキテクチャを定義したサイモンは，アーキテクチャはシステムを構成しているコンポーネント同士の相互関係のあり方のことであるとしている（Simon, H. A., 1962）。また製品アーキテクチャの提唱者であるヘンダーソンらは，製品を構成する複数のコンポーネント間の技術的相

互関係をアーキテクチャと定義している（Henderson, R. M. & K. B. Clark, 1990, pp.9-30）。ウルリッチもシステムを構成するコンポーネントを対象とし、コンポーネント間の機能的相互関係のあり方をモジュラー型とインテグラル型に分類している（Ulrich, K. T., 1995, pp.419-440）。

しかしコンポーネントは複雑な言葉で、その目的次第で原子素粒からバッテリーのような構造物までを含有する概念であり、またメッセージや意味用語、知識の断片までも含んでいる。もしコンポーネントを構造物の一構成部分とした場合は半完成システムと見られるが、構成要素や成分、あるいは素子などとした場合は、それ以上分解できない全く単純な機能要素を意味する（松田徳一郎, 1984, p.447）。この後者のような単純な機能要素を接合して新しい創造を試みる時には、そのコンポーネントの相互関係がモジュラー型かインテグラル型かによって、経営に大きな差異をもたらすほどの複雑性は持たないはずである。したがってその場合は、ほとんどが個人の思考やひらめきに頼ってアイディアなどが生まれ、人や組織のインテグラルな擦り合わせで生み出されることはむしろまれである。

すなわち単純な素子としてのコンポーネントの結合は、個人の知識創造作業で生み出されるものであり、それはたとえば「セレンディピティ」という概念でよく知られている（茂木健一郎, 2006, pp.165-186）。単純なコンポーネントのある程度までの結びつけは、アーキテクチャやモジュール化論に関係なく、セレンディピティを理論化した野中郁次郎らのSECIモデル（Nonaka, I. & H. Takeuchi, 1995）や、平松茂実のPAUSE理論（2005.9①, 2005.9②, 2006.9①, pp.160-161, 2006.9②）のような知識創造理論で扱うべき課題であると考える。

単純な機能要素でなく、サブ・システム系といえるものやしくみ同士を関係付ける時に、初めて両者の情報が複雑になり、複数の人や組織で取り組んだ方が有効性は高まる。そこでどのような相互関係を持つのが良いかが問われ、モジュール内やモジュール間インターフェイスでのコンポーネントの相互関係が問われるようになる。したがってアーキテクチャをコンポーネントの相互関係とするよりは、モジュールのシステム特性とした方がより正確であることを提

起したい。

　なお中川功一は，アーキテクチャはシステムの状態を表す概念とし（中川功一, 2011, p.14, 35），モジュラー型とインテグラル型の説明で，コンポーネント間の関係として，藤本隆宏の作図を改訂した図まで用いて説明しているが（同, pp.36-37），コンポーネントがシステムを形成するに到る以前の単純な，あるいはあいまいな関係はアーキテクチャの対象から外すべきであろう。検討の対象が事業であっても製品であっても，いずれの場合もほとんどは複数の構成機能要素が相互に関係し合ったシステムが対象になっており，これまで多くの研究対象として取り上げられているたとえば自動車，コンピュータ，半導体やHDDなどの事業から製品，その構成部分，部品などに到るまで，いずれも研究は一つのシステム系として扱われてきているはずである。アーキテクチャ論は，対象がシステム化した時点から必要になった概念であると考える。

**(14) モジュールに未知情報が多ければアーキテクチャ特性はインテグラル型になり，情報が固定化し既知化すればモジュラー型になる。**

　新情報が発生し続けているか，情報が不規則に変動し続けていれば，常に未知情報が多いことになり，またたとえ対象が複雑であっても，変化が少ない限り情報も変化が少なく既知なものとして捉えられるが，これまでは主にコンポーネントが複雑で密着して機能するか，単純で独立して機能しているかに着目して，アーキテクチャをインテグラルとモジュラー型に二分別化しているように思われる。

　最初にアーキテクチャの特性を二分別したウルリッチは，製品の機能と構造が複雑に錯綜し，部品が独自のインターフェイスで複雑強固に連結されている状態がインテグラル型で，相互関係が単純であり，部品間のインターフェイスが標準化されて構造的に分離独立している状態を，モジュラー型とする（Ulrich, K. T., 1995）。

　また諸説をまとめた中川功一は，製品を構成するコンポーネントが，強い機能的相互依存関係で結びついた状態をインテグラル型，互いに独立して機能している状態をモジュラー型とする（中川功一, 2011, p.36）。

しかしこれらの定義は，因果関係の結果に着目したものである。なぜ複雑で密着せねばならないか，なぜ単純で独立的に機能し得るのか，それにはそのような結果をもたらした原因があるからであろう。すなわちモジュール内やインターフェイスで常に情報が変化することが情報を複雑にし，したがってコンポーネント相互の密接な関係の保持が必要になるのである。経営事象を捉えるには，因果関係の結果よりも原因を捉えた方が事態の理解にも対応にもより適切であるはずである。両者は同義ではない。アーキテクチャの定義と特性との対応は必要十分条件を満たす必要があるが，複雑で密接な関係はアーキテクチャのインテグラル型に対して必要条件にしか過ぎない。

単純に複雑多様な場合の擦り合わせは，モジュールを細分化するか，時間をかけて複雑多様な状態を一度掌握しさえすれば，変化がない限りその後の擦り合わせは不要になる。継続的な擦り合わせが必要になるのは，あくまでも継続して発信情報が変動し続ける場合である。物的な関係の複雑さではなく，交換する情報の複雑さを問題にしなければならない。すなわち技術や顧客ニーズが常に変われば製品も組織もインテグラルに対応せねばならず，技術やニーズが複雑でも常に変わらなければ製品は標準汎用品となり，各分担組織も独自にフォローすればよいのでモジュラー型になる。技術情報や顧客ニーズが単純か複雑かはあまり問題にならず，そのニーズが常に変化するか固定しているかが問題になるのである。もし複雑に錯綜していても，それがすでに既知で固定化していれば，インターフェイスの擦り合わせ設計に一時的に時間を要するだけで，その後の連結は標準化されるので，当然モジュラー型とみなされる。あるいはインターフェイスの構造が複雑な場合は，連結部分の構造は複雑になるが，インターフェイスを細分化しさえすれば，各接合部の構造は単純化され，それぞれ細分化された部分の生産（仕事）も単純化できる。

事業や製品開発の導入期や成長期には，さらなる発展や改良のために常に新しい情報が生み出されているため，事業や製品を構成するモジュール内やインターフェイスは相互に密接な情報交換をしなくては結合できない。すなわちインテグラルな状態を保持する必要があり，またそうした方がモジュラリティ全

体の向上の取り組みがしやすい。一方成熟期や衰退期になると，事業や製品は完成し，もはやほとんど新しい情報が生まれなくなる。したがってモジュール間のインターフェイス情報は固定化され，相互に密接な擦り合わせを行う必要はなくなり，他社モジュールをすばやく活用した方がアジルに効率を向上でき，コストも低減できる。

たとえばボールドウインらが研究対象とした複雑なコンピュータ・システムや自動車電装品であっても，それらの開発段階では，全体設計の中で各部品は互いに他の部品との関係を探りつつ，製作修正を繰り返さなければならなかった。しかし安定した量産ステージに入れば，本体が複雑であっても多数に及ぶ各部品はそれぞれの生産拠点で独立して生産し，それを集めて組み立てればよくなった。

以上から，筆者はアーキテクチャ特性が複雑の度合いによるとするのは適切ではなく，新しい情報が常に発生しているか，固定した状態にあるかで区別すべきと考える。相手の発する情報が未知の場合に限り，相手との密接な関係保持が相互機能上必要になるのであり，見かけの複雑性はあまり関係がないのである。

製品のアーキテクチャの違いによって，実現されやすい技術革新のタイプが異なってくるとする意見がみられるが（Henderson, R. M. & K. B. Clark, 1990, pp.9-30），次に説明する②③の事業や製品などは常に変化する情報に対応を要する特殊なものであり，他方多くの事業や製品などは次に①で示すように，事業や製品の種類を問わず，導入期，成長期，成熟期にわたる間の発信情報量の度合いで技術のタイプ，すなわちアーキテクチャが異なってくる。したがってアーキテクチャ特性は単純に業種やライフサイクルの時期のみでは捉えられないので，未知情報の発信状況をメルクマールにするのが適切と考える。

アーキテクチャ特性がインテグラル型になる場合，すなわち未知情報が多くなる経営状態を探ると，次の三つの場合であると見られる。

①事業や製品などが開発・導入・成長期にある場合

開発，導入，成長期には，これまでにない新しい情報が次々に生み出される

ので，多くの開発情報の交換が必要であり，関連コンポーネントは独立的に機能できないはずであるから，擦り合わせ型の関係となり，その時期の事業や製品・工程もインテグラル型になる。未知情報を創出する必要がある開発・導入・成長期には，革新的な情報を多く出すほど競争優位は高まり，情報を生み出しやすいインテグラルな活動が望ましい。

　一方成熟期に近づくと，未知情報がほとんどなくなって標準化が進み，同質のものの反復的な扱いとなるので，次第に関連コンポーネントは自立的な効率化を図るためにモジュラー型に転換していく。ちなみに近年モジュラー型の事業や製品に競争優位を持つ台湾，韓国，中国などでは，既存事業や製品の競争優位による成功は遂げたが，新事業，新製品の開発によるものはほとんどない。未知情報がほとんど生まれない成熟期では，新情報による差別化は期待できなくなるので，競争優位がコスト・リーダーシップやデファクト・スタンダード市場への適合化に変わってくる。その場合，事業や製品・サービスは，モジュール単位で世界でもっともそれが実現しやすい地域，企業への分散・分業化を図るべきで，そのためにはモジュール間インターフェイスのモジュラー型化も必要になる。

　これを裏付ける事例研究はすでに多く見られ，理論的にはヴァーノンのプロダクト・ライフサイクル論で裏付けられるが，現代の事例でも，モジュール化を提起したボールドウインとクラークが対象にしたコンピュータと自動車電装装置でも，それが成熟期に近づいた時にインテグラル型からモジュラー型に転換できている。航空機の生産も同じで，ボーイングのジャンボ・ジェット旅客機でも，成長期まではボーイング社が独自にインテグラル型の開発・生産を行っていたが，成熟期に近づくにつれ，モジュールのオープン・アーキテクチャ化を図り，エンジンは欧州，翼は日本，ボディはボーイング社自身とするモジュラーな分業生産に転換してきている。

　②求められる製品やサービスなどが個別的である場合

　以下の場合，その都度個別的な違いが生じるため，常にインテグラルな取り組みが必要である。

(a) 多様なニーズのあるニッチ事業・製品・サービス

　健康食品の業務用のマヨネーズ，自動車業界での光岡自動車の乗用車や，消防車などの特殊作業車，美容サービスなどは，ユーザーの多様なニーズがあるニッチ生産・サービスで，その都度次第のニーズによる多種少量生産・サービスとしての対応の変化が求められる。

(b) 受注型事業・製品・サービス

　オーダーメイドの背広や，一般宿泊事業に対する結婚披露宴事業などは，常にこれまでとは異なる個別対応が求められ標準化できない。

③ 常に多様に変化することが必要な事業，製品・サービス

　常に変化に対する新しい対応が求められる事業・製品・サービスでも標準化はできず，常に新しい情報に対してインテグラルに対応しなければならない。

(a) 特殊なハイテク事業・製品

　ゲーム・ソフト，スーパー・コンピュータ，レーシング・カー，原子力発電所，宇宙衛星，トンネル掘削機，試作部品などは常に日進月歩で，同じものを反復して提供することは少ない。

(b) ファッション型事業・製品

　水着，女性用ソックス，装身具，玩具，ゴルフ道具などのファッション的な製品などは，流行に対応して常に新しい商品が求められる。

(c) 突発型事業・製品・サービス

　試作品生産，調査，経営コンサルティング，探鉱，災害対応サービスなどは出たとこ勝負で同じものを反復提供できない。

⒂ **モジュラー型アーキテクチャは革新事業・製品・サービスに不向きで，不可能とはしないが，当然競争優位は確保できない。**

⒃ **インテグラル型アーキテクチャでの機械産業（加工組み立て）の低コスト生産はむずかしい。**

　モジュラー化した方が各単独モジュールの発達が促進され，かつ組み合わせの選択がしやすくなるので，多数部品の組み立てが中心となる機械産業分野では明確な原理である。ただし⒁の①の開発期，②③に類するものは適用外で，

また装置産業分野では，石油コンビナートにも見られるように，相互モジュールの関係が密接である方が有効性が高い場合もあり，汎用化した機械（加工組み立て）産業にのみ該当する。

(17) **モジュラー型化はモジュール化を促進する。**

モジュラー型化はモジュール開発を促進し，モジュラー型の方がオープン・アーキテクチャの有効性が高いとされている。それと近似の原理であるが，モジュラー型化すれば，それぞれの細分機能は独立して作動できるため，なるべく関係の薄いコンポーネントを外した方がコンパクトな機能集団として自由かつ能率的に作動できるので，分断独立化の動因が働く。一方経営の機能連鎖がインテグラル型である限り，擦り合わせ状態を保持しようとし，相互に密接な関係を持とうとするために，機能連鎖が巨大化して連携機能に支障を来すようになるまでは，その機能連鎖を分断しようとする動因が働かない。

(18) **アーキテクチャは経営対象のライフサイクルにしたがい，通常にインテグラル型からモジュラー型の方向に経時的かつ不可逆的に転換する。**

これも原理(14)から演繹的に導かれる。したがって(14)の②③を例外とする一般則である未知の情報が既知化した時，あるいは新しい情報が継続的に創出されなくなった時，インテグラルな経営状態からモジュラーな経営状態への転換が起こる。一旦情報がオープン化され既知化した後，再び未知情報を創出して差別化した競争優位を取得することは理論的には可能であるが，現実の経営ではほとんど起こり得ない。成熟期に入り汎用化した時点からの競争優位はもっぱらコスト・リーダーシップが中心となって更なる開発の余地は少なく，改めて新しい情報を加えて革新的な差別化競争優位を再構築することは期待しがたい。また多種少量や受注個別対応の事業・製品・サービスなどの場合も，経験を重ねるにつれ，経験曲線効果に見られるように習熟によって未知情報が整理され，予測も巧みになって，擦り合わせの必要度が減少し，単純化が進むため，インテグラル型からモジュラー型への傾向度は高まると見られる。逆にモジュラー型の汎用量産型の事業を行っている経営が，同じ経営目的でインテグラル型の取り組みに転換するメリットはほとんど期待できないであろうし，実現も困難

である。

　ファインは製品アーキテクチャは産業の歴史の中で，インテグラル型，モジュラー型双方の間を変化し続けているとし（Fine, H. C., 1998），自転車では19世紀半ばには少数の企業がインテグラルな生産に始まり，19世紀後半からモジュラー化が進み，コンポーネント生産の分業化が進んだ後，1930年代に自転車の機能改善のためにインテグラル型の開発・生産が復活して1970年頃まで競争優位を確保するが，その後またモジュラー型を採用した開発・生産に転換したことを事例に取り上げている。

　しかしイノベーション理論から見れば，本格的なラディカル（radical）・イノベーションによってドミナント・デザインが定まった後，改良型のインクリメンタル（incremental）・イノベーションはたびたび起こるとされており（Abernathy, W., 1978），インクリメンタル・イノベーションでも，マイナーな新情報は多く発生するので，このような改良のためのインテグラル型の取り組みが同一事業や製品である程度復活することは当然あり得るはずである。自転車産業でも一般自転車が普及し汎用化すると，スポーツタイプ，マウンテンバイク，モーター付き自転車のような大型の改良車が出現した。このような産業へのてこ入れ取り組みの際には，ある程度インテグラルな生産への復活が見られようが，あくまでも自転車産業のライフサイクル内でのインクリメンタルなマイナーの揺れ戻し現象で，本質的なアーキテクチャ転換ではないと考える。

(19) **異なる組織間でのモジュラリティを設計する際には，内部アーキテクチャ特性とインターフェイスのアーキテクチャ特性を区別して考えねばならない。**

　まず内部アーキテクチャを考えておきたいが，たとえばXモジュールがインテグラル型の状態にあるということは，Xモジュール内のコンポーネント群が持つ情報が常に変化し，そのために相互の連結に密接な擦り合わせが必要であることを意味する（XIとする）。これに対しXモジュールがモジュラー型の場合では，コンポーネントの情報は既知で変化することはないので，各コンポーネントは相互の擦り合わせがないままに，一方的にその情報を読み取って連結を考えることができる（XMとする）。YはXモジュールが関係を持ちたい

ある特定の他のモジュールを意味し、そのモジュール内のコンポーネント間の関係もYとXとは同様である（YIとYMとする）。

そこでXとY両モジュールを連結しようと思えば、XI⇒YI、XI⇔YI、XI⇒YM、XI⇔YM、XM⇒YI、XM⇔YI、XM⇒YM、XM⇔YMの8通りのケースが出てくる（注：ここでXI⇒YIはXモジュール側がYモジュール側に引き渡し連結する場合、⇔は双方対等の立場で連結し合う場合を示す）。ただしXとYは任意なので、XI⇔YMとXM⇔YIは同質であり、実質7ケースとなる。

ここでXモジュールとYモジュールの結合では、両モジュールの結合に関係するインターフェイスのコンポーネントのあり方だけが関係し、XとY両モジュールのインターフェイスのコンポーネントのあり方がともにモジュラー型であれば、単純にモジュラー型の引き渡しをすればよく（XM⇒YM、XM⇔YM）、この場合にインターフェイスをインテグラル型化する意義はない。両者がインテグラル型である場合も、その連結時のインターフェイスをもちろんモジュラー型化してもよい（XI⇒YI、XI⇔YI）。しかし両者のモジュールがインテグラル型である場合には、その後の経営も双方ともにインテグラル型で追究するのが一般的であるから、わざわざ連結の目的で慣れないモジュラーに転換する苦労を重ねる意義がなく、インテグラルなままでの連結で双方に違和感はないはずである。

問題は両モジュールのアーキテクチャ特性が異なる場合XI⇒YM、XI⇔YM、XM⇒YI、（XM⇔YI）の連結である。

XI⇒YM、XI⇔YM、（XM⇔YI）の場合、YM（XM）モジュールの経営組織はインテグラルな組織活動に慣れないからうまく受けられない。したがってXモジュール側がインターフェイスに限ってモジュラー型化するか、Yモジュール側がインターフェイスに限り、慣れないインテグラル型の取り組みに挑戦するしかないが、前者の方がはるかにやりやすいはずである。XM⇒YI、すなわちXMモジュールをYIモジュールに引き渡し連結しようとする場合には、連結については特に問題ないが、インターフェイスでXモジュール側が固定

されたコンポーネント情報を提供しているのに、Yモジュール側ではわざわざ常に変化する情報に対応する取り組みで臨むので、過剰な組織体制となり、組織の効率低下を招く。したがってその場合、インテグラル型側のインターフェイス組織機能の簡素化を図った方が賢明である。

このように、アーキテクチャはモジュール（事業体や製品など）の内部とインターフェイスに分けて考えなければならず、内部アーキテクチャ特性は自社の組織経営の問題であり、インターフェイスのアーキテクチャ特性は、他社との協業やM&Aなどの関係を持つ際の経営課題として、区別して捉えるべきである。

以上の関係を次の図表9-2で示したが、これによってもモジュールのアーキテクチャとインターフェイスのアーキテクチャは特性が異なることが確認できよう。

事業や製品のアーキテクチャは、自分が手掛ける内部アーキテクチャと他者に依存する外部アーキテクチャに分けられ、相互に関係を持つために、その間にインターフェイス・アーキテクチャも存在する。内部アーキテクチャがインテグラル型の組織である場合、インターフェイス・アーキテクチャもインテグ

**図表9-2 異なるモジュールとそのインターフェイスのアーキテクチャ特性の相互関係**

| モジュールXのアーキテクチャ | 連結関係<br>(⇒引き渡し<br>⇔対等連結) | モジュールYのアーキテクチャ | XYモジュール・インターフェイスのアーキテクチャ |
| --- | --- | --- | --- |
| I | ⇒ | I | I（M） |
| I | ⇔ | I | I（M） |
| I | ⇒ | M | M |
| I | ⇔ | M | M（I） |
| M | ⇒ | I | M |
| M | ⇔ | I | M（I） |
| M | ⇒ | M | M |
| M | ⇔ | M | M |

注）I：インテグラル型，M：モジュラー型，（　）内は可能だが不利な状況を示す。
出所）著者作成

ラル型の方が馴染みやすく，モジュラー型の組織では逆である。幸い双方のアーキテクチャ特性が一致すれば，インターフェイスを共通のアーキテクチャ特性に保てばよいが，異なる場合には双方で協議していずれかに決めないと，機能連鎖がうまく機能しない。

　このインターフェイスで密接な擦り合わせをするのはかなりの努力を要するので，すでに見てきたように，導入期や成長期で創出情報が多い特殊な場合を除き，基本的にはモジュール内情報はカプセル化して内存させ，インターフェイスの情報はモジュラー型に整理して公開する方が経営しやすいはずである。インテルは台湾とのコンピュータ事業でのモジュール連携で，内部アーキテクチャはインテグラル型，インターフェイス・アーキテクチャはモジュラー型化して成功している。

　柴田らは，ファナックのNC制御装置の事業展開を調査研究し，基幹技術の変化に応じて前述の(18)原理に対応したインテグラル型からモジュラー型への転換を繰り返しながら内製を続けてきたが，1990年代に他社との分業を志向した際に，内部アーキテクチャの特性にこだわらずに，外部アーキテクチャとのインターフェイス情報を整理しモジュラー型化して公開していることを指摘している (Shibata, T., M. Yano & F. Kodama, 2005, pp.13-31)。すなわち柴田らはオープン・アーキテクチャの下でもモジュール化経営で重要なのは，内部アーキテクチャ特性ではなく，インターフェイス・アーキテクチャ特性であることを明らかにしている。

　なおこのような考え方をすれば，他社と関係を持つ時に，もちろん相手がどのようなアーキテクチャ特性で経営展開をしているかを知ることは連結後の機能保持上大切ではあるが，双方のモジュールを結合する直接的な作業ではインターフェイスのアーキテクチャのみが関与し，外部アーキテクチャは直接には関係がないと見られる。したがって各社の内部アーキテクチャ特性は，それぞれの組織の問題である。

(20) 「死の谷」はインテグラルなモジュール内あるいはモジュール間亀裂として対応すべき課題である。

本書の最終目的は，日本企業のグローバル市場での後退原因とその打開策を，モジュール化経営の視点から探索することにあるから，アーキテクチャの項でもその視点からの原理を探っておきたい。

　まず「死の谷」は開発期の取り組みであり，新しい情報が多発するため，それに関係するコンポーネントや組織は，インテグラルである方が効率は高いはずである。したがってモジュール化経営論の視点から見れば，個人的なセレンディピティによる応用研究的成果を新事業や新製品化するための，インテグラルな新事業化，新製品化活動が円滑にできるかどうかが問われる問題であるが，その場合，単一モジュール内での活動である場合と，複数モジュールにわたった協業である場合があり，また後者では同一企業内のモジュールか，異なる企業のモジュールかの2ケースに分かれよう。

　これらの活動は同じではないが，インテグラルなモジュール内あるいはモジュール間の活動であり，それがうまく為されなかった場合に「死の谷」が渡れなくなる。

　日本企業では，通常そのためのプロジェクト・チームを設置して，単一モジュールで取り組むことが多いが，そうでなくても企業内で各部門がインテグラルな関係を持ちながら「死の谷」を乗り越えており，そのための智恵として，関連する部門の人材が同時に作業に参加する「スクラム・モデル（サシミ・メソッド）」などの工夫がよく知られている（Takeuchi, H. & I. Nonaka, 1986）。

　一方アメリカでは，応用研究から事業化または製品化までの間の「死の谷」を越えるために，そのどこかでベンチャー・ビジネスから大企業への研究成果の売却，すなわち応用研究的小モジュールから強大な事業モジュールへの移転が一般的で，その引き渡しのために技術やノウハウのモジュール・インターフェイスのモジュラー化がビジネス慣行として成り立っており，このインターフェイスに限り，例外的に導入，成長期でも擦り合わせの不要なモジュラー型にする智恵が慣行化している。

(21)「**ダーウインの海」は新事業や新製品を開発したインテグラル型モジュールと，低コスト汎用品生産・マーケティングのモジュラー型モジュール**

**間の亀裂として対応すべき課題である。**

　新事業や新製品の創出は開発課題であるから，常に新情報の激しい交換が必要で，基本的にインテグラルな取り組みになる。

　一方事業や製品が成長して産業化し，次第にデファクト・スタンダードが決まってくると，標準化して新しい発生情報も減少するので差別化はむずかしくなり，コスト・リーダーシップが競争優位となるので，一般的にモジュラーな取り組みをした方が有利になる。またマス・マーケットの開拓も量産型のモジュラー型生産品が対象なので，モジュラー型の活動が有利になる。この原則の例外は，(14)の②③に類するものに限られる。

　したがって「ダーウインの海」渡りには，新事業や新製品開発のインテグラルな取り組み（モジュール）と，コスト・リーダーシップを確保するモジュラーな取り組み（モジュール）を，いかに巧みに結びつける経営行動がとれるかという課題になるはずであり，本書の最後に提起する新IM統合モデルも，この主旨に沿ったものである。

## 9-4　アーキテクチャとコミュニケーション・コンテクストの関係

　個人職務権限が明確な組織文化圏では，互いの担当職務領域には入り込めず，その接点では情報を固定化，明確化しなければ協業はできない。一方集団責任体制の組織文化圏では，チームメンバー全員が全体を同様に掌握していなければ共同作業はできず，相手の考えや持っている情報をよく知るように努めなければチーム作業への貢献もできない。移民社会で移動が多い開放型労働市場と，歴史が長く移動の少ない同一民族社会で家族的経営型の地域では，事業経営や製品生産のアーキテクチャが，モジュラー型とインテグラル型に分化するのは当然であると思われる。世界の地域文化のアーキテクチャ特性は，最近分化したのではなくもともと二分化していたと推測されるが，しかし最近になってアメリカについての研究にも見るように，アーキテクチャ特性のモジュラー化への変化が激しく起こっていることに留意を要する。2つのアーキテクチャ特性のギャップは，比較的相互の交流が少ない地域経済中心の時代にはそれほど大

きな問題にはならなかったので、経営上の大きな関心も呼ばなかったと思われるが、1990年前後からボーダレス化が進み、併行してオープン・アーキテクチャ化が進展すると、異なる文化圏同士の協業やM&Aによるモジュールの組み換えなどが多くなり、アーキテクチャ問題の重要性が急激にクローズアップされたと認識する。

　インテグラル型の事業・生産・サービスなどでは、常に新しい情報処理が必要であり、したがってホールのいうコンテクスト（環境情報）依存のハイ・コンテクストな情報共有型集団責任組織（Hall, E. T., 1976）を形成すれば、意思決定の有効性が高まり、会議、稟議、プロジェクト・チームなどや、インターフェイスでの「スクラム・モデル（サシミ・メソッド）」（Takeuchi, H. & I. Nonaka, 1986, pp.137-146）などの組織活動の効率も高まり、職務は分課分掌規定として組織単位の職責に止まることになる。すなわちクローズド・アーキテクチャで、その中で互いに強い擦り合わせを求めつつ、密接な相互関係によって事業や製品の差別化を生み出すことができ、また情報の機密保持がしやすいメリットもあり、きめ細かい職人技型の製品生産に適している。しかし組織運営に多大のエネルギーを要し、擦り合わせのない組織との関係が薄れがちで、ガラパゴス現象に陥りやすい欠点もある。

　一方モジュラー型の事業・生産・サービスなどでは、情報は基本的に標準化されているので、コード情報依存のロー・コンテクストな情報分業型個人職務責任組織にした方が有効性が高く、契約、規範、規定、企画書などが重視され、職務は個人職務規定が基本になる。すなわちオープン・アーキテクチャであり、他者との接触が容易で、広く関係を持ちやすいメリットがあり、汎用量産型生産に適するが、インテグラルな活動が生む革新的な差別化競争優位は生まれにくい。

　事業や製品のモジュール化経営を考える場合、アーキテクチャの特性と組織体質の間には密接な関係があるとされているので、アーキテクチャ特性を活かした経営行動をとる時、組織のあり方について配慮しなければならないことは明白である。その組織が機能するためには、バーナードの提起する共通目的、

協働意欲，コミュニケーションが不可欠であるとされているが，特にコミュニケーションはアーキテクチャに密接に関係してくる。コミュニケーションの基本はシュラムのコミュニケーション・モデルであり（Schramm, W., 1976），そのモデルでのメッセージの意味転換プロセスで，コード情報に頼るかコンテクスト情報に頼るかによって，ホールは文化をロー・コンテクスト型とハイ・コンテクスト型に2類別化した（Hall, E. T., 1976）。

藤本隆宏は日米のアーキテクチャ特性の社会的由来の推定も行っているが（藤本隆宏，2004，pp.172-181），その推測の背景は石田英夫が日本は内部化集団主義組織で欧米は外部化個人職務主義（石田英夫，1985，pp.11-14）としているのと同様の指摘であり，いずれもホールのいうロー・コンテクストとハイ・コンテクストの形成背景を指摘したものと思われるため，米国のモジュラー型アーキテクチャとロー・コンテクスト型組織，日本のインテグラル型アーキテクチャとハイ・コンテクスト型組織は一致すると考えられる。

モジュラー型組織では，コンポーネントやモジュールは独立して機能する存在であり，したがって情報を交換する場合，その情報交換は明確で詳細なコード情報によらねばならない。すなわちホールのいうロー・コンテクスト組織が求められる。これは内部アーキテクチャに限らず，外部モジュールとの関係，すなわちインターフェイス・アーキテクチャでも同様である。一方インテグラル型組織でのコミュニケーションでは，複雑な擦り合わせを巧みにアジルに行わねばならず，そのためには平素から互いに相手の状況によく精通して状況文脈（コンテクスト）を共通化しておく必要があり，すなわちハイ・コンテクスト型組織文化となる。

筆者は図表9-3に示すように，文化社会体質の観察モデルであるホールのコミュニケーション・コンテクスト2型モデルを，経営行動に結びつけるために，それが意図的な形成か自然的な形成かに分けた4類別化モデルに発展させているが，同時に必要に応じ望ましいコンテクスト型を構築できる施策も明らかにしており（平松茂実，1998.3, pp.36-43），したがってアーキテクチャ特性に適合した組織のコミュニケーション体質を，意図的に経営目的に沿って強化するこ

**図表 9-3　コミュニケーション・コンテクスト 4 型モデル**

| コンテクスト構造型 | コンテクストレベル 高 | コンテクストレベル 低 | コンテクスト形成過程 自然的 | コンテクスト形成過程 人為的 |
|---|---|---|---|---|
| Ⅰ | ○ |  | ○ |  |
| Ⅱ | ○ |  |  | ○ |
| Ⅲ |  | ○ |  | ○ |
| Ⅳ |  | ○ | ○ |  |

注）記号の意味　○該当
出所）平松茂実（1998①）「コミュニケーション・コンテクスト・パラダイムとアジア企業の組織特性」『アジア経営研究』42 頁

とも可能になっている。

## 9-5　オープン・アーキテクチャと第三文化体

　これまで見てきたように，アーキテクチャ特性の異なるモジュールの連結と，さらに連結後のモジュラリティを順調に機能させることが，モジュール化経営での大きな課題となるが，それには林吉郎が提起する異文化経営での第三文化体論が，有効に機能するものと思われる。

　林吉郎は，それぞれを第一文化体と第二文化体とする異文化体のインターフェイスでの擦り合わせに，両方の文化体質を持つ第三文化体を介在させることの重要性を提起しているが（林吉郎，1985，1994），それと全く同様に，アーキテクチャの異なるインテグラル型とモジュラー型アーキテクチャ組織のインターフェイスに，アーキテクチャ特性のギャップを吸収するために，両方のアーキテクチャ特性に通じた第三文化体を構築することを提案したい。

　図表 9-4 に，林吉郎による分業類型と第三文化体の関係をみておきたい。林は第一文化体としての日本企業が比較的独立色の強い仕事を行う場合，一般従業員以外は第一文化体体質を保持するので，課長レベルに第三文化体の役割が求められるとする。ただしその役割を果たすのは，現場に直接接触して指揮をする課長であればよく，日本人・現地人を問わない。しかし第二文化体である現地にかなり仕事を委ねようとする場合には，少なくとも下層管理職は第二文

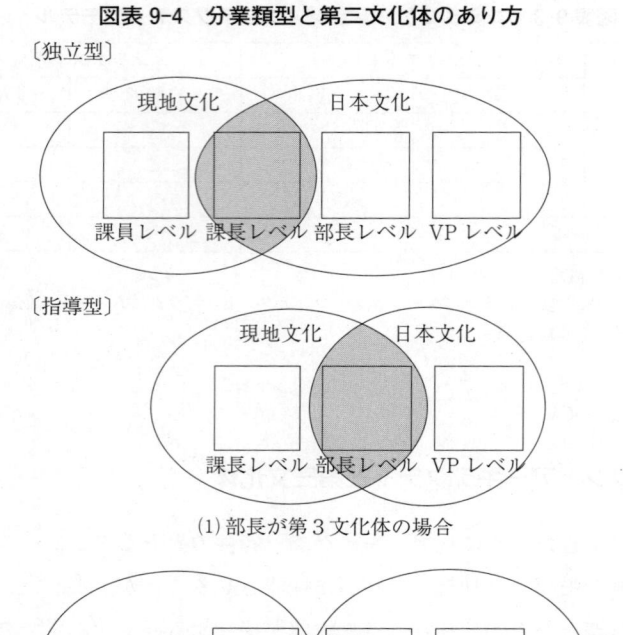

**図表 9-4　分業類型と第三文化体のあり方**

〔独立型〕

現地文化　日本文化

課員レベル　課長レベル　部長レベル　VPレベル

〔指導型〕

現地文化　日本文化

課長レベル　部長レベル　VPレベル

(1) 部長が第3文化体の場合

課長レベル　部長レベル　VPレベル

(2) 第三文化体がいない場合

出所）林吉郎（1985）『異文化インターフェイス管理』有斐閣，210頁

化体色を保持する必要があり，部長かそれ以上が第三文化体の役割を果たすことになる。なお第三文化体を介在させなければ，日本人と現地人組織のインターフェイスでは異文化の直接コミュニケーションとなり，意思疎通が難しくなる。

　この林の考え方をモジュール化経営での組織とアーキテクチャの関係に適用すれば，図表9-5に示すように，第一文化体をインテグラル型組織，第二文化体をモジュラー型組織とし，その間にインテグラル型とモジュラー型の両アー

**図表9-5　アーキテクチャの第三文化体構造と配置**

| 第一文化体（インテグラル型組織） | 第三文化体（インテグラル＋モジュラー型共有組織） | 第二文化体（モジュラー型組織） |

出所）著者作成

キテクチャ特性に馴染んだ第三文化体組織を介在させることで，アーキテクチャの異なる両組織活動をうまく融合させようとする組織戦略となる。

基本的には先に示した林の見方があるが，第三文化体の構築位置については国の文化体質が影響する。グローバル企業は異質の組織文化圏で経営する場合，異なる言語圏で両国語に通じた通訳を活用すると同様に，原則として両組織文化に通じた人材を活用するが，アメリカ企業では海外法人のトップにそのような第三文化体としての外国人経営者を起用し，本国本社と現地法人の統合化を図ることが多い。一方日本企業は，独特の組織文化を持つ日本に通じた優れた経営管理者が現地に少ないためか，あるいは強い内部化志向の企業体質のためか，海外進出では上位経営管理者に日本人が就任し，第三文化体としてトレーニングした現地人材を海外法人の中間組織内のどこかに巧みに配置することによって，その経営に成功してきているケースが多い（平松茂実，1998.3②＆③）。よく日本企業は現地従業員への幹部のポジション委譲が遅れているといわれるが，このようなアーキテクチャ特性の相違からきている面もあることを理解しないで安易に外国企業に追従すると，組織経営に支障を来す場合も生じよう。

日本企業が「ダーウインの海」障壁を乗り越えるためには，基本的にモジュール化経営による外国企業との提携が必要になる場合が多いが，日本企業と外国企業の組織体質，あるいはアーキテクチャ特性が異なることが多いので，後に述べるように，その協業を成功させるためには，以上のコミュニケーション・コンテクストと第三文化体の概念の理解・応用が大事になってくる。

# 第Ⅲ部　日本企業の「ダーウインの海」障壁を乗り越える再発展戦略

# 第10章

# 「魔の川」障壁をどう渡るか

　日本の産業，あるいは企業は，戦後のある時期から1990年頃までの間は先進トップ国グループ入りを果たし，一時は新事業・新製品でグローバル市場を席巻する勢いさえ見せたが，第Ⅰ部ではその理由として，内部化優位時代に内部化志向のインテグラルな最高の機能組織の構築に成功したこと，日本の経済レベルが世界のセカンド・クラスにあり，その製品がマス・マーケットに適合したためであったことなどを推論してきた。そしてその後のグローバル市場での急速な後退を，外部化優位に転換した現代の新しい経営論であるモジュール化経営の採用への日本企業の乗り遅れにあることを指摘してきた。そのモジュール化経営への乗り遅れは，新事業や新製品などの開発・産業化の過程に存在する「魔の川」「死の谷」「ダーウインの海」の3つの障壁越えのうち，最後の「ダーウインの海」渡りができないという現象を招き，日本企業各社や日本の産業界が呻吟することになった。

　そこで第Ⅱ部では，まだ日本企業の認識が薄いモジュール化経営論について，その利用を促進するためにもその体系構造化を図り，またできる限り理論の補足も試みた。ただしビジネスの実務家にとって理論は無用な場合も多いので，面倒であれば5-1，8-2と9-5だけを見ていただければ，本書の目的を追究していただけるはずである。

　この第Ⅲ部では，その第Ⅱ部で全体構造を点検・吟味してきたモジュール化経営論を活用して，日本企業の昨今のグローバル市場における後退からの復活再発展策を考えて行きたいが，まず第10章と第11章で，日本企業は最近でも「魔の川」「死の谷」障壁は基本的に支障なく渡れていること，またその背景や

理由を改めて確認して行きたい。その上で第12章では，日本企業の昨今のグローバル後退の主因が「ダーウインの海」障壁渡りができなくなってきたのによること，そしてその原因も改めて明らかにし，第13章ではそれを打破するために，現在の日本企業に見られる「ダーウインの海」渡りへの挑戦事例を，モジュール化経営の視点から点検し，最後に第14章で，日本企業がそれを渡るために有用と考えられる，新しいモジュール化戦略モデル（新IM統合モデル）を提起したい。

## 10-1 「魔の川」渡りとセレンディピティ（知識創造）管理

まず「魔の川」であるが，最近の日本企業の停滞はこの「魔の川」障壁渡りにあるのではないことは，第Ⅰ部でも確認済みである。

「魔の川」は，事業や製品開発の最初の段階として，基礎研究を応用研究にどう発展させるかという過程に横たわる障壁である。基礎研究を応用研究にまで前進させること，すなわち基礎原理や理論（Rと省略する）から市場に役立つ原理・理論体系（Dと省略する）を考え出すことは，現実の経営の中ではかなり困難な課題であるために，その障壁として「魔の川」が提起されている。このような研究レベルの成果は，それがRであれDであれ，大規模な組織論や経営管理理論の問題ではなく，ほとんど行動科学的な個人のセレンディピティの問題であると考えられるので，この障壁を乗り越えるには，研究者の関心を応用問題に振り向ける動機付けが大事になってくる。このような課題は多勢のグループや組織を稼働させれば達成できるものではなく，補佐，助言などをする少数の協業者がいることはあっても，基本的には優れた個人のひらめきが生みだす。したがってここでは，システムが対象になるモジュール化経営の原理や理論もほとんど関係しない。

もともと机に向かって勉強や仕事をしている時ではなく，なにかほかのことをしている時に良い考えが浮かぶことはよく知られており，それはセレンディピティと言われる。努力だけではどうにもならない偶然的な発想のことであるが，外山滋比古によれば，昔セレンディップ（その後のセイロンを経て現在スリ

ランカの古名）に偶然思いがけないものを掘り出す名人としての3人の王子の童話があり，18世紀のイギリスで「セレンディップの3人の王子」と呼ばれた。イギリスの小説家ホレス・ウォルポール（Horace Walpole）が，この童話をもとに偶然思いがけない発見をするという意味でセレンディピティ（serendipity）という語をつくり，1954年1月の友人へのレターに初めて用いたことから始まる言葉であるとされる（外山滋比古，1977，p.57）。今では偶然のひらめきを言うが，科学史上のさまざまな発見において欠かせない原理でありながら，その働きはこれまで科学的にはまだ明らかにされてこなかった（茂木健一郎，2006，pp.168-186）。

## 10-2　知識創造の体系（構造とプロセス）モデル

基礎研究から応用研究までのいわゆるR&Dについては，知識創造がもっとも直接に求められる。それまでの経営学では知識情報の活用は広く追究されてきたが，知識創造は，経営学の領域では野中郁次郎によって初めて体系化され，SECI（セキ）モデルとされる「知の変換過程の類型」と，「暗黙知と形式知の相互作用による知の創出モデル」がよく知られている（野中郁次郎，1990）。

その中心となるSECIモデルでは，知の創造は，職人が職人芸を伝達する時のように，暗黙知を暗黙知のまま移転する合同（socialization）という形でなさ

**図表10-1　知の変換過程の類型（SECIモデル）**

|  |  | 変換知 | |
|---|---|---|---|
|  |  | 暗黙知 | 形式知 |
| 源泉知 | 暗黙知 | 合　同 | 分節化 |
|  | 形式知 | 内面化 | 連　結 |

出所）野中郁次郎（1990）『知識創造の経営』日本経済新聞社，61頁

れ，またコンピュータによる知識創造のように，形式知を組み合わせて新たな知識を創出する連結（combination）として行われることもあるとする。しかしもう一つの知識創造の方法として，暗黙知と形式知の相互作用でも生まれることもあるとする。相互作用は二つに分けられ，暗黙知から形式知への変換過程である分節化（articulation）と，形式知から暗黙知への変換過程である内面化（internalization）とになり，分節化にはメタファーが重要な機能を果たし，内面化では体験が深くかかわってくるとし，それらの関係を野中は図表10-1のように提起している。

また，アメリカ出版協会賞を受賞した竹内弘高との共著 The Knowledge Creating Company では，図表10-2に見るような「知識創造スパイラル・モデル」で，その理論を一層精密化している（Nonaka, I. & H. Takeuchi, 1995）。この野中・竹内の理論は，知識創造の学問領域を開拓したものとして大きく評価されるべきであるが，ただし応用に即有効なツールではない。

筆者は，システム系を対象とした経営学の理論は，システム構造，プロセス，方法（ツール：tool），機能の4種で構成されると考えている。知識創造もシステム活動であるから，知識創造に係わる理論もこの4種構成の例外ではないは

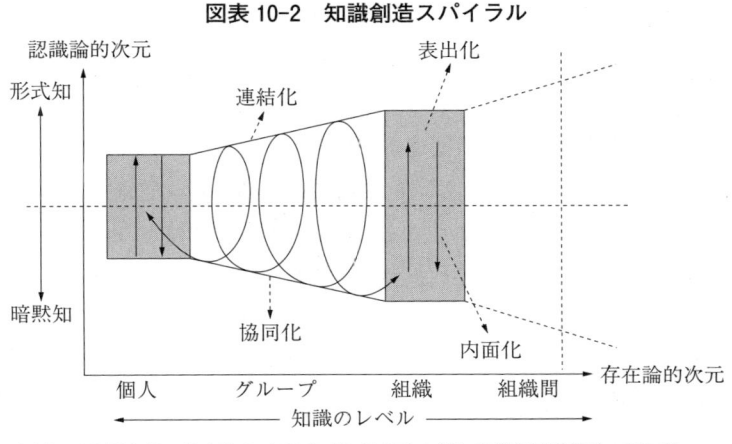

**図表 10-2　知識創造スパイラル**

出所）野中郁次郎・竹内弘高（1996）『知識創造企業』東洋経済新報社，108頁

ずである。そのうちシステム構造とプロセスは結びつけて考えることが多いので，これをまとめて体系理論と仮称する。すると野中のSECIモデルや知識創造スパイラル・モデルは，まさにこの体系理論に該当すると見られる。その後野中郁次郎と紺野登は，知識創造の方法論として「知識創造と場とリーダーシップ」（野中郁次郎・紺野登，1999）や，「見えざるものを見，知を創る知識創造のモデル」（野中郁次郎・紺野登，2003）なども提起しているが，前者は環境整備を通じた補助理論で，後者はSECIモデルを発展させた知識創造の概念強化モデルと見られ，体系理論の補強には有効であるが，機能や方法に踏み込んだものではない。

　経営管理論の領域で，ファイヨルは経営管理過程論でマネジメント・サイクルの体系を示したが，ファイヨルの理論が実践ビジネスの経営管理のノウハウとして直接役立ったのではない。基本システムとしてのファイヨルの体系モデルに対して，それを経営行動として可能にする下部システムとしての機能や方法モデルである各種経営戦略理論・モデル，将来の予測手法やSWOT分析を含めた経営計画手法，組織理論・モデル，期待理論や動機付け・リーダーシップ理論などを含む組織行動論，さまざまな統制手法などが開発されて，そのファイヨルの体系理論が初めて実践的に機能するようになったのである。

　知識創造の理論構造も同質であり，知識創造のシステム構造とそのプロセス，すなわち体系は野中らによって初めて明らかにされたことは，知識創造論でファイヨルと同様の大きな貢献であるが，その知識創造の体系がどのような機能によるもので，方法論的に知識創造をどのように推進したらよいかは，機能モデルや方法モデルで別に明らかにされる必要がある。経営管理でも，ビジネスに直接活用するのはファイヨルではなく，ポーターやアンゾフのモデルである。野中理論も知識創造を理解するために学ぶものであって，知識創造を実際に推進するためのツールとして，企業研修やビジネススクールの授業に直接活用されるとは聞かない。

　筆者は最近急激に進歩した脳科学の知見から，脳内のひらめきとしての暗黙知の創出システムと機能を推測し，それに基づく方法モデルを提唱している（平

松茂実，2005.9 ①，pp.2-7）（同，2005.9 ②，pp.127-130）（同，2006.9 ①，pp.160-161）（同，2006.9 ②，pp.10-16）。それを次項以下に見ていきたい。

## 10-3　知識創造の機能モデル

　まず知識創造の機能モデルについて説明するが，平素から知識活動の目的意識を明確化することが大事である。目的意識を持つと「前頭前野の行動スキーム」に組み込まれ，それが海馬の「セントラルプロセッサー」，大脳新皮質の「情報貯蔵・意図センター」にまで浸透し，長期保存情報の選択にも影響を及ぼす。また深層心理としての動機や価値観を持つことも大事で，脳の「セントラルプロセッサー」である大脳皮質辺縁部の，海馬の「ルンビックシステム」（動機・感情の中枢）にその価値基準がインプットされ，「ワーキングメモリ」や「情報貯蔵・意図センター」の長期保存情報選択基準が定まると同時に，その機能も向上する。

　そのような状態でさまざまな情報が入ると，目的意識や価値観に応じて選択し取り込まれたオンライン情報が，前頭前野の背側46野をセンターとする大脳全体が関与する「ワーキングメモリ」で数分以内の短時間でシミュレーション処理され，そこで選択された情報の一部が，海馬や扁桃核などが中心の大脳皮質辺縁系が司る「セントラルプロセッサー」に，数日単位の短期間だけ一時保存される。これらの情報は日常の仕事や，ちょっとしたアイディアなどに有効に活用される。

　その上で長期的かつ本格的な頭脳的活動のために，価値観（動機や意欲，感情などの深層心理）や目的意識（具体的な顕在意識）がさらに働いて，重要と判断されてさらに絞り込まれた情報の一部が，「セントラルプロセッサー」から大脳新皮質側頭葉の「情報貯蔵・意図センター」に移され，ここでは新しい神経節（シナプス）が形成されてその情報が貯蔵され，ほとんど生涯消えることがなくなる。本格的な知的活動のためには，このような過程を通じて，体系的な情報を2～3年間は継続して貯め込む必要があるといわれる。石の上にも3年，博士課程の3年，企業でのワン・ポジションの任期が3年程度であること

が多いのも，このような背景から見ればきわめて合理的であると言える。なお数年前まではレム睡眠期に長期情報貯蔵がなされるとされていたが，最近ではそれが否定され，長期貯蔵情報も目的意識や価値観（動機・感情など）によって一定の期間を経て次第に取り込まれることがわかり，知的活動で，目的意識や価値観を持つことの重要さが改めて再確認されている。

　このように情報取り込みの準備ができれば，今度は求める知識情報の創出である。情報を取り込むことばかりに脳を使っていると，脳が情報を創出する機能を果たせない。詰め込み勉強家には，革新的なひらめきは期待できないのである。知識創造にも「ワーキングメモリ」が使われるため，意識的に情報の取り込みや活用などを一時中止（pause）して，「ワーキングメモリ」をインプット状態やアウトプット状態から休止（pause）状態にしなければならない。そうすると強い目的意識や価値観（動機や感情）がストレスを生んで知識創造の動因として働いてスイッチ・オンとなり，「ワーキングメモリ」に不随意的に保存情報が順次選択的に引き出されて合目的な情報の整合性を求め，シミュレーションが瞬時に繰り返し作動する。その時さらにきっかけ（引き金）となるオンライン情報があれば知識創造は促進され，また脳幹を活性化する役を果たす身体への刺激が働くと，ボルテージ・アップとなって機能が強化される。そして合目的な情報整合ができた時に，それはひらめきとして意識に昇り，暗黙知としての知識創造に成功したことになる。すなわち最低限，長期に蓄積した関連情報のほか，目的意識や価値観に基づいたストレス，それにpause（意識的な思考努力からの休息）がなければ知識創造は生まれない。さらにそれを促進する引き金情報のインプトや脳幹刺激活動（適度の体の刺激）を行うことがさらに望ましい。

　これまでに判明した脳科学の知見からは，以上のような知識創造の機能モデルが推測される。今後の脳科学の一層の発展に応じて，部分的な細部の修正が必要になる可能性は否定できないが，現在脳機能はかなり解明が進んでいるので，基本的な機能システム体系は変わらないはずであり，したがって上記の機能モデルも基本的に変わらないと考える。

## 10-4　知識創造の方法モデルとその実証

　上述したような機能で知識創造が行われるならば，知識創造を推進する経営施策は，その機能が働くようにすることにある。すなわち知識創造には，暗黙知を生み出すために次に示す5段階，それに加えて創出した暗黙知を形式知化するための作業の1段階が有効な施策になる。それを図表10-3に示す。

　なおこの第5段階でひらめきによって暗黙知の創出が行われるが，ひらめき型の合目的情報整合は意図してできるわけではなく，胃や心臓の働きと同様に不随意的なものである。知識創造施策はあくまでも機能を向上させ，ひらめきが生まれる確率を高めるためのもので，最終的にはセレンディピティでいわれる思いがけない幸運に期待するしかない。しかしこのひらめきを得る「ワーキングメモリ」でのシミュレーションは，野球のバッティングやゴルフのパッティングのように，正しい理論にしたがって学習することにより機能向上を図ることが期待できる。知識創造や研究開発に絶対的な手法はないが，成功確率を向上させるには十分有効な施策として利用できるはずである。

**図表10-3　知識（暗黙知）創造の方法**

| ステップ | アクション | 成功要件 |
| --- | --- | --- |
| ①暗黙知 | 動機を持つ | 強いほど望ましい |
| ②暗黙知 | 目的意識を明確にする | 目的を絞り込む |
| ③暗黙知 | 情報を取り込む | 合目的・高粘着性情報を長期間継続的に（革新的知識創造には少なくとも2-3年間） |
| ④暗黙知 | PAUSE期間の確保（あえてなにもしない時間をつくる） | 動因となるストレスを持ち思考を妨げるノイズを排除すること |
| ⑤暗黙知 | 脳幹刺激とヒント吸収（結果として暗黙知としてのひらめき創出：不随意的突発作動） | 出来る限り運動・体の物理的・化学的刺激などの脳幹刺激で脳活動のボルテージ・アップをし情報整合のきっかけ（引き金）になるヒント情報を取りこむ |
| ⑥形式知 | 合理的な勉強での情報整理（形式知として検証・体系化：随意的継続作業） | デスクワークの確保 |

出所）平松茂実（2006①）「知識創造におけるPAUSE理論の機能モデル」日本経営学会編『日本型経営の動向と課題』千倉書房，169頁

以下いくつかの事例で，モデルを検証しておきたい。次の3事例での①〜⑥の番号は，モデルの段階に一致している。

(1)①フランスのアンリ・ポアンカレは数学上の研究を志し，②後にフックス関数と呼ばれる問題を解決しようとし，③いろいろな論文を読みながら何週間もそれだけに集中して考え続けていたが，④息詰まって一旦は解決を放棄していた。⑤そんなある時，ほとんど数学を離れて旅行に出かけ，乗合馬車のステップに足をかけた途端に，非ユークリッド幾何学と同様の転換をすればよいとの発想が浮かんだ。⑥その時はほかの会話でその考えをすぐには検証できなかったが，自宅に戻ってから暇を見てその結果を証明した（吉村良正，2004，pp.46-47）。

(2)①ケキュレは石炭化学の開発を目指し，②新しい化学物質ベンゼンの構造決定にながく苦しんでいた。③これまでに知られた原子価とベンゼンの分析結果の炭素水素比率が，いくら実験を重ねても合わなかったからである。④ある夜構造の模索に呻吟しながらストーブの前の椅子でうとうとしていた時，6匹の蛇がつながりながら互いの尾を加えて輪になって回る夢を見て，⑤そこで二重結合のあるベンゼン核の構造を思いつき，⑥急いで輪を作った炭素の鎖の結合状態を紙に書き付け，ベンゼン環の構造が生まれた（平田寛編，1981，pp.46-47）。

(3)①旭化成の宮崎輝社長は脱繊維経営を図るべく，②事業の多角化を目指し，③仕事が趣味といわれた経営者であっただけに，昼夜を通じての猛烈な勉強家であったといわれるが，④いつも夕方1時間の散歩だけは日課とし，⑤その時思いつく発想をメモにしたものが著名なダボハゼ経営戦略の源泉であり，⑥その発想を各担当部門で具体的な計画に練り上げさせた（宮崎輝，1986，pp.250-254）。

どういう時に良い知恵が湧くかについて，もっとも重要なのは④のpause段階でのひらめき（暗黙知創造）であるが，外山滋比古によれば，中国の宋時代の詩人欧陽修は良い詩は三上，すなわち第一に鞍上で馬の鞍にまたがって揺られている時，第二に枕上，すなわち枕の上で寝付けないでいる時，第三に厠上，

すなわち便器にまたがっている時であるとし，英詩でも第一がベッドルーム，枕上で，第二がバスルームと厠上，第三がバスストップでぼやっとバスを待っている時とする。いずれも脳は pause な状態にあり，かつ室内にぼんやり座っていないで，なんらかの軽い肉体への刺激がある状態である。外山もある事項に専念して知恵を一所懸命に追い求めている時には意外にだめで，心底ではその問題を追究しながらふと別のことに神経を働かせている時に，良い知恵が湧いてくるようだといっている（外山滋比古，1977，pp.51-56）。

　知識創出には，考える努力でなく pause が重要であることの証拠は枚挙にいとまがなく，アルキメデスが有名な原理を発見したのは入浴中，ウイリアム・ハミルトンの数学上の発見は夫人との散歩中，西田幾多郎による西田哲学の誕生は京都市内の哲学の道の散歩中，清水龍螢が経営学をもっとも研究しているのは鼻毛を抜いている時，バッドリーが脳科学のワーキングメモリによる一時情報貯蔵モデルを発想したのはラグビーの観戦中と言われ，筆者のこのPAUSE 理論の発想もまた通勤電車内であった。ビジネスでも，ワットの蒸気機関の改良アイディアはゴルフのクラブハウスに歩いて行く途中であり，サムスンの李健熙会長が事業戦略を発想するのは，ゴルフ，乗馬，映画，ペットのケアなどでの余暇中といわれている（平松茂実，2006.9 ②）。

　「魔の川」をどう越えるかを考えながら，長らく知識創造の理論を検討してきたが，「魔の川」障壁はモジュール化経営ではなく，このようなセレンディピティでのひらめきの問題であることをまず確認したい。その上でPAUSE 理論の機能モデルに見るように，目的意識や価値観によって，普段から取り込まれる情報も，アウトプットされる知識創造も異なってくることを再確認したい。すなわち研究者が学会での成果を求めている，あるいは新しい科学の発見に価値を感じているとき，研究者の得るひらめき，あるいは研究成果は基礎研究についてのものになる。一方研究者が，企業の目指す事業や製品を生み出して社会に貢献したい，あるいはその創出によって組織内で評価されたいと強く感じている場合，ひらめき，あるいは研究成果は応用分野の範疇のものになる。このように「魔の川」を渡れるかどうかは，研究者の動機付けを学会に向けるか，

ビジネスに向けるかにかかっているといえる。機能モデルの暗黙知創出は不随意活動であるから，研究者が平素抱いている深層心理としての価値観次第で，学会向けの知識創造となるか，企業目的向けの知識創造になるかが決まってしまう。以下にこれも若干の事例で確認しておきたい。

基礎（R）研究志向

子供時代に科学者の伝記に感化されるか，あるいは学校教育の過程で科学に関心を抱くようになって研究者になった者は，真理の発見に喜びと価値を感じて科学を目指したのであるから，自由な行動が認められれば，基礎研究志向になるのは当然である。

三菱化学生命科学研究所は，三菱化学が公害が騒がれた時代に三菱グループのイメージアップを図るために設立した基礎科学の研究所で，民間の企業の出資で設立されながら一切ビジネス成果を求めない珍しい研究所であるため，これまでに直接ビジネスにつながる研究成果をほとんどなにも得ていないが，基礎研究成果には見るべきものがあり，したがって大学教員は3桁のオーダーで輩出している。

応用・開発（D）研究志向

電気のエジソンや造船の平賀譲などは，常に実社会に役立つ応用研究を志向した技術者である。高峰譲吉もその一人であるが，高峰は当初医科大学に学び，やがてそれに飽き足らずに工部大学に進んだ。しかし医家の出身らしくその初心は社会貢献にあり，また工部大学の卒業式でダイエル校長から「日本の若い諸君の第一の使命は日本の工業が欧米の工業と肩を並べるようにすることだ」，との訓示を受けたことで一層その志を強くし，その後の研究は全て新事業や新製品の開発に向けられた。工部省の役人として留学したが，日本伝統の産業を見直して日本の産業発展を図ることに日本の競争優位があるとの強い意志を抱き，日本でさまざまな活躍をした。やがてアメリカのウイスキー・トラストに招聘されてモルトに替わる小麦ふすまを用いた麹を開発したが，失業を恐れたモルト業者の猛反対で事業化ができなかった。しかし彼はへこたれずにその応用を考え，米麹からのジアスターゼの研究から発想を得て，消化剤として小麦

ふすま麹から高力価のジアスターゼ製造を思いつき，実験を重ねてついに澱粉，たんぱく質，脂肪の消化に有効なタカヂアスターゼの発明に成功して財をなした。

高峰は純アドレナリンの抽出に初めて成功したことでも有名であるが，印刷用グリセリンの代替品の開発を頼まれて疲れ果てた夜，貧しくて夫人が苦心していれた出がらしコーヒーを飲んでいた時に，突然代替品の開発より廃液からの回収を発想し，見事に成功したことなど，常に応用研究に専心し，さまざまな分野で功績を残している。彼の研究は産業発展のためという強い価値観によるもので，研究の全てが事業化や新製品創出のための開発研究であった（池田宣政，1966）。

そのような高峰譲吉が中心になって1917年に設立された理化学研究所は，高峰が強い殖産興業志向の持ち主であったため，理研グループとしてさまざまな事業を開発し，多くのグループ企業を生み出している。

## 10-5　日本企業が「魔の川」を渡れる理由

これまで見てきたように，日本企業は応用研究に1970年頃から先進諸国に遅れをとらずに成功してきている。それはなぜであろうか。この頃になると日本企業も戦後の打撃から復活・発展して，ほとんどの大企業は本格的な研究所を設置し，多くの人材，資金も投入できるようになった。その研究所の組織運営では，日本企業に個人職務規定がなかったので，配置されてからの個人別のきびしいテーマの絞り込みと評価はない場合が多いが，代わりにチームワークが求められ，そのグループ成果を問われるので個人の自由度は小さく，その中でグループが目指す，あるいは与えられた研究テーマでのグループ成果を挙げなければ，組織内では評価されない。したがって個人の基礎研究志向は許されず，知識創造の機能モデルでの目的意識や価値観が，所属組織の課題テーマの成功に向けられていることが多かったため，企業の求める応用研究成果が生まれる確率が高かったと思われる。

ただしこのことは，日本のインテグラルな組織体制の方が，知識創造に有利

であることを意味するものではない。モジュラー型の外国企業組織では、個人職務規定を明確にしながら、入社時から応用研究としての企業側が求める課題研究での役割を定め、それを志す人材のみを集めることで同様の目的を達成できる。したがって「魔の川」渡りでは、アーキテクチャにあまり関係なく研究者の動機を管理でき、両者に大きな差はないと考える。

　「死の谷」越えで事例を詳しく点検するが、ここでも「魔の川」渡りで武田薬品の研究所の事例を見ておくと、同研究所は戦後長く研究者に自律的な研究を許していたので、学会発表では成果を多く出していたが、武田の新薬はほとんど出ていなかった。しかし武田國男社長になって、研究所を徹底的な目的研究体制に再編成した結果、急激に新薬開発に成功できるようになった。すなわち「魔の川」渡りは研究者の目的意識管理（研究者の動機付け）が決定的な成否要因であり、1970年頃から最近までの日本企業は、企業内のグループ目的志向でこれに成功してきたと見られよう。

# 第11章

# 「死の谷」障壁をどう越えるか

## 11-1 「死の谷」を越えるための必要要件

　「魔の川」に続く「死の谷」は，せっかく成功した応用研究や開発段階の研究を，新事業化，新製品化する課題の前に横たわる障害である。

　プロダクトポートフォリオ・マネジメント・モデルでは，「問題児」を「花形」にまでどう育成するかという課題であり，それにはトップの強い新事業や新製品開拓の意思と，そのためのプロジェクトの設置管理体制，さらに継続的な資金注入が必要であると言われる。この３番目の資金注入については，アメリカではベンチャー・キャピタルが発達している。しかも金融機関の金利の自由裁量が認められているので，一般の金融機関でも事業化の可能性のある開発研究には，危険を金利に織り込んで貸すこともできる。しかし日本ではベンチャー・キャピタルが未発達で開発資金は一般金融機関に頼らねばならないが，その金利幅は政府によって規制されているために，安全第一の貸出しにならざるを得ず，成功確率の低い開発期の新事業や新製品・新サービスなどへの開発資金はなかなか提供されない。したがって日本での新事業や新製品開発の多くは，大企業の企業内開発が中心になっており，資金の源泉も，主に大企業内で「金の成る木」が生み出すキャッシュフローによっている。

　応用研究や開発段階の研究の事業化や新製品化には，大規模組織と潤沢な資金が必要となるので，合目的な新事業や新製品などの事業化戦略とその明確な計画が必要になる。それはほとんどの場合，プロジェクト型の開発体制となる。したがっていかに適切な開発テーマを選定し，それに対するプロジェクト・チ

ームを設置し，適切な資源投入と統制管理をするかが「死の谷」を越えるカギになり，したがって「魔の川」の場合よりも戦略的，組織的な経営が強く求められる。

## 11-2　日本企業の「死の谷」越えの成功原因

　「死の谷」越えは，新しく生み出される開発情報を継続的に移転して事業に育成して行く作業であり，すでに述べたアーキテクチャの原理⒁からも，そのアーキテクチャ特性はインテグラル型でなければならないが，幸い日本企業組織の基本組織文化体質は内部化志向でインテグラル型とされており，自社内でR&D から事業化までを連続して手掛ける伝統的な風土・慣行も普及し，同じ企業内で継続的に開拓育成するのに向いているので，「死の谷」の障壁も日本企業ではあまり問題にならないと思われる。

　事実 1980 年以降から今日まで，日本企業はソフト面はともかくも，多くの新事業や新製品を継続して生み出してきたことは，第 1 章の図表 1-1〜1-5 にも見てきている。なお日本の場合は，企業内で「死の谷」を越えることに成功すると，ほとんどの場合そのまま同じ企業が「ダーウインの海」渡りに挑戦することになる。

　一方先進国である欧米でも，モジュラー型傾向が強いにもかかわらず，本来インテグラル型であるはずの応用研究や開発段階の研究から新事業や新製品・新サービス・ソフトの創出に成功してきているが，それをどのように行っているのであろうか。科学技術や産業の先進国であるから，成功モデルが確立しているはずであるが，まだアーキテクチャ視点からの詳しい研究は見当たらない。ただし筆者の推測であるが，欧米を中心に，先進諸外国でも，R&D や新事業・新製品開発は基本的にインテグラルな作業であることに変わりはないはずである。

　最近吉村章は，日本と中国のチームワークの形やリーダーの役割に大きな違いがあることを提起している（吉村章，2010）。吉村はそれを図表 11-1 と 11-2 で説明しているが，日本型では図表 11-1 のようにチームリーダー A はチーム

**図表 11-1　日本型チームワーク**

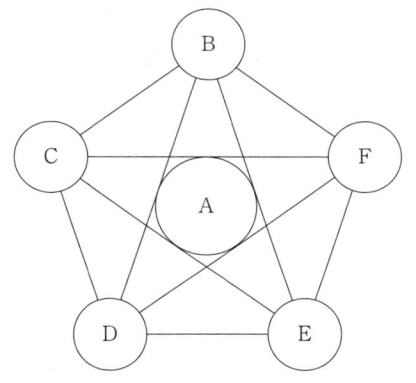

出所）吉村章（2010）『中国人とうまくつきあう実践テクニック』総合法令出版，199頁

**図表 11-2　中国型チームワーク**

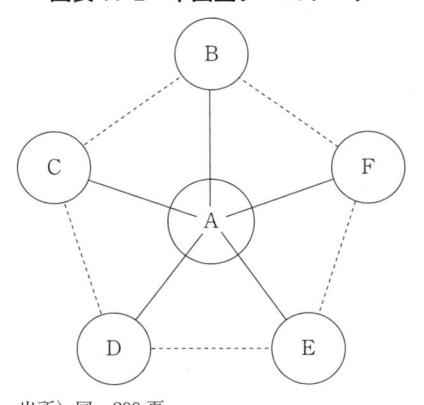

出所）同，200頁

メンバーB〜Fに役割を与えるが，チームリーダーを含めチームメンバー全員が実線で結ばれているように，ネットワーク的に全員が相互に連絡を取り合って密接な関係を持ち，情報も全員に共有されている。一方中国型ではチームリーダーAはチームメンバーB〜Fにそれぞれ同様に役割を与えるが，その後各チームメンバーは図表11-2で実線で示されるように，チームリーダーと

のみ密接な連絡を取り合い情報も交換するが，図表11-2の破線で示されているような各チームメンバーとは，必要最小限の接触をとるだけで，情報もそれぞれのチームメンバーとリーダーのみが共有する。

　すなわち日本型ではリーダーとチームメンバー全員がインテグラルな関係にあり，各チームメンバーの役割は柔軟であるが，中国型では各チームメンバーとリーダーの関係だけがインテグラルであり，各メンバー間の役割区分も明確である。日本ではチーム全員が互いに協力し合って開発成果を追究し，中国ではリーダーと各メンバーとが意見交換して開発成果を役割分担の中で追究しようとする。吉村は中国と日本の違いを説明しようとしたが，中国も欧米もともに同質の個人職務型組織であり，プロジェクト組織内の人間関係も共通性が高いと推測できるので，ともに図表11-2型のインテグラルな開発組織を持つと思われる。このように日本企業も外国企業もプロジェクト組織内での係わり方は異なるが，同様インテグラルな部分を確保しながらプロジェクトでの開発を進めていることが推測できよう。アメリカ企業でもモジュラー型傾向が強いために，プロジェクト内で分担する役割を綿密に決めて各人に割り振り，その上で優れたリーダーがそれを統括しインテグラルな関係を少人数に限定することで，インテグラルな活動の比重を軽減しながら，NASAのような大規模で困難な事業も見事に達成してきていると思われる。

　ただし一般大企業はインテグラルな活動に弱いので，アメリカでは大企業内のプロジェクト・チームのほかに，インテグラル集団であるベンチャー・ビジネス（企業外プロジェクト・チーム）が発達し，「魔の川」や「死の谷」を越える応用研究から新事業や新製品化までの活動は，これら小規模のファミリー的でインテグラルなベンチャー・ビジネスが分担し，それを人材と資金の豊かなモジュラー型組織の大企業がM&Aで取得して引き継ぐことで，次の段階の「ダーウインの海」を渡りやすくしているケースも多い。それを可能にしているのは，開発した事業や製品などの新事業・新製品モジュールのインターフェイスを，開発時のインテグラルな状態から事業売却のためにモジュラー型化し，擦り合わせの必要性を最小限にして引き渡す社会慣行が成り立っていて，開発・

育成段階のオープン・アーキテクチャ化が進んでいる背景にあると思われる。

以上を端的に言えば，「死の谷」越えは日本企業では企業内開発プロジェクト型組織経営の成否にかかっており，それがいかに重要，かつ成功のカギであるかを，次の若干の事例を通じて確認しておきたい。

## 11-3　プロジェクト・チームの有効性の実証

まず武田薬品での「魔の川」渡りと「死の谷」越えの失敗と成功を見ておきたい。オーナー家の三男武田國男は，社長候補の兄の急死から，思いがけず武田薬品の社長を1993年から10年間勤めることになったが，業界トップの安定した経営でことなかれ主義の企業風土に強い不満を持ち，その抜本的な改革に取り組んだ。國男社長から見れば，そのもっとも大きな課題は研究所で，まるで象牙の塔にいるかのように研究論文を書くのに忙しく，企業の研究所としてもっとも大事な売れる薬づくり，「創薬」という意識がなかった。質量ともに国内最高水準のスタッフを1,000人以上も抱え，しかも潤沢な研究開発費を投じながら目立った新薬が創出できず，この非効率な研究体制を他社から「武田病」と揶揄されていたほどである。

社長になる前の1991年に，まだほとんど国内市場が対象であった医薬事業部の部長になった國男は，まるで大学の研究所と噂されていたほどの研究所に，利益追求という意識を持たせて新薬を生み出せる組織に改編することにした。そこでマーケティング，プロダクション，ディベロップメント，リサーチの頭文字をつなげたMPDR戦略を打ち出し，各組織を相互に強いコミュニケーションで結びつけるようにした。縦割りの組織に横串を通し，研究の段階から市場性，開発方針，生産計画，販売方針に到るまでの意思疎通を図り，効率を上げようとするものであった。ここでは同じ会社の研究所に所属しながら，各部門の責任者が「初めまして」と名刺を交換するほどであったという。そしてかつて新薬開発に成功しながら，筑波研究所に左遷されていた藤野政彦所長を研究所長に就任させた。そして「中央研究所は専門分野別に組織が分かれ，各分野の壁も厚い。これは大学の発想であり，相互の境界がなくなりつつあるサイ

エンスの流れにそぐわない」との意見を受けて,「研究開発型国際企業として世界競争に勝ち抜く」という目標を掲げ,創薬研究本部,医薬開拓研究本部の二本部体制とし,研究の種探しから創薬までの薬の領域ごとに組み換えたプロジェクト制を採用し,事業化への責任の所在を明確にした。それによって会社の研究者に対する評価基準が大きく変わり,社内で認められたければ,大部分の研究者は新薬開発への貢献度を見る新しい評価基準に沿って行動せねばならなくなった。

　その結果,長らく出なかった新薬が続々と出始め,10年後には高血圧症や糖尿病の治療薬など,4つの世界的大型新製品が誕生し,売上高で世界10社に接近して売上高国際化率も70％に達し,1株当たり配当も数倍になった(武田國男,2005)。

　味の素社でも創立以来研究を重視してきたので,常にR&Dに根ざした新事業・新製品の創出に努め,主力事業である抽出法によるMSGとその副産物事業では,「死の谷」越えはもちろん,戦前から「ダーウインの海」渡りにまで成功していたが,一度イノベーションのジレンマに陥り,戦後なかなか次の「死の谷」越えに成功できなかった。しかし協和発酵が1956年に,革新的なMSGの醗酵法による生産技術の開発に成功したのがきっかけとなって,社運を賭して新しい「死の谷」越えの体制を再構築する決意を固めて中央研究所を開設し,幸い「魔の川」を渡ることができていた新事業や新製法の応用研究のいくつかについて,100人単位のプロジェクトを組んでその事業化に挑戦した結果,特許の異なる醗酵法による生産技術を確立する一方,日本化学会賞も得た合成法によるMSGの生産工場の開設,同じく日本化学会賞となった醗酵法と合成法を組み合わせた核酸系旨味調味料の事業化,醗酵法による各種アミノ酸の生産,風味調味料「ほんだし」などの事業化に相次いで成功した。

## 第12章

## 日本企業は「ダーウインの海」障壁をなぜ渡れなくなったのか

### 12-1 モジュール化経営への出遅れで後退した日本企業

　このように，「魔の川」「死の谷」障壁に無事対応し，先進諸国に負けずに新事業や新製品などを創出してきた日本企業が，最近グローバル市場で劣勢，後退を続けているのは，まさに最後に残った「ダーウインの海」障壁を渡れなくなったからと認識するほかはない。

　向笠雄介によっても，「これまで日本が得意としていたモノつくりは，新興

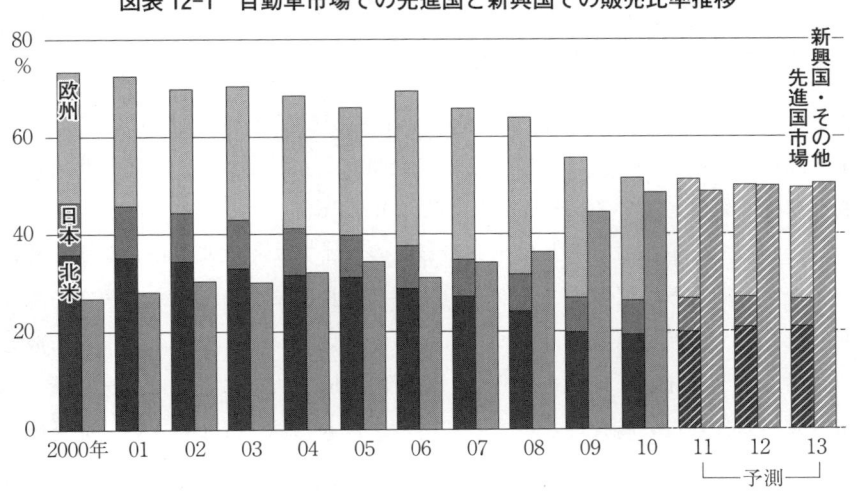

**図表 12-1　自動車市場での先進国と新興国での販売比率推移**

出所）田村賢司（2012.1.23）「経営新潮流第3回：安さという価値作り」『日経ビジネス』83頁

国企業に主役の座を奪われようとしている。太陽電池，液晶テレビ，リチウムイオン電池は，どれも長年日本企業が研究開発を続け，かつては世界市場をリードしていたが，市場が成長するとわかった途端，新興国企業が安い労働力や豊富な設備投資力を活かして市場に参入，競争が激化し，日本企業は研究開発や設備投資の資金すら回収できない状況に苦しんでいる」とされる（向笠雄介，2012.4.17）。

　せっかく世界市場を制覇しかけた日本企業が，なぜそうなってきたのかを考えてみたいが，それは1990年前後から急速に経営の高度化，多様化，アジル化，グローバル化，ボーダレス化が進展し，戦後出現した多くの新産業は成熟化して，その中心市場が先進国から次第に発展途上地域と見られていたアジアの多くの国々や地域を中心とした新興地域に移るとともに，ヴァーノンのプロダクト・ライフサイクル・モデルにしたがって，これらの成熟期に到達した産業の世界に対する供給拠点にもなってきたことと，密接に関係していると思われる。図表12-1に2000年以降の自動車市場の先進国と新興国の市場の推移を示すが，これによっても，せいぜい先進国の4割程度であった新興国市場が，わずか10年で対等に発展し，2010年以降は次第に過半を占め始めたことがわかる。国別で見ても，ここ数年で中国の生産が世界トップに踊り出ている。日本の自動車大手3社の中で，新興国販売が45.2％でもっとも高い日産自動車のゴーン社長は，2012年5月11日の決算発表で「インドネシア，ベトナム，アフリカ・中東諸国やその他の新興国市場がさらに台頭する」と述べて，新興国市場の重要性に強く留意している（日経産業新聞，2012.5.16）。

　したがって先進国は，新しい事業や製品のライフサイクルを創り出すためにハイテク産業を興す必要があるが，導入期，成長期にあるこれらの事業や製品も，低コスト生産に得意で，かつこれからの時代のマス・マーケットを形成しつつあるアジア諸国・地域を中心とした新興地域を抜きにしては，グローバル市場で勝ち残れない時代になってきていることも忘れてはならない。先進国で創出した新事業や新製品は，急激に拡大成長しているアジア地域を中心とした新興地域に普及できなければ，「ダーウインの海」を乗り越えることができな

## 第12章 日本企業は「ダーウインの海」障壁をなぜ渡れなくなったのか

くなってきたのである。

　しかしグローバルに拡がる先進国と発展途上国両方の地域に自社単独で挑戦するには，相当強力な経営力か，あるいは独特な差別化競争優位のあるハイテク事業や製品に特化しない限り困難である。したがってたとえ大企業でも，特定の事業領域に絞るか，オープン・アーキテクチャ理念の下に他社利用を図ることが，経営の成否を握るようになってきた。前者の場合には，自社で絞り込んだ事業領域の全モジュールの強化が必要で，後者の場合には，自社の経営機能連鎖（SCM）を機能別に分別（モジュール化）して強い機能部門（モジュール）を残し，弱い機能部門は他社の強い機能部門と組み合わせて補強することで，全体の機能連鎖（モジュラリティ）を強化することが，現代の経営に求められるモジュール化経営戦略の要諦となってくる。

　またそれ以外にもこのモジュール化の必要性は，第二次大戦後次第に多国籍企業を中心に企業が巨大化し，経営力は強化されたが反面大企業病とも言われるように組織機能が硬直化し，新しい経営環境の激しい変化に対応できなくなってきた経営の現状とも関係していると思われるが，その傾向は特に現在の日本企業に強いと見られる。それを打破するためにも，オープン・アーキテクチャ理念の下で，機能部門単位での競争力の点検とその弱いモジュールの入れ替えが求められる時代になったと理解される。

　青木昌彦も，日本企業の内部化志向に基づく保守主義による競争力の低下を問題にしている。すなわち「1980年代には企業組織の内部における情報共有，例えば，経営と現場，製造部門と開発部門，職場と職場のあいだの緻密な情報交換と活動のコーディネーションが日本企業の競争力の主要な源泉であったといわれた。しかし，その後の情報技術の発展によって，デジタル化し得る情報は，企業を超えて容易に交換・共有することが可能になった。そうなると，自分達企業の中だけで情報を共有して，全てをワンセットで囲い込んでつくろうという仕組みの効率性は，相対的に低下した。また，1990年代に広く見られた，雇用を守るという美名の下に，高収益や強い部門が収益不良や弱い部門を抱え込む形で不良債務や継続的損失を隠蔽したり，競争優位を失った部門の保持を

図ろうとする傾向は、まさにモジュール化とは逆の動きであったといえる。すでに述べたモジュール化のいくつかの利点を考えれば、これが日本産業の急速な競争力の低下をもたらした一つの重要な要因であることは間違いない。むしろ、不良収益部門をモジュール化し、その不良債務を明示的にあぶり出し、その処理を局地化することが、産業競争力の強化のためには望ましい」としている（青木昌彦、2002, pp.28-29）。

このようないくつかの経営背景の変化から、これらの諸問題に対処する新しい経営戦略として、前世紀の終わり頃からモジュール化経営が急激にクローズアップされてきている。

したがって日本企業も、オープン・アーキテクチャ理念の下でモジュール化経営への転換を図らないと、グローバル競争に勝てなくなってきている時代であるにも拘わらず、まだ往年の成功モデルに固執している企業が多いことが、最近の日本企業のグローバル市場での後退の主因であると考えられる。

## 12-2　日本企業がグローバル市場で復活するモジュール化経営戦略のあり方

### (1) 経営目的に合致した外部化志向での最適最強のモジュラリティ構築

ここでも再確認したいが、現代の経営では、事業や製品、サービスなどが複雑多様化、高度化し、グローバル化して広域展開が求められると同時に、変化も激しくなってアジルな対応が求められ、ますます必要な人材、資金を始め、経営資源が膨大化してきている。そのためには、企業は自社の保有する機能連鎖としてのモジュラリティを、オープン・アーキテクチャ理念に立って、状況の変化や新しい必要性の誕生に応じて迅速にモジュール化し（適切な機能グループに切り分け）、その上で自社の弱い、あるいは不足するモジュールを、広くグローバル領域から他社が持つ強いモジュールを取り込んで補強し、新しい競争優位を持つモジュラリティを再構築することが、重要な戦略行動となる。これまで経営戦略論の一端に位置していたに過ぎない価値連鎖のあり方が、急速に重視されるに到ったのは、このようなグローバル経営環境の変化と、それに

対応するモジュール化経営の出現によっている。

　現代の日本企業の戦略的な問題は，1990年前後までにグローバル市場で優位であったクローズド・アーキテクチャ理念でのインテグラルな内部化志向の自社展開経営から，新しい経営環境の変化に迅速に対応するオープン・アーキテクチャな外部化志向の協業化への体質転換がなかなかできないでいることにある。

### (2) アーキテクチャ特性に合致した国・地域へのモジュール分業配置

　産業や，製品・サービスなどのグローバル経営に成功するには，その事業や製品・サービスなどのアーキテクチャ特性と，各国・各地域のアーキテクチャ特性の適合関係への配慮も不可欠であることが，次第に明らかにされてきている。すなわち新宅純二郎らの究明からも，事業や製品のモジュールの，産業地理学的なアーキテクチャ特性に対応した適切なモジュールの分業配置が必要な時代になっている（新宅純二郎・天野倫文編著，2009）。

　製品のアーキテクチャ特性がモジュラー型の製品である場合には，モジュラー型に適合した地域・国や企業での設計，生産，販売が有利であるし，インテグラル型の製品はインテグラルな取り組みを得意とする地域・国や企業で扱わないと，優れた開発，生産や販売はしにくいことを認識し，各モジュールの適切なグローバル分業配置を行うべきである。

　また事業や製品が，開発期，導入期や成長期にある場合は，アーキテクチャ特性がインテグラル型の取り組みが多いため，インテグラルな組織とプロセスで対応する必要があり，インテグラルな国・地域を中心とした展開が望ましいが，成熟期に近づくにしたがってモジュラー型化してくるので，組織もプロセスもモジュラー型に転換するか，モジュラー型の国・地域を中心に配置展開するのが適切な経営行動である。すなわちモジュール化経営では，事業や製品のライフサイクルで，拠点とすべき国・地域が基本的に異なってくるのが一般的で，したがって経営のグローバル化は必然である。

　少なくとも汎用量産品に限るかぎり，モジュラー型の生産体制が有利である

ことが判明しており，特にその傾向は加工組み立ての機械産業に強く見られる。したがってこのような事業や製品の創出では，その産業化を図る場合，言い換えれば「ダーウインの海」障壁を渡ろうとする場合，その産業化の拠点をモジュラー型の国・地域に配置することが適切な戦略対応となってくる。ただしモジュラー化した場合は，簡単に他社のモジュールを活用できるので，競争相手企業もまねしやすくなることを意味し，激しい競合に突入して価格競争に巻き込まれ，利益率も低下する危険性が高まり，企業機密の保持も重要な施策になってくる。

しかしモジュラー型の現地他社に，単純にインテグラル型の日本企業が，その事業や製品情報（技術）を移転しようとしても，その時のインターフェイスの接合はもちろん，その後の発展過程で新しく生じる情報が，両社の組織間で継続的に適切に伝達できるかどうかも問題になる。このような問題を避けて日本企業がモジュラー型地域に自社力で進出しても，その組織内で現地従業員が構成する現地組織体質とのアーキテクチャ・ギャップが生じるので，たとえば先に述べた第三文化体の構築のようなアーキテクチャ・ギャップ吸収の工夫がないと，現地の組織が十分に機能しない危険がある。

### (3) マス・マーケットのモジュラー型デファクト・スタンダードへの適合

ニッチや特殊な事業，製品を除けば，新事業や新製品の産業化には，成熟期に達する以前からマス・マーケットでの高いシェア獲得が経営の成否を決し，この際の競争優位は主にコスト・リーダーシップである。またマス・マーケットでの主商品が成長期から成熟期にかけて成長していく中での顧客層は，ロガースのモデルでの前期多数採用者の一部を含め，後期多数採用者が中心になる市場であり（Rogers, E. M., 1983），やはり差別化よりコスト・リーダーシップが重要な市場である。すなわちマス・マーケット市場に適合した商品もモジュラー型が多く，その生産もモジュラー型が有利になる。

特に昨今では，そのような市場がアジアやBRICsなどの新興国で拡大している。そのような国・地域の企業は，マス・マーケット型向きのモジュラー型

生産による商品の開拓，デザイン，マーケティングなどに習熟しているはずであり，この市場で成功するためには，この地域の企業と協業するか，自社で手掛ける場合でも，モジュラー型のデファクト・スタンダード化した現地市場ニーズを，十分調査熟知した上での対応が大事になる。現在たとえばノキアやサムスン電子などはこれらを巧みに行っているが，日本企業の多くは未だにハイテクなインテグラル型製品をプッシュアウト型マーケティングでグローバル市場で産業化しようとしている。ちなみにソニーは最近 TV 事業で大幅な撤退をしながら，平井一夫新社長に交代後もその再復活戦略として，かつてトリニトロンで成功した高画質の，高品質差別化競争優位戦略を再び採用しようとしている（日経産業新聞，2012.4.6）。

### (4) 日本企業のこれからのモジュール化経営戦略のあり方

事業や製品が成熟汎用化したり，あるいは新興国・地域の新しいマス・マーケットへの参入を図る場合でも，インテグラル型な取り組みで差別化による競争優位に挑戦をするのも一つの戦略である。しかしインテグラル型の展開ではコスト・リーダーシップを得ることはむずかしいので，他社とは異なる改良型新事業や改良製品を生み出し続けて，常に市場をクリエイトするか，ファッション型製品化するか，あるいは個別受注型事業にするかが必要になる。その場合標準化し量産化した汎用型の事業，製品やサービスに対してコストは当然上昇し，また顧客は限られた上澄み層になるため，高い利益率を確保できる可能性は高いが，売上高で大きなシェアの獲得は期待できない。またモジュラー型地域でのインテグラルな経営展開は，アーキテクチャ適合問題もあるので，投資進出を意図する場合には，輸出との十分な比較検討を行い，そのメリットを十分確認することが必要であろう。

たとえば一般自転車に対して電動機付き自転車では，一定のシェアと高い利益率は確保できても，自転車業界で大きな存在にはなれない。オートバイ業界でもハーレーはグローバル市場で強い存在であるが，売り上げが巨大な企業ではないし，アメリカからの輸出によっている。逆にホンダやヤマハの汎用オー

トバイは，グローバルなマス・マーケットで競合するビッグビジネスで，現地に進出してモジュラー型経営を推進している。

日本は藤本隆宏のいうように，少なくともこれまでは基本的にインテグラル型の経済社会風土を持つので，インテグラル型の製品・サービスや事業に特化すれば，確かに日本の産業や企業の競争力は保たれる可能性が高いであろう。しかしコスト・リーダーシップでなく，インテグラル型の取り組みによる差別化による競争優位で臨んだ場合，マス・マーケットを支配することはできないので，企業経営には成功できても売り上げ規模は一定の範囲に止まり，これまでのように企業経営の成功が日本経済を支えることはむずかしくなる。

したがってインテグラル型産業やビジネスを一方で大切にしながら，同時にせっかくまだ世界2位とされるR&D力による新事業・新製品の創出力を，いかにモジュラー型の新興国・地域企業の持つモジュラーな低コスト生産力と，そのデファクト・スタンダードなマス・マーケットの開発力との協業化によって，グローバル市場で産業化し高いシェアの獲得を図るかが，今後の日本の去就を決する課題となる。すなわち自社展開での工夫はもちろんであるが，特にアジアを中心とした新興国・地域諸企業とのオープン・アーキテクチャ下でのモジュール化経営のあり方が，今後の日本の盛衰に係わる問題であり，これが即，現在日本の直面する「ダーウインの海」をどう渡るかという課題に対応する道でもある。

## 12-3　日本企業のモジュール化経営の現状と問題

日本企業は現在でもまだ優れたR&D力を保持しており，スイスのINSUADの評価によってもアメリカに次いで世界第2位のポジションにある。しかしながら最近では新製品や新事業の開発にせっかく成功しながら，「ダーウインの海」渡りに成功できないため，せっかく一旦取得しかけたグローバル市場での高いシェアを急激に失っている。

日本のアーキテクチャの特徴はインテグラルであり，互いに密接な関係を保ち，擦り合わせが必要な事業や製品に競争優位がある。すなわち日進月歩のハ

イテク事業・製品や，多種少量の受注生産品，職人技のいる特殊なニッチ製品などである。しかしこのような特殊な事業や製品だけの競争優位では，日本経済は支えきれない。したがって成熟化した，あるいはマス・マーケット用のコスト・リーダーシップが問われる汎用型量産品の競争優位も確保しなければならないが，産業の過半を占める加工組立型の機械産業ではモジュラー型の単純な組み合わせの取り組みが有利であるとされる。しかし日本企業はそれを得意としていないので，特殊な戦略的対応が求められ，そのために日本企業は，世界がオープン・アーキテクチャ化したという時代認識を強く持ち，モジュラー型の国・地域に生販の拠点を移すか，これら地域の外国企業との協業を追究することが必要になり，その上でそのやり方に成功する戦略的な知恵が求められるが，これは技術でなく，業績方程式でのマネジメントの課題になる。

　たとえばパナソニックはモジュール化経営に出遅れて，2011年度は8,000億円の赤字決算になるとされているが，最近ようやく急激にモジュール化経営を推進し始めている。同社は生産の外部化の一端として，調達のグローバル化を一層徹底するために，2012年4月頃には調達，物流の両本部を日本からシンガポールに移し，2009年の海外調達比率43％から2012年には60％に高めることを目指しているといわれる（宇都宮裕一，2011.9.15）。

　ホンダは見事にモジュール化経営に転換し，ホンダらしい技術優位と高い品質を保持しながら，コスト競争にも勝ち抜こうとしている。ホンダが世界に先駆けると意気込んで2008年に完成させた最新鋭の熊本工場であるが，完成以来金融危機後の先進国市場が冷え込んで，操業率が50％を超えたことがない。伊東孝紳社長は，新工場だからといって絶対残るとは限らないとして，聖域なしの挑戦を求めた。二輪車担当の大山龍寛常務は，ASEANや中国に多い価格半額のホンダの模倣車の品質が相当改善されていることに留意し，コピー車にできることがホンダにできないはずはないという考え方の下，海外各地で品質に優れ，価格の安い部品メーカーを探索・開発し，熊本製の中型バイクではその部品の40～50％に輸入部品を採用し，大幅なコスト低減で国内製二輪車の再生に挑戦している（日経産業新聞，2011.2.25）。

ホンダはさらに海外でも，徹底的な価格競争力の実現に挑戦しようとしており，2011年3月にホンダがタイで発売する新興国向け戦略乗用車「ブリオ」は，これまでのように日本でプラットフォームを生産してからの海外展開ではなく，最初からタイで量産する異例の取り組みで，現地ニーズに合わせて小型車ながら広い室内空間を確保した上に，設計段階から部品の現地調達を前提に大幅なコスト低減を図り，たとえばインドでの発売価格は50万ルピー（92万円）以下を目指している（小平和良・飯山辰之助，2011.1.10, pp.8-9）。

ホンダの子会社であるホンダロックも，そのベトナム工場でのオートバイ用キーセットの製造で，これまで主にインドネシアから約30％の部品輸入調達をしていたが，今後はベトナムで90％の現地調達を目指すという（日経産業新聞，2012.1.12）。

グローバル経営に成功している多くの外国企業は，部品の調達に止まらず，もっと積極的に外国企業との協業を進めている。ノキアは携帯電話で部品は日本，組み立ては台湾に依存し，スマートフォンの技術はモトローラと協業していることはよく知られているが，一旦凋落し，その後見事に復活したアップルの好調の動因もモジュール化経営で，開発は自社にこだわるが，部品調達と組み立ては社外依存である。アップルの躍進が目覚ましいパソコン「マック」は，部品と組み立てにアジア企業を活用しており（岡田信行，2012.1.26），最近発展のスマートフォンのiPadでも，台湾企業ホンハイの中国子会社富士康科技集団（フォックスコン）の成都工場が，最大の製造拠点である（多部田俊輔，2012.3.1）。

このように，これからの日本企業の「ダーウインの海」を渡るグローバル経営でも，新興国・地域展開や，さらにそれら地域の他社の強いモジュールを活用する度合いが，その成否を決めることになると思われる。

## 12-4　日本企業が「ダーウインの海」を渡るための課題

1990年頃までは事業や製品開発はゆっくり進み，競争もそれほど激しくはなく，したがって「ダーウインの海」障壁も小さく，バートレットとゴシャー

第12章　日本企業は「ダーウインの海」障壁をなぜ渡れなくなったのか

ルのいう日本型多国籍企業の global 型モデルで，内部化志向の強い日本企業がインテグラルな組織力を活かして，独力でそれをうまく越えることができたと思われる。しかしその後事業や製品のライフサイクルが短くなり，競争もますます激化し，世界の産業社会がモジュラー化するとともに，新興国・地域でも産業が発展し，グローバルな広域のモジュール化経営で各社が SCM の強化を図るようになると，グローバル市場で日本企業の競争優位は急激に失われ，ついに 2011 年度の貿易収支も赤字化するようになった。

そのような産業界の転換を迎えて，現在の日本企業にとっての「ダーウインの海」は，新事業・新製品などの創出と，その産業化を図る段階での異なるアーキテクチャ体制，すなわち事業創出のインテグラルな体制から，マス・マーケット向け量産型低コスト生産とその市場開拓のモジュラーな体制移行への壁であると推測される。日本企業がその新しい障壁を渡る経営力を構築できるかどうかが，今後の日本の企業や産業経済の成否を決める課題になる。

「ダーウインの海」渡りは資金力より経営力の問題とされており，戦略はもちろん，生産体制や販売力などまでを含めた総合力が問われるが，とりわけ日本企業にとっては，上述したように，アーキテクチャ・ギャップの吸収が問われよう。「死の谷」越えと「ダーウインの海」渡りではともに組織力が問われるが，ただし「ダーウインの海」での組織力は，「死の谷」で問われるプロジェクト・チーム力をはるかに上回る企業全体の組織力であり，インテグラルな組織力で創出した新事業や新製品の情報を，グローバルなさまざまなモジュラー型拠点で活かす組織力が求められるため，今まで日本企業の関心が薄かったモジュール化経営の実践とともに，アーキテクチャ特性のギャップを吸収する智恵が求められる。それに加えてグローバル経営では，「ダーウインの海」渡りに国・地域の経済レベルや為替レートも大きく関係してくるので，その視点でどのような地域・国へのモジュールの分散配置をするかという選択も重要になってくるが，その有利な地域は今後日本企業が必要とする新興モジュラー型組織文化圏とほぼ重なるため，これら諸地域を重視しないわけにはいかない。したがって新しいグローバル経営時代に対応する日本企業の戦略の基本は，新

興国・地域を中心としたグローバルなモジュール化経営に転換し，かつ自社に適したモジュール化経営モデルを戦略的に選択し実行することである。

　日本企業の組織文化体質は基本的にインテグラル型であるから，R&D に基づく新事業・新製品創出では開発先進国である欧米企業と競い合いながら国内で追究し，それを産業化してグローバル市場で自社の高いシェアを獲得するには，世界の大部分を占めるモジュラー型組織文化地域・国，特にアジア諸国・地域にモジュラー型経営を展開して，そのデファクト・スタンダードに対応することが重要な施策になると考えられる。

## 12-5　「ダーウインの海」渡り戦略としての<br>　　　　モジュール化経営8モデルの活用のあり方

### (1)　内部化志向の場合

　現代企業が「ダーウインの海」を乗り越えるには，モジュール化経営を活用する必要があると考えられる。ただしモジュール化経営を活用するからといって，状況次第で，必ずしも他社モジュールを活用しなければならないとは限らない。経営理念や企業文化として内部化志向が強いか，あるいは企業機密の漏洩をきびしく守ろうとする場合などには，自社力での経営展開を図ることになる。日本企業は本来内部化志向が強いので，まだ当分は自社力経営への執着は続くと思われる。内部化モデルは，垂直統合によるインテグラルな取り組みに対する有効性が高い。したがって 2-5 に述べた第一群の事業や製品，すなわち特定の中規模なハイテク・高機能・高品質の事業や製品，多種少量生産事業や製品，高機能・高品質のニッチ事業や製品などには適しており，今後も内部化志向の経営は瀬島モデルを支えるはずである。クローズド・アーキテクチャ理念の下で自社展開（自社モジュールの活用）をすることになるため，他社とのアーキテクチャ適合問題も少ないので組織管理も容易である。ただし経営をグローバル展開する場合，モジュラー型が多い各国・地域でアーキテクチャ特性のギャップに留意しないと，目指した機能成果が得られない危惧がある。

　日本企業が内部化志向のモジュール化経営を行おうとする場合，4種のモジ

ュール化経営モデルの中で，伝統的な多国籍企業モデルを踏襲したビッグバン型モデルが対象の中心となる。このモデルでグローバル経営を展開して競争優位を確保するには，これからの激しいグローバル競争を考えると，よほど強力な経営技術を持つ場合を除き，自社の経営力にふさわしい特定の中規模事業に特化することが成功のカギになる。恒星型はやや特殊な多角化経営のケースであり，南十字星型は中小規模企業に適したモデルで，ともに日本企業の実施例は少ない。急速な規模拡大に内部化志向で挑戦するには，Ⅳ（アンドロメダ）型モデルによってまず外部化志向で他社モジュールを買収取得し，その上で自社に吸収して内部化を図ることになり，最近日本企業にも実施例がよく見られるようになったが，巨大な買収資金力が必要であり，取得したモジュールのアーキテクチャの統合化にも成功しなければならない。

## Ⅰ （ビッグバン）型モデルによる場合

日本企業の「ダーウインの海」渡りのグローバル経営に，もっとも多用されているこのモデルでは，自社単独で市場での支配的ポジションを築こうとするのであるから，自社で全モジュールの競争優位を構築する必要があり，よほど強力な経営力と規模がない限り，成功するには自社力で対応できる特殊な中規模事業や製品などに特化する必要がある。

昨今では，さすがに新事業や新製品などでも，日本市場だけを対象にする日本の大手企業はほとんど存在せず，少なくとも成長するアジア市場への展開は考えるが，ただしその場合，内部化モデルでは，日本企業のインテグラルなアーキテクチャ体質を海外に持ち込むことになる。そのインテグラル型体質を直接活かせるハイテクや多種少量の事業，製品などを海外市場で育てるにはよいが，進出する現地の多くはモジュラー型体質である場合が多く，現地市場や現地企業との接点や，新事業や新製品の産業化の過程でのモジュラー型の低価格標準型汎用品化に耐えるには，異なるアーキテクチャ・ギャップの吸収への配慮が必要になる。

日本企業は内部アーキテクチャをモジュラー型に転換するのが苦手なので，自社で設立した現地法人で自社体質を強く保つか，現地の組織体質をできるだ

け活かすか次第で，9-5で示したように，現地法人組織で第三文化体の構築個所を適切に選択することが大切になる。また多くの成功例では，十分な時間をかけて育てた第三文化体人材に幹部のポジションを委任しており，早期からの人材育成計画が重要になる。

　このような点に留意して，これまでビッグバン型モデルで「ダーウインの海」を巧みに渡ってきた日本企業は多く，その代表例として，たとえば住友化学，YKK，ホンダ，コマツ，日清食品などが挙げられようし，ファーストリテイリング（ユニクロ）も基本的にこのモデルで挑戦中と見られる。

**II　（恒星）型モデルによる場合**

　このモデルは，初めG型の事業や製品をビッグバン型モデルで展開して「ダーウインの海」を渡り，グローバル市場に経営拠点を築くことが先決で，当初はビッグバン型と同じ発展過程をたどるが，その上でM型事業や製品を各地域市場向けに開発し上乗せすることで，全体の事業の拡大を図るという，いわばビッグバン型モデルの変形とも言える。このモデルでの「ダーウインの海」渡りには，日本企業本体に優れたG型事業のほかに多角化事業があり，地域市場開拓の強力な経営力も併行して持つ場合に限られるので，特殊なケースであり，その成功ケースも少ない。

　味の素社がMSGを中心としたG型事業に，M型事業としての食品などでの多角化で成功しており（平松茂実，2011.12, pp.3-29），キッコーマンも醤油で築いたグローバル・チャネルを活かして，多種の日本食品の世界各地への卸販売事業を大きく育てている。世界有数のコカ・コーラ社も，炭酸飲料で築いた日本拠点でマルチ・ドメスティックな非炭酸飲料と果汁系飲料での多角化に初めて成功し，その結果をグローバルに展開して，さらなる成長発展に成功している。

**III　（南十字星）型モデルによる場合**

　このモデルの長所は，経営規模が小さくても強力なブランド力さえ確保できれば，小規模でも「ダーウインの海」を渡りグローバル市場で成長発展できる点であるが，短所として特定の顧客を満たすビジネスであり，あまり大規模な

売り上げ規模は期待できない。また日本企業はブランド・ビジネスに本来強いとはいえず，グローバル市場から見て地域的魅力にも乏しいことから，このモデルによる発展は欧州企業のようには期待できず，これまで日本企業の顕著な成功例は真珠のミキモトくらいであった。

ただし最近では特定のアパレルや，強力なグローバル・ブランドである映像のジブリ，「ハローキティ（Hello Kitty）」のようなソフト・ブランドが知られるようになり，サンリオはその「ハローキティ（Hello Kitty）」のキャラクター使用で2008年に西欧の200社以上と契約し，180億円の営業利益の70％をそれで挙げていたが，さらに積極的なグローバル化で，2011年には世界の1,800社と契約するようになったとされる。東映アニメーションも「ワンピース（One Piece）」や「ドラゴンボール（Dragon Ball）」のキャラクター・デザインを世界に売り出している（*The NIKKEI Weekly*, 2012.4.9）。したがって日本企業にとって，このモデルも無縁ではなくなってきたのかも知れない。

## Ⅳ （アンドロメダ）型モデルによる場合

これは自社の事業や製品など，あるいはSCMの全モジュールを点検し，弱いか不足するモジュールを，グローバルに点在する他社モジュールを買収して補強することで，強力な機能連鎖（モジュラリティ）を構築しようとする戦略である。

この場合，当初は他社モジュールに依存するのであるから，外部化モデルとする向きもあろうが，M&Aで取得した後の運用では基本的に同じ社内の価値連鎖に組み込むので，経営理念的には内部化志向となる。

この長所は，グローバルレベルで強力な競争優位のあるモジュラリティの構築を，短時間にできることにある。ただし潤沢な資金源が必要であり，また必要なモジュールを切り離してM&Aに応じてくれる業界他社事情についての情報力と，それを取り込む交渉力が不可欠で，さらにその取得したモジュールのアーキテクチャ特性を，自社組織にうまく統合させなければならない。

日本企業はスタート時のミネベアなどは例外として，ほとんどM&Aに世界の動向から出遅れたが，最近ようやく日本的経営色が薄れるのと併行して

M&A も盛んになってきており，2011年の日本企業の M&A 総額は 10.5 兆円に達し，そのうち海外企業を対象にしたものは 6.3 兆円であるが，2006年と 2008年の買収額もそれを上回る金額になっている（日経産業新聞, 2012.1.27）。このモデルで「ダーウインの海」渡りに成功した日本企業はまだ少ないが，この傾向が今後も順調に進めば，今後はもっと増えることが予想される。これまでにこのモデルで「ダーウインの海」を無事に渡ってきた企業には，たとえば上述のミネベアのほか，武田薬品，日本電産や JT などが挙げられる。

### (2) 外部化志向の場合

激しい競争時代にあっては，2-5 に述べた第二群，すなわちコスト・リーダーシップが競争優位になる量産汎用品では，モジュラー型のマス・マーケットに向けて，モジュラー型生産拠点でモジュラー型の生産をせねばならず，また大規模事業化が有利になるため，日本の企業が単独で展開するのは困難であり，日本企業もオープン・アーキテクチャ（外部化志向）理念の下，外部化のモジュール化経営 4 モデルを活用して，モジュラー型の新興国企業との協業（自社モジュールの外部モジュールとの連結）を図らないと，競争力の確保がむずかしくなる。

この場合，アーキテクチャ特性の異なる他社とのモジュール連結が起こるので，モジュール間のインターフェイス・マネジメントが必須になるが，その際のアーキテクチャ特性の適合はもちろん，その後の相互のモジュール内アーキテクチャ特性マネジメントも巧みに行わねばならない。

### V （連星）型モデルによる場合

外部化志向で「ダーウインの海」を乗り越えようとした場合，1～2社との協業は実施が容易であるため，V（連星）型がもっとも多く活用されている。このモデルでは規模拡大による経営力の強化を図る場合もあるが，事業や製品の機能の補完強化や，グローバル市場で弱いエリアの補完を図ることのメリットが大きく，実施ケースも多い。

「ダーウインの海」渡りのための協業を意図する場合には，日本企業同士の

第12章　日本企業は「ダーウインの海」障壁をなぜ渡れなくなったのか　169

協業も当然あり得るが，直接外国企業との協業を考える方が多くなる。その場合双方の文化，アーキテクチャ，市場やモジュール機能の相違などに留意する必要がある。ダイムラーとクライスラーの協業のように，経営理念や組織文化のギャップだけで協業が破綻することもあり，日本板硝子とイギリスのピルキントンの合併でも，両社の合理化への経営理念の相違から，4年間でトップが4度も交替し，合併成果も挙がっていない（古庄英一，2012.4.28，p.18）。したがって外国企業と連星型モデルでの協業を図る場合には，アーキテクチャ特性の適合化だけに限らず，経営理念，経営目的，組織文化などの融和にも同時に配慮する必要がある。

「ダーウインの海」乗り越えには，日本企業が強い新事業や新製品創出の川上モジュールと，新興国企業が強い低コストで効率的な生産モジュールや，地域市場適合商品化および市場開発の川下モジュールとの連結によるモジュラリティ構築が，もっとも適していると思われる。新事業や新製品創出までのプロセスはインテグラル型が中心で，量産化やコスト・リーダーシップの獲得のプロセスはモジュラー型が中心であり，また日本企業はインテグラル型，外国企業はモジュラー型体質である場合が多く，新興国市場の志向もモジュラー型傾向が強いために，このモデルの実施でも，アーキテクチャの適合化が重要課題になる。

これまでの日本企業の連星型モデルの実施例は多数見られるが，その多くがたとえばガラス業界に代表されるように成熟期の事業規模強化が主な目的であり，新事業や新製品のグローバル市場での産業化のための「ダーウインの海」渡りを目指したものは少なかったと思われる。日本の大手企業のほとんどがグローバル化経営でも川上，川下一貫した自社体制で挑戦しようとする内部化志向が強かったためであるが，今後は川上，川下分業連携を強化することが必要な情勢になってきていると認識される。

## Ⅵ　（彗星）型モデルによる場合

Ⅵ（彗星）型モデルでのグローバル経営は，基本的に日本でニッチ事業を確立している企業が，グローバルな経営を展開する大企業のモジュラリティに，

大企業が自社で手掛けたがらないそのニッチ・モジュールを組み込んでもらうという意味での，外部志向型の協業となる。このモデルでは，特定の企業に特定の製品，部品やソフトウエア，サービスなどを供給するという，他社とのモジュラリティ関係に依存した経営活動であるため，ニッチな事業や製品などでの展開に限られるが，このモデルにしたがえば，わずか年商10億円程度の事業や製品などでも，十分に「ダーウインの海」を渡ってグローバル市場でマーケット・リーダーに育つことも可能で，特に日本の中堅・中小規模企業にその成功ケースを多く見ることができる（平松茂実，2009.9 ②，pp.28-37）。ライバル中小規模企業に対する競争優位，大企業との信頼関係と，そこが求めるモジュラリティの補完を常にアジルに対応できることなどが，このモデルでの経営の成否を決める。

使い捨て鍼灸針のアタゴ，手術用縫合針のマニー，サージカル・マスクのサンエムパッケージ，超小型バネのミクロ発條，液晶用半導体LSIのザインエレクトロニクスなど，「ダーウインの海」を渡って世界トップ・クラスのシェアを確保している中小・零細規模企業が，実に多数存在して日本の産業力を支えており，外部化志向モデルではあるが，国内生産が比較的高い分，瀬島モデルの支えにもなっている。

### Ⅶ　(星雲) 型モデルによる場合

多数の他社とのネットワーク協業を目指す，Ⅶ（星雲）型を活用しての「ダーウインの海」渡りは，その実施がむずかしく，各社を取り仕切るサーバーの立場に立たないとメリットも限られる。したがってこのモデルの活用は，十分な経営力の下に多角化経営を営む企業や，関連する優れた中堅・中小企業が多数存在する経営環境で特定事業を営む企業など，特殊な場合に限定される。

星雲型モデルは，多数企業による複雑多主体 (poly-agent-system) 型ネットワークで，特に多角的な経営を行っている場合，各事業の状況に応じてさまざまな協業をするためには有用なモデルである。ただし今のグローバル時代に日本企業が多角的な経営でグローバル市場に勝ち残るには，相当の経営力がなければならず，またスタン・シーのいうクライアント・サーバー型のグローバル

なネットワーク分業で、サーバーの立場でリーダーシップを発揮しないと「ダーウインの海」を渡ってもそのメリットを得にくい。しかも日本企業は内部化志向が強く、グローバル感覚にも強いとはいえず、大規模・広範囲な事業展開で多くのクライアントを統率するのも苦手なので、過去にはまだほとんどその例を見ない。現在東芝がこのモデルに本格的に取り組んでいるが、今後その成功を期待したい。

### Ⅷ　(ブラックホール) 型モデルによる場合

　Ⅷ (ブラックホール) 型は特殊なケースで、閉鎖市場に入り込むような特殊の場合に活用するモデルであるが、特に事業や製品の高い売上比率が期待される大規模な閉鎖市場に参入できる場合に限って、「ダーウインの海」渡りに寄与できる。

　現在各自動車会社を始めさまざまな日本企業が、中国市場に合弁などで参入している状況が該当するが、しかし当然ながら閉鎖市場への展開は全体経営活動の一端であり、閉鎖市場への参入だけで事業や製品の「ダーウインの海」渡りを全うすることは無理である。

# 第13章
# 現代日本企業の「ダーウインの海」障壁渡りへの挑戦

　本章では，12-5で見てきた「ダーウインの海」渡り戦略としてのモジュール化経営8モデルの活用のあり方を参照しつつ，最近現実に日本企業が「ダーウインの海」渡りに挑戦しているさまざまなモジュール化経営戦略の実施例を，その強化を意図した事業や製品の産業化の構造部分を川上中心，川下中心，川上・川下一体構造の3通りに分けて，どのモデルのどのような活用が試みられているかを点検する。

## 13-1　川上モジュール（新事業・新製品などの創出力）の強化戦略

　川上モジュールの強化は，すなわち企業の新事業や新製品の開発力の強化である。本来「ダーウインの海」を渡ってグローバル市場での支配的なポジションを獲得するには，新事業や新製品などのグローバル市場での産業化の成功が必要であるから，新事業や新製品の開発力がなければ実現できない。グローバル市場に参入するためにはすでに成熟化した市場に割り込む道もあるが，これは「ダーウインの海」渡りとは関係ないゼロサム・ゲームの世界である。日本企業は世界の先進国企業として，もはや単なるコスト・リーダーシップでは国際競争力を確保できず，グローバルな市場で勝つためには，開発力を強化して新事業や新製品を開発し，その産業化までを達成する中で高い市場シェアを獲得しなければならない。

　幸い日本企業は，「魔の川」「死の谷」という開発段階の発展障壁はどうにか無事越えることに成功しており，産業化の「ダーウインの海」渡りに成功できないのが問題であることをすでに確認してきている。したがって先進国企業と

第13章　現代日本企業の「ダーウインの海」障壁渡りへの挑戦　　173

して，もし川上が弱体であれば，そのような日本企業は今後グローバル市場で勝ち残ることは基本的に無理とされよう。グローバル経営を図ろうとしている日本企業の大部分は，研究開発や新事業・新製品などの創出には優れており，その上でそのほとんどは，「ダーウインの海」障壁の乗り越えに，事業開発プロセスの川下中心か，川上・川下を通じた一体構造の強化を図ろうとしている。新事業・新製品創出までの開発力（R&D）については，原則として外国他社の助けは受けられないので，内部化志向での自社力，すなわち自社の単独モジュールか，あるいはいくつかの機能の異なる自社の開発モジュールのインテグラルな協業に基づく，ビッグバン型モデルでの自社の開発力を確保しなければならない。

　ただし先進企業でも，例外的に川上の補強が必要になる場合がある。たとえば技術は優れていても他社に規模が劣るために開発力が不足する場合，膨大な投資が必要な特殊な事業を開発したい場合，将来の革新的な新しい事業や製品の開発のために，他社の異なる技術力との相乗効果を期待する場合，また自社に慣れないマルチ・ドメスティックな地域開発力を獲得したい場合などには，アンドロメダ型か連星型モデルでの協業を図るケースも考えられる。さらに例外的にまれなケースではあるが，政府や業界団体の主催する特殊な共同開発に参加する場合には，星雲型モデルの活用となることもある。

　なお「ダーウインの海」渡りを目指しての日本企業の川上強化戦略に，原則として恒星型，南十字星型，彗星型やブラックホール型モデルが活用されることはない。

　ここでの点検では，川上強化の場合についてだけは，自社中心のビッグバン型モデルによる取り組みは当然の必須な行動であるために省略し，戦略的に意識して協業している例外ケースのみを取り上げている。

### (1)　Ⅳ（アンドロメダ型）モデルで強化

　上記のような動因で川上を協業強化する一つの手段が，買収合併である。この場合 M&A の当初は外部化志向となるが，通常買収後自社の R&D 組織に吸

収一体化を図るので，結果的に内部化志向の対応とされる。

　大企業でも，未来への革新的な新事業や新製品，新システムなどの創出は，自社だけの R&D 経営資源だけでは困難な時代になってきているので，その創出力が不足すると認識した場合には，グローバルな視点に立って他社技術や経営力を M&A 取得することが有力な手段となり，特に R&D に多額の資金と長い年月を要する医薬品業界や，ラジカル（radical）な革新が激しい電子機器業界では最近不可欠な戦略となっている。

　11-3 でも見てきたように，日本の製薬業界でトップの武田薬品も，日本が閉鎖経済であった時期には，もっぱら技術導入で国内のマーケット・リーダーのポジションを確保しようとした。しかし 1980 年代に入り，医薬の自由化と新薬の健保での優遇政策が打ち出されると自社開発に努力し，特に武田國男が医薬品事業経営を担当するようになった 1990 年代から 2000 年代前半までは，その成功でかなりの成果を挙げていた。

　しかし新規な医薬品開発にますます資金と時間を要するようになり，欧米の医薬大企業が M&A によって一層その巨大化を図ると，武田薬品も自社の開発力だけでは対抗できなくなり，積極的な M&A を中心にした開発強化に戦略転換した。医薬では新薬でないと収益がほとんど期待できないことから，武田のアンドロメダ型戦略は新薬開発目的に絞られた。2000 年代の主な M&A

**図表 13-1　2000 年代の武田薬品の主な M&A（公表時期）**

| | |
|---|---|
| 2002 年 2 月 | 独合弁会社タケダ・ファルマを完全子会社化 |
| 2005 年 2 月 | バイオベンチャーの米シリックスを買収 |
| 2007 年 3 月 | バイオベンチャーの英パラダイム・セラピューティックを買収 |
| 2008 年 1 月 | 糖尿病治療薬の抗潰瘍薬の候補化合物の販売許可を米食品衛生局に申請 |
| 同 2 月 | 世界最大のバイオ医薬品メーカー米アムジェンの日本法人を買収 |
| 同 3 月 | 米アボットとの合弁会社，TAP ファーマシューティカル・プロダクツを完全子会社化 |
| 同 4 月 | 米セルジェネシスと前立腺がんワクチンの共同開発契約締結 |
| 同 | 米バイオ医薬品メーカーのミレニアム・ファーマシューティカルズを買収 |

出所）佐藤昌和（2008.4.11）『日経産業新聞』

第13章　現代日本企業の「ダーウインの海」障壁渡りへの挑戦　175

を図表13-1に示すが，その結果武田の売り上げの国際化率は2001年度の35％から2007年度には50％を超えて，「ダーウインの海」渡りに成功した。

同社は引き続き最近でも，今後の成長が見込める新興国での事業強化として，旧ソ連圏や南米などの新興国の売上高が対前年30％伸びているスイスの中堅製薬企業ナイコメッドを，2011年9月までに1兆1100億円で100％取得に成功している。この買収で武田の売上高は従来計画比で30％，営業利益で40％増える見込みとされる（日経産業新聞，2011.5.20①）。ナイコメッドの取得に限っては，これまでの単純なR&D主体のものでなく，特許切れ製品を主軸とした「ブランデッドジェネリック」が中心となるが，欧州と新興国の市場を大きく開拓するための製品強化としては，製薬会社としての武田が，「ダーウインの海」を越える戦略の一端である川上強化として確かに機能している。

同社はこのような医薬品開発のヘッドクオーターを，世界の医薬行政をリードしているアメリカのFDAがあるシカゴに置くことまで決めて，グローバル開発競争に遅れないR&D体制強化の決意をしている（山川龍雄，2011.7.25, pp.100-103）。

国内2位のアステラス製薬は，旧藤沢薬品工業と山之内製薬の合併で誕生したが，グローバル市場ではまだ20位前後の中堅規模企業である。すでに泌尿器と免疫の領域では事業を確立しているが，第3の事業として目指すがん領域では自社の開発力を持たなかった（岡田広行，2011.9.3, pp.80-81）。同社は細胞の外部と内部の両方から2段階で作用して効果を高める新しい抗がん剤の開発に挑戦しようとしており，自社でがん細胞だけに発生するたんぱく質を見つけたが，それを新薬創出に結びつけるために，これと結びつく抗体を作り出す技術に優れたカリフォルニア州のアジェンシスを，2007年に400億円で買収した。その上でさらに2011年に，抗体と薬剤を結合させる技術に強いワシントン州のバイオベンチャーであるシアトル・ジェネティックスと共同して，安全性などを確かめる初期段階の臨床試験（治験）を開始することにした。その結果開発が順調に行けば，7〜8年後に新しい抗がん剤の製造販売承認申請ができるようになるという。アステラスは，2010年にも従来型の抗がん剤に強いアメ

リカのOSIファーマシューティカルズも買収しており，上記の新抗がん剤と合わせて，抗がん剤事業を収益事業に育成できる可能性が強まったと見られ，2015年には全体の売上高1.1兆円，国際化率70％以上を目指している（日経産業新聞，2011.6.21）。

　すでに8-4のⅣ（アンドロメダ）型モデルの項でも触れたように，モーター部門のリーダー企業である日本電産は，M&Aでアメリカのエマソン・エレクトリックのモーター事業を取得したが，それによってモーターのR&Dで唯一欠けていた新時代に求められる省エネ型モーターの技術力を人材ともに取得し，今後世界のユーザーに日本で唯一脱$CO_2$時代の規格に合格したモーターを納入できるメーカーに進化することに成功している。

### (2) Ⅴ（連星型）モデルで強化

　未来に革新的な新事業，新製品，新システムなどを創出しようとするような場合には，川上開発に買収よりも協業を求める方がよい場合もある。

　たとえばトヨタ自動車はすでに強力な開発力を持ち，ディーゼルや軽自動車事業の取得にはM&Aを行ってきたが，基本的には自社力によるビッグバン型で世界最初のハイブリッド・カーの開発にも成功するなど，自社のR&D力を強化してきた。しかしこれからの未知で革新的な技術領域については，連星型の提携による開発を進めようとしている。

　トヨタは2011年4月に，マイクロソフト（MS）と提携し，MSのクラウドコンピューティング技術「ウィンドウズ・アズール」を使って，クラウドベースのサービスを展開するプラットフォームの構築や，それを使う統合的なエネルギー管理の仕組みの構築など，次世代自動車向け情報提供サービス（テレマティックス・サービス）の開発を模索しようとしている。車がクラウド対応の情報端末になることで，車内の情報だけでなく，車外の情報を車に持ち込むことが可能になり，またMSが蓄積してきたさまざまな情報技術や世界中に建設を進めているデータ処理センターも活用しようとするトヨタ側の期待と，巨大な顧客を確保できると計算するMS側の期待が合致しての提携であると見られ

ている（岡田信行, 2011.4.8）。トヨタとマイクロソフトは互いに事業を異にし，またともに巨大企業であるから，どちらも M&A による取得は無理かつ無駄であり，提携が妥当と見られる。

　さらにトヨタは，未来の車は走る，曲がる，止まるという機能に，さらにつながるという機能が加わるという発想から，2011 年 5 月にアメリカの IT 技術の大手セールスフォース・ドットコムとも提携することを発表した。4 月に提携したマイクロソフトとともに，3 社で新しい未来に挑戦する試みとして，2012 年に発売予定の次世代環境車の利用者向けに，SNS（交流サイト）の技術を使った情報発信サービスを共同開発しようとしている。具体的には 2 社の協力を得て，2012 年に発売を予定しているプラグインハイブリッド車（PHV）や，電気自動車（EV）という次世代環境車の利用者向けに，情報発信サービス「トヨタフレンド」を始めようとしている。たとえば PHV や EV の電池残量が減った場合，あるいは空気圧や油圧などの点検が必要な場合に，車が充電や点検を促すような「つぶやき」を，利用者のスマートフォンや多機能携帯端末に届けるという。従来の日本の IT 企業は顧客の要望に合わせたシステム構築に強いが，新しい事業モデルやシステムを構築する提案型の開発に弱い。トヨタが今回新しい自動車付帯技術の開発・事業化という川上取り組みに，アメリカのセールスフォースを提携相手に選んだ理由の一つは，クラウド技術で大規模なシステムを迅速に提供する実績への期待にあるとされる（漆間泰志・高田学也・山田剛良, 2011.5.24）。

## 13-2　川下モジュール（商品化・生産・販売力）の強化戦略

　強い川上の開発力を活かして，最近の日本企業が弱い川下を特に意識して強化するために，モジュール化経営戦略を試みているケースが多く見られる。日本企業は多くの場合，事業や製品の開発・育成プロセスでの川上の「魔の川」渡り，「死の谷」越えは比較的問題なく対応できているのであるから，この「ダーウインの海」渡りとしての川下強化がもっとも重要な施策になる。

　現代の日本企業のグローバル市場での後退の大きな原因は，一つには事業や

製品などが汎用量産型化した時点で必要となるコスト・リーダーシップを獲得できないこと，今一つは過去の技術と品質優位での成功体質に固執してガラパゴス化し，拡大するグローバルな新興国を中心としたマス・マーケットの，低価格汎用化したデファクト・スタンダード商品化に適合できなくなったことにあると推測される。モジュール化経営による川下強化といっても，各社その強化の対象はさまざまであるが，主に生産を対象とする場合，販売の強化を目指す場合，製販両方の強化を図る場合に分けられよう。

　川下強化が，これからの日本企業のグローバル経営発展のための最大の課題であるだけに，そのモジュール化経営でもさまざまな模索が見られ，各社各様であるが，川下強化の場合も日本企業に伝統的な内部化志向のビッグバン型モデルがもっとも多く活用されている。ただしその場合，日本企業一社の経営力には限界があるため，成功企業のほとんどは特定の中規模事業に特化しており，また進出する現地は日本とは組織文化やアーキテクチャが異なることが多いため，自社の現地法人では第三文化体を巧みに構築して，そのギャップをうまく吸収していると見られる。

　なお「ダーウインの海」渡りとして，恒星型モデルによる大規模な川下強化は考えにくく，南十字星型モデルは日本に強い企業がほとんど見られぬが，最近ソフトウエア分野の事業で例外的に見られ始めた。また川下強化のためだけにアンドロメダ型モデルによってM&Aを盛んに行う日本企業も目下はあまり見ないが，昨今の経営環境から今後はもっと出てきてもよいはずである。

　外部化志向では，川下協業を求める現地企業との連星型モデルでの提携が実行しやすい上に，川上と川下の棲み分けがしやすいので，多くの実施ケースが見られる。また彗星型モデルは，特殊なニッチ事業に強い中堅・中小規模企業が「ダーウインの海」を渡るためには必須の戦略であり，日本には強力でユニークなニッチ事業を経営する中堅・中小規模企業が多いので，その成功ケースも多数に及ぶ。

　なお川上事業中心の日本企業が，多数の川下企業と星雲型モデルでネットワーク協業を行うのはむずかしく，例外的な存在と思われる。また中国のような

第13章　現代日本企業の「ダーウインの海」障壁渡りへの挑戦　179

大規模で将来成長も期待できるが実質的にはまだ閉鎖経済体制の市場に，ブラックホール型モデルでの参入は，実施企業は多いが，ただし中国をはじめそれぞれの国の市場はグローバル市場の一部に過ぎないため，当該国企業との協業も「ダーウインの海」渡りの一部にすぎず，基本戦略とはみなせない。

(1)　(ビッグバン型) モデルで強化

　グローバル市場で事業育成を図ろうとする企業で，日本国内生産のハイ・コストな経営環境を避けるコストダウン策として，川下としての自社の生産拠点を海外に増強する動きはきわめて盛んである。

　たとえばクボタにとって，タイは日本に次ぐ農業機械の生産拠点で，これまでトラクター用油圧機器は茨木工場で生産し，タイの現地法人サイアム・クボタ・コーポレーションに輸出してトラクター組み立てを行ってきたが，同社はタイを，将来的にコスト競争力のあるトラクターなどのグローバル市場への輸出拠点とすることを検討中である。そこでコスト削減や納期の短縮化を目指して，2011年7月からは新たに設立したクボタ・プレシジョンマシナリー・タイランド社で，このトラクター用油圧機器の生産を始め，2012年10月にはエンジンの量産化も図り，自社力で海外生産拠点を強化しようとしている（日経産業新聞，2011.6.27）。農業機械に特化し，その活用に詳しいクボタは，稲作用や小型の農業機械の開発から生産に到るまでの技術やノウハウにもっとも詳しい立場にあり，また農機具が特殊な中規模事業であるため，海外生産でも部品調達以外では自社で手掛けた方が優位性が高いと見られる。

　なおさらに，部品や資材の海外調達比率も，2011年現在の25％から10年後には70％以上に引き上げるために，現地メーカーとの取引を拡大する計画で（日経産業新聞，2011.8.31），部品に関してだけは，外部化志向のⅦ（星雲）型モデル経営を推進しようとしている。

　工作機械は日本が圧倒的に技術優位を保ち，海外企業に生産を委ねることは技術漏洩を招く危険が大きいため，高度な技術が競争優位になる機種ではなんとか国内生産を維持したいとしており，日本工作機械工業会の推定でも，2012

年現在でまだその海外生産は約1割前後とされている。それでも汎用機種ではコスト優位となるので，多少の危険を覚悟で生産進出をせざるを得ない。その際ある程度でも機密防衛を図るためには自社生産が必要なので，海外進出でもビッグバン型が選択されることになる。

　工作機械業界でツガミは2010年度の売上高が359億円の中堅企業であるが，売上高国際化率は72％で，すでに「ダーウインの海」渡りに成功しており，小型の高精度自動旋盤，研削盤でグローバルな競争力を確保している。工作機械の生産で，中国は新興国ながら日独を抜いて2010年から世界一となり，そのため技術漏洩の危険を冒してでも，日本の工作機械メーカーも今後の生き残り策として，中国に進出しなければ遅れをとると考えるようになった。特に台湾企業との競合がはげしいので，ツガミもすでに浙江省に工場を開設し，自動旋盤を月500台ベースで生産しているが，その他の機種では台湾メーカーの製品と比べて日本製は約2倍の価格差があり，その競争力が問われていた。そこで2011年9月までに転造盤や円筒研削盤の生産も中国で開始し，生産のコストダウンのほか，関税負担や輸送費の節減で，今後中国市場開拓の価格競争力を強化しようとしている。ただし自動旋盤の高級機やマシニングセンターは，日進月歩の技術開発やノウハウの漏洩防止のためにも，今後も国内生産を継続するとされる（日経産業新聞，2011.7.12）。

　西嶋尚生社長は「需要のあるところで作る戦略」を掲げて，他社に先んじた海外生産を推進しており，その後も中国に第二工場を増設し，さらにインドでも新工場開設を整備中で，2012年6月から生産を開始する予定である（中村結，2012.5.18）。

　日本精工も，自社力で海外生産をしたい事情はツガミと同じで，需要が好調な中国への積極投資に踏み切っている。日本精工は高度な加工生産を必要とすることから長年輸出中心であったが，中国は海外最大の成長市場で，2010年度の売上高は対前年で30％伸び，2011年度は1,000億円を凌駕する見込みである。そこでこの最大市場に対応するためとコスト競争に耐えるため，やはりビッグバン型モデルによって2011年には遼寧省で工作機械用大型軸受けの新

工場を開設し，自動車向けではAT（自動変速機）用軸受けの上海工場と，ニードル軸受けの江蘇省常熟工場で第2棟を増設することになった（日経産業新聞，2011.5.24）。

　コマツも中堅規模の事業の選択と，日本企業らしいユーザーとの擦り合わせ型サービスにより，独特の競争優位を確保し，ビッグバン型経営でグローバル市場での事業育成に成功している。同社の2008年度の売上高は約2兆円で，建設機械：建設機械分野での日本およびアジア地域のトップ，世界2位のポジションにあり，売上高国際化率も80%ですでに「ダーウインの海」渡りに見事に成功し，経常利益率も約10%のグローバルな優良企業に成長している。事業も生産拠点も世界各地に広く展開して，需給変動に合わせて世界中の工場で製品や部品を融通し合い，特に全地球測位システム（GPS）を活用した建機の遠隔管理システムで，ユーザーに建設機械の管理体制への最高のサービスを提供して強力な競争優位を構築し，他社にない圧倒的な差別化を生み出している（本田奈織，2007.11.5）。

　生産より販売を主とした，ビッグバン型の川下強化戦略を推進する企業もある。コニカミノルタは2010年度の売上高が8,000億円であるが，その売上高海外比率は72%で，情報機器，特に複合機（MFP）の領域で「ダーウインの海」渡りに成功してきた。その販売促進には実機の試用がカギになるとして，すでに世界14カ所にデジタル印刷機の実機を操作できる検証施設（デジタルイメージングスクエア）も自社で開設しているが，今後はさらに中国の商業印刷市場の本格的開発に乗り出そうとしている。すでに2009年にデジタル印刷機の選任担当者を置き，10年には専門組織化して人員を20名に増員し，さらに2011年5月には上海にも世界で2番目規模の大型検証施設を開設して，その人員も40人に増員している。

　同社は新興国での拡販の一端として，東欧向けにポーランドのワルシャワにもデジタル印刷機の検証施設を開設しており，2013年度までの2年間で，新興国での売上高を2倍の1,000億円に引き上げる計画である（市嶋洋平，2011.7.12）。

中には，事業や製品の製販合わせた全体の川下強化を，自社力で目指す企業もある。京セラミタは，主力のプリンターや複合機本体のグローバル市場での競争はマス・マーケットでの価格競争にあることを正しく見越し，すでに国内2カ所の工場ではトナーや感光体などの生産に止め，主力製品はそのほとんどを中国広東省で自社生産して，欧米や日本などの先進国はもちろん，中国やインドなど新興国にも供給しているが，その結果全売上高国際化率は80％に達し，「ダーウインの海」をすでに渡ってしまっている。しかもさらにその上，新興国を中心として需要の高まりつつある低価格のプリンターや複合機に対応するため，ベトナムに資本金44億円の全額出資会社京セラベトナムテクノロジーを設立し，中国の工場で生産する従来機より7～8割安い低価格品の専用生産拠点として，2012年10月からハイフォン市の工場で生産を開始するが，順次200億円を投資して，新興国での売上高を2016年度には現在の17％から30％に引き上げる計画としている（日経産業新聞，2011.7.5 ①）。

このように自社力で挑戦して「ダーウインの海」渡りに成功している日本企業は多いが，そのほとんどが自社経営力でフォローできる中堅規模事業に特化しており，多数の事業の多角化経営を遂行している大規模企業はほとんど見られない。ただしグローバルに十分の経営力があるトヨタなどは，大規模な自動車事業を自社力のビッグバン型モデルを中心に手掛け，川下の海外化も自社力で積極的に推進している。たとえば最近では，インド専用車のエティオスである。単価引き下げのために部品の7割を現地調達し，エンジンやトランスミッションも現地生産して，現地調達率は2012年末には90％に達するとされる。本社組織にも副社長担当の現地生産・現地調達推進室を設置したことからも，その取り組みがグローバルなイノベーションであることがわかる（西村豪太，2012.3.31，pp.26-27）。このような戦略行動は，一応は川下強化の内部化志向によるビッグバン型の取り組みではあるが，ただし部品調達のレベルまで考えれば，グローバルな星雲型の水平分業化の傾向が強まってきていると見られる。このような変化は日本の自動車メーカー各社に共通した動きで，今やR&Dは日本であるが，設計・調達・生産はグローバルな各拠点とするグローバル水平

分業化が一般化してきていると見るべきであろう（加藤修平・広岡延隆，2012.4.2, pp.8-9）。

### (2) Ⅲ（南十字星）型モデルで強化

　日本企業はブランド事業構築に得意でないため，このモデルでの「ダーウインの海」渡りの成功ケースは川下強化でもほとんど見られないが，例外的なケースとして，最近活発なグローバル進出をしている日本企業の一つにバンダイが挙げられる。バンダイはブランド品としての玩具に特化した事業を展開しているが，玩具はアパレルや装身具などと異なり，強いブランド力があっても，顧客が実際に実物で確かめられる店舗展示が必要である。バンダイの事業はプラモデル約700種にゲーム・ソフトやフィギュアなども含めて，商品数は1,000点以上におよび，卸販売先の玩具店などでこれだけ揃えるのはむずかしい。ネットでも購入できるが，実物を見ないと買いにくいという顧客も少なくないとされている。そのため，これまで各国の代理店に任せてきた販売促進活動も，徐々に自社でアジアでの玩具の直営店舗事業を拡大することにした。

　バンダイは現在韓国に「ガンダム」の専門店を4店持つが，これらは店舗面積が約500平方メートルと一般の卸販売の玩具店よりかなり広く，品揃え展示を考慮している。それに加えて今後は中国やシンガポールなどにも直営「ガンダム」専門店を新設し，中期的に15店舗に増やす計画である。海外ではキャラクター玩具と連動するアニメ番組のTV放送ができない国・地域もあるため，玩具の認知を高めるには，実際に手に取って見られる売り場が重要との考えからである。中国やシンガポール，タイなどにも3〜5年以内に出店を開始し，中国では上海など主要5都市に各1店を開設する計画とされる。韓国でも「ガンダムベース」の4店に加えて，今後は戦隊シリーズや女児向け玩具なども含めた複合店の出店を検討するとされる（日経産業新聞，2011.7.6）。

### (3) Ⅳ（アンドロメダ）型モデルで強化

　日本企業による川下強化中心のM&A戦略は珍しいケースであるが，自動

車向けコーティング材を主力事業とする藤倉化成は，2008年にアメリカの塗料会社レッドスポット・アンド・バーニッシェを買収し，また2010年にはイギリスの塗料メーカーのノネボーン・アンド・リークも買収し，日米欧の3極での供給体制を整備した。

その上で新興国拠点の拡充にも乗り出して，一挙にグローバル市場で「ダーウインの海」を渡ろうとしている。ブラジルでは，これまで技術供与で提携していたサンパウロに本社と工場があるアーポール社の株式40％を取得したが，今後さらに投資して，いずれ経営権のある55％の合弁にする予定とされる。同社はヘッドランプや内装のコーティング材を販売しているが，ヘッドランプ用ではブラジルで7～8割のシェアを持つため，藤倉化成はブラジル市場の拡大をにらんで合弁化するのが得策と判断した。アーポール社を生産面でも援助し，コスト競争力を高め，同国でのコーティング材の拡大を目指すとされる。またインドでもシンガポールの塗料会社サープラスケミカルスの子会社の株式25％を取得し，今後設備投資し，車の内装樹脂の生産能力を数倍に拡大を目指す（日経産業新聞，2011.7.19）。このような多数企業のM&Aは，ニッチで特殊な事業に特化していることで可能になったもので，どんな事業にも通用する一般的な戦略行動とは見られない。

### (4) V（連星）型モデルで強化

日本企業は内部化志向が強いので，現在でも上述の通りビッグバン型を中心とした自社力での「ダーウインの海」渡りを目指す企業が多いが，現代は他社力を活用する外部化志向が強くなってきており，川下強化でもアジルに強化しやすいこともあって，外部化志向のモジュール化経営モデルを活用した多数のケースが見られる。特に1社か2社程度の少数企業との連星型モデルの活用例が多いが，その活用のあり方は多様である。

まず委託提携である。太陽光発電パネルの生産は，太陽電池そのものの製造と，太陽電池に配線し部材を圧着するなどのパネルに加工する後工程とに分かれる。NPCは後工程の製造装置で世界トップのメーカーであり，2010年8月

期の売上高149億円，税引き利益8億円強で，松山市に生産本拠を置くほか，2010年には同業のドイツのマイヤーを買収し，欧州市場向けの生産拠点とした。

しかし今後は中国のほか，インドやアジア地域でも割安の製造装置の需要は増えると見通して，2011年に中国河北省泰皇島市にある現地工場と契約し，後工程製造の主要装置である真空ラミネーターの生産を委託して，中国を始め新興国市場向けの低価格品の生産を始めようとしている。部品の90％は現地調達し，機器の強度なども現地ニーズに見合った最低基準に見直し，従来製品の半額程度の廉価品として中国国内で使う安価なパネルを製造する現地企業に売り込み，インドやアジア諸国にも同じ製品の供給を予定している（日経産業新聞，2011.6.8 ①）。

委託でなく，少数企業との提携によって「ダーウインの海」障壁を渡ろうとする企業もある。JUKIは工業用ミシンの世界トップであり，シェア約30％を占めるが，顧客対応で多種少量生産が求められるニット用の環縫いミシンのシェアは約10％で，大手2社に大きく離されているのが最大の弱点とされていた。JUKIは事業ポートフォリオ強化策として，2011年に台湾大手で環縫いミシンでは世界2位の高林（SIRUBA）と互いに1％ずつ株式を持ち合った提携を結び，環縫いミシンをOEM調達することにした。これにより多額の開発費をかけずにJUKIブランドの品揃えができ，工業用ミシンでの「ダーウインの海」渡り力を強化することができる。SIRUBAにとっても世界的な販路を持つJUKIとの提携は事業拡大のチャンスで，双方にメリットがある。SIRUBAは業界では低価格機種で圧倒的に強いと言われ，JUKIはコストダウンのための部品調達や，販売面などの協力も期待するとともに，今後両社はパートナーとしてプロジェクト・チームを立ち上げ，現地ニーズに応える製品の共同開発や収益向上策なども協議しようとしている（佐藤浩実，2011.5.25）。

タカラトミーは海外市場での販売強化の一端として，中国の子供服最大手の博士蛙国際控股（ボシワ・インターナショナル）と2011年7月に業務提携し，今後ミニカー「トミカ」などのタカラトミーの定番玩具や着せ替え人形「リカちゃん」を，博士蛙の店舗約1,500店で販売するとともに，共同でアニメ作品

や新ブランドの創出も検討することにしている。博士蛙の鍾政用総裁は記者会見で，タカラトミーのすばらしい玩具およびコンテンツのノウハウと自社の強固な販売網との組み合わせは，中国の子供たちや消費者の幸せ度を高めると言っているが，タカラトミーが中国市場という「ダーウインの海」を渡るための，川上の商品開発モジュールと川下の現地販売モジュールの戦略提携である。タカラトミーのこれまでの中国での販売は主にデパートであったが，博士蛙は大型ショッピングモールへの出店が多く，近く2,500店にもなろうかとしているので，新たな販路開拓が期待できる（日経産業新聞，2011.7.8）。

　さらに踏み込んだ合弁や買収での連星型モデル展開も見られる。ダイキン工業は，空調・冷凍機事業を合わせて世界2位の成功企業で，2010年に空調業界で世界1位のメーカーになったが，2010年度売上高の62％は海外で，すでに「ダーウインの海」は乗り越えてきている。これまで基本的にはビッグバン型モデルで自社力中心にグローバル化を進めてきたが，最近は外部化志向に転換し始め，中国のような閉鎖市場では，高品質製品の低コスト生産を目指して中国企業と手を結ぶ道を選び，有力エアコン・メーカー珠海格力電器と2010年に合弁で，金型メーカーとしての珠海格力大金精密模具と，エアコン圧縮機および電装品メーカーとしての珠海格力大金機電設備の2社を設立している（加藤修平・大西孝弘，2011.7.11, pp.46-50）。

　またさらに同社は，2012年3月期からの5カ年計画では，さらに新興国での販売拡大を成長の中核に位置付けており，2016年3月期には連結売上高2兆円，営業利益2,000億円の計画を立て，さらなる成長を図るために，連星型モデルでのM&Aで新興国市場への参入・発展の経営力を獲得しようとしている。たとえば2011年7月にトルコのエアフェル社を買収したが，これは製販両方の強化の狙いがある。エアフェルはトルコで業界2位の企業であるが，トルコ市場のマス・マーケット向けの低価格帯の機種を中心としており，一方ダイキンは高級機種を中心に事業を展開してきている。ダイキンの狙いはエアフェル社の持つ低価格帯の製品作り・販売のノウハウ入手である。さらにダイキンの製品には省エネ運転制御のインバーター機能が組み込まれており，エア

第13章 現代日本企業の「ダーウインの海」障壁渡りへの挑戦

**図表 13-2 大型液晶パネルの各社別シェア**

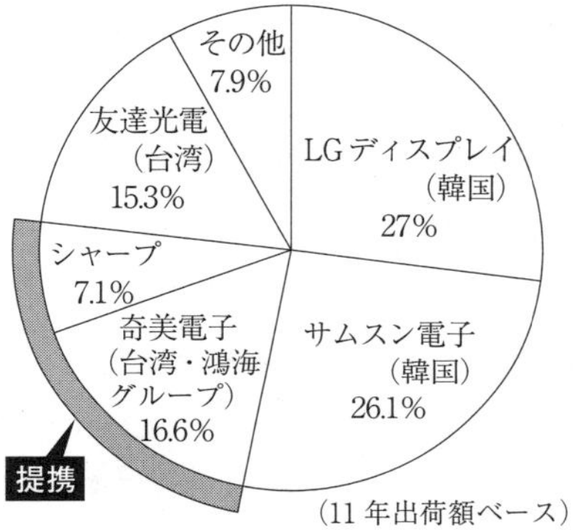

- その他 7.9%
- LG ディスプレイ（韓国）27%
- 友達光電（台湾）15.3%
- シャープ 7.1%
- 奇美電子（台湾・鴻海グループ）16.6%（提携）
- サムスン電子（韓国）26.1%

（11年出荷額ベース）

出所）日経産業新聞（2012.3.28）「シャープ，筆頭株主に台湾企業」

フェル製品への組み込みで市場での差別化を強化し，ダイキンはこれらの相乗効果で，トルコ市場での売り上げを5年間で30億円から10倍以上の400億円に伸ばすことを目標にしている（丸山修一，2011.7.15）。この事例は，「ダーウインの海」を渡るには，ローカル市場に強い他社モジュールの活用のメリットが大きいことを示す。

　立場が強くないと協業パートナーの経営権が強くなってくるので，特に合弁や買収の場合では，相互の協業効果の大きさと信頼関係の度合いが，この連星型モデルの成果を決めることになると思われる。シャープは一時液晶産業を主導し，特に主力の堺工場での大型液晶パネルでは世界市場の席巻を目指し，また液晶パネルと薄型TVの研究開発から組立生産，販売までをすべて自社で手掛ける内部化志向のインテグラルな垂直統合型の経営に徹してきていたが，最近では図表13-2にも見られるように，技術はあっても台湾，韓国勢にコスト競争力や市場ニーズをつかむ経営力で大きく差をつけられている。特に堺工場はシャープが液晶成長戦略の威信を懸けた巨大プロジェクトで，約4,000億円を投入し，大阪府からも約240億円の補助金を受けていたが，稼働以来サムスン電子やLG電子との競争激化，円高，TV市場の低迷の中で競争力を保てず（西澤佑介，2012.4.7, pp.16-17），日本企業単独での垂直統合モデルではグローバル

な競争に勝てないことを示す代表例となった。

　液晶パネルでは，他社に劣勢の体制を挽回すべく，すでに自社の生産を特殊品に限定し，汎用品は他社委託に依存している。すなわちシャープは主に収益改善を目指して，液晶TV「アクオス」の主力生産拠点である亀山第2工場では，価格下落が続く40型以下のTV向け液晶パネルの生産を縮小し，生産の7割以上を急拡大しているタブレット型携帯端末やスマートフォン（多機能携帯電話）向けの小型液晶パネルに切り替えると発表した。そのため不足する20-40型のTV向け液晶パネルは，台湾メーカーへの委託生産を増やして，コスト競争力を高める方針とされたが（宇都宮裕一・竹地広憲，2011.6.3），まだその見通しはきびしいと言われていた。

　2012年3月期にシャープは過去最大の赤字決算となり，6月にシャープの次期社長となる奥田隆司常務執行役員は3月の記者会見で，「苦しい経営環境でパネル生産から液晶TV販売まで自前で行うのは限界がある。当社の商品開発力とホンハイのコスト競争力を融合すれば魅力的な商品をタイムリーに投入できる」と語り，液晶パネル生産からTV組み立てまでを一貫して自社で行う垂直統合ビジネスモデルの敗北を認め，幅広い分野で台湾のホンハイと設計や生産の共通化を進め，コスト削減の推進と低価格化による販売拡大を目指す考えを明らかにした。ホンハイ・グループが669億円でシャープの10％筆頭株主となり，堺工場を運営するシャープ子会社の株式46.5％も660億円で取得する。これによって販売が低迷していた液晶パネルで，ホンハイの系列会社である奇美電子に販路も確保できることになるが（竹地広憲，2012.3.28），互いに自社の強みと経営権を保ちながら信頼した協業関係が構築できるかどうかが，今後の去就を決めることになろう。最近シャープの株価の低下で提携交渉がやや難行している。

　なお世界シェア3位と健闘している太陽電池では，これまでのように日本で生産し輸出する戦略では十分なグローバル競争力が確保できないので，事業全体の強化を図るため，イタリアの電力大手エネル，スイスの半導体大手STマイクロエレクトロニクスの3社で合弁企業を設立して，2011年の夏シチリア

島にシャープにとっては海外初の太陽電池の一貫生産工場を完成させ、年内に生産を開始する。円高の影響を受けにくい体制確保でもあるが、需要地近くで生産する「地産地消」戦略で一石二鳥の利が期待できる。特に欧州や地中海地域が最も重要な市場であるとする認識も反映されており、主に太陽発電所で使う薄膜太陽電池を中心にし、欧州のほか北アフリカや中東に出荷する。すなわちこの協業は一定地域の市場参入が主目的であり、液晶パネルやTVとは異なる川下強化戦略と見られる。

　しかし日本企業がこれまで技術漏洩を恐れて、太陽電池での海外生産をしていなかった間に、アメリカのファーストソーラーなどの海外大手は、すでに世界各地に工場を開設してコスト競争力を高めており（小倉健太郎、2011.7.12）、太陽電池でも特定地域に止まらず、グローバル市場全体での競争力を築けなければ、所詮「ダーウインの海」は渡れない。したがって今後は欧州・アフリカ以外の地域でも同様の戦略を展開する必要があろうが、連星型モデルでの強化は一部の経営力に欠ける場合の補強策であり、自社事業が弱いシャープの太陽電池での「ダーウインの海」渡りも、未だにその先が見通せない。

## (5)　Ⅵ（彗星）型モデルで強化

　大規模な経営力がないのに、「ダーウインの海」を渡りグローバル経営時代に生き残りを図るためには、得意なニッチ事業に徹して、彗星型モデルを活用する以外の戦略は見出しにくい。

　大企業ではあるが、その事業がグローバル業界では小規模な川崎重工業の航空宇宙関連事業は、2011年度で2,200億円の売り上げを見込んでいるが、自社で単独に航空機の生産などは考えずに、得意モジュールを航空機の部品開発生産とし、その部品提供を通じてグローバルな大企業を星雲型ネットワーク協業で支えることによって、自社事業の安定化とグローバルな発展を実現しようとしている。同社は航空機エンジン部品を手掛ける神戸市の西神工場で、すでにアメリカのボーイングの新型機「787」向けの部品を生産しているが、2013年初頭までに投資額約60億～70億円で新たな生産棟の建設をしてその能力を増

強し，イギリスのロールス・ロイスのエンジンの主要部品の量産体制を整え，エアバス次世代旅客機「A350XWB」全体の7％相当の生産も担当している（日経産業新聞，2011.6.30）。

　一方中堅・中小規模企業でありながら，新事業や新製品で「ダーウインの海」を渡るには，大企業が関心を持たないか不得意のニッチ事業や製品に徹して強い競争優位を構築し，彗星型モデルによってグローバル大企業が外部依存に頼るニッチなモジュールとして取り込んでもらうのがもっとも有利な戦略である。いわば中堅・中小規模企業にとっては，小判鮫型の，大企業に便乗した「ダーウインの海」渡りである。それに成功するためには，強力なニッチ事業を保持するほか，大企業のニーズを探り，そのモジュラリティ構築に組み込んでもらう関係構築が必要である。したがってグローバル大企業のニーズを確実に捉えるため，そのニーズを満たすニッチなモジュール開発をユーザー大企業と共同してやることは，「ダーウインの海」渡りをより容易にする。

　指月電機製作所はコンデンサー・メーカーであるが，主力のフィルムコンデンサーで，フィルムの素材段階から内製することで，顧客の要望に応える高付加価値のオーダーメイド品に強みを持つ。1939年の創業以来，一貫してフィルムコンデンサーを開発製造し，2011年度の売上高は192億円に止まるが，厚さ数マイクロメートルのフィルムを誘電体とし電極と一緒に巻くか，積層したタイプのコンデンサーの生産に特化し，他のコンデンサーに比べて高い絶縁性と低損失性に優れ，寿命が約20年と長いのを強みとしている。自動車や鉄道車両にこれまで主流だった電解コンデンサーは製品寿命が約5～7年と短く，短期間で交換する必要があったので，同社のコンデンサーの強みを発揮しきれなかったが，EVの登場で長寿命のフィルムコンデンサーが脚光を浴びることになった。また新幹線向けでも1994年に電解コンデンサーの焼損事故以来，長寿命で安全性の高いフィルムコンデンサーの利用が始まり，現在では80％のシェアを持つほか，鉄道車両向けや，環境対応車，太陽光発電などの世界的な需要拡大に対応して事業を拡大しつつある。

　このように新しいニーズに対応したモジュール提供を満たすために，同社は

第13章 現代日本企業の「ダーウインの海」障壁渡りへの挑戦

**図表 13-3 彗星型モデルによる中堅・中小規模企業のグローバル化**

| 社名 | 事業 | 売上高, 億円（国際化率） | 競争優位 | 生産拠点 | 出所 |
|---|---|---|---|---|---|
| 三星ダイヤモンド | 液晶パネル切断装置 | 80（50） | 全自動無人化技術 | 外注生産 | 日経産業新聞 2003.1.20 |
| アタゴ | 小型屈折計 | 15（45） | 小型多用途化（世界シェア35%） | 国内 | 同 2003.7.14 |
| SMC | 空気圧機器 | 750（50） | 高度多種生産（世界シェア22%） | 国内 | 同 2005.11.2 |
| 日本光電 | 医療用電子機器 | 900（18） | 小型血球計数器（世界トップ） | 国内・仏・韓 | 同 2006.2.28 |
| 浸透工業 | ランスパイルなど | 40（－） | 金属表面改質（世界シェア80%） | 国内・伊・印 | 同 2006.8.3 |
| 小田原エンジニアリング | 巻き線機 | 50（－） | 高性能（世界シェア25%） | 国内 | 同 2012.1.17 |
| ザインエレクトロニクス | 液晶用半導体LSI | 5（70） | LSI設計力（世界シェア80%） | 外注生産 | 日経ビジネス 2000.1.17 |
| 精工技研 | 光ディスク成型金型 | 110（65） | 金型技術と情報 | 国内 | 同 2000.10.30 |
| 竹中製作所 | 防錆ボルト・ナット | 23（50） | フッ素樹脂防錆加工 | 国内 | 同 2001.5.28 |
| セイリン | 使い捨て鍼灸針 | 15（－） | 高品質（世界シェア50%） | 国内 | 同 2004.7.19 |
| ミクロ発條 | 超小型バネ | 12（－） | 自社技術の無人生産（世界シェア50%） | 国内・中・マレーシア | 同 2005.11.28 |
| 森松グループ | ステンレスタンク・アルミ部品 | 260（50） | 高度多種製造技術 | 国内・中 | 同 2008.12.15 |
| 日本セラミック | 赤外線センサー | 170（52） | 新技術（世界シェア60%） | 国内・中 | 東洋経済新報社四季報2010.9 |
| シーシーエス | LED照明装置 | 50（28） | 新技術（世界トップ） | | 同 2010.9 |
| 朝日インテック | PTCA用ガイドワイヤ | 165（40） | 高技術（世界シェア20%） | 国内・タイ・ベトナム | 同 2010.9 |
| マニー | 手術用縫合針など | 100（68） | 性能品質世界一（世界トップ） | 国内・ベトナム・ミャンマー・ラオス | 同 2010.9 |

注）業績は出所資料引用時期の概数値
出所）筆者作成

岡山県総社市の工場でコンデンサーを生産しているが，その隣に R&D センターを開設し，顧客との共同開発で直接その要求を吸い上げて，研究開発を迅速化している。フィルムに蒸着する金属や摂氏 100 度を越える高温でも使用に耐えられるフィルムなどの，新素材から顧客の要望に応えられるフィルムコンデンサーの新規開発までができる体制を確保し，特に他社に先駆けて，製品の小型・軽量化にも努力することで，顧客を確保・拡大している（黒瀬泰斗，2011.6.29）。

なおすでに 12-5 でも紹介しているが，図表 13-3 にも見るように，たとえば使い捨て鍼灸針のセイリン，手術用縫合針のマニー，超小型バネのミクロ発條，液晶用半導体 LSI のザインエレクトロニクスなど，「ダーウインの海」を渡って世界トップ・クラスのシェアを確保している日本の中小・零細規模企業は多数存在している。

### (6) Ⅶ（星雲）型モデルで強化

このモデルの川下活用は，ネットワークが構築しやすい地域展開では，良品計画のようなファブレス企業としてよく見られるが，「ダーウインの海」を渡る戦略としての活用ケースは，海外で日本企業の周囲に現地の低コスト生産に得意な多数の企業との密接なネットワークを構築しその運営をすることが日本企業にはむずかしいために，ほとんど見られない。ただし部品調達だけに限っては，今後このモデルの活用が急増すると予想される。

そのような中で，トライウインは設立わずか 6 年であるが，世の中に求められるデジタル製品を開発するとの企業理念のもと，大手メーカーを辞めた社員が結集して，取り外して持ち運びできる携帯型カーナビゲーション・システムを専念開発し，自前の工場は一切持たずに，タイ，台湾，中国，韓国，日本の 5 カ国・地域での 12 の協力工場との契約生産と，通販ルートの強化で，製販を通じて徹底的なコスト・リーダーシップを追求し，大手メーカーを脅かす存在になっている（井上孝之，2011.9.7）。ノキアも設計と販売だけでグローバルな携帯電話市場を支配してきたが，トライウインにとっても，自社は得意な製

品企画・設計モジュールのみを強化し，事業達成に必要なさまざまなモジュールは状況に応じてグローバルな他社とのネットワークを通じて活用する星雲型モデルの展開が成功のカギと思われる。

### (7) Ⅷ（ブラックホール）型モデルで強化

輸出加工でなく，中国市場参入目的で進出した日本企業は，今さらそれぞれの事例を確認するまでもなく，自動車業界を先頭に実に多数に及ぶが，その多くがブラックホール型モデルでの「ダーウインの海」渡りを意図していることは明らかである。中国市場が小さければ企業全体の「ダーウインの海」渡りにはあまり寄与できないが，それが巨大市場であるだけに，一国の市場といえども事業によっては「ダーウインの海」渡りの中で大きなウエイトを占める重要な施策になってくる。

## 13-3　川上・川下モジュール（一貫綜合経営力）の強化戦略

川上，川下に限定せずに，経営の川上・川下全体構造，すなわち事業や製品の開発から産業化までの一貫した機能連鎖の強化で，グローバル市場に勝ち残ろうとする場合である。川上，川下を分離しにくい中で，基本的にはマス・マーケットの開拓と，低コスト生産を図りつつ，ハイテクや高機能事業・製品でグローバル市場の高シェア獲得を目指すための戦略方向は，川下モジュールの強化の場合と同様に二大別される。

まず内部化志向での取り組みであるが，これまで慣れたビッグバン型モデルで，新事業や新製品のグローバル市場での産業化を図ろうとする日本企業は多いが，自社の経営力で対応できる特定の中規模事業に特化して強い競争優位を構築できないと，成功はむずかしい。

恒星型モデルは自社がもともとG型の強いグローバル事業を持ち，その経営基盤を基にさらに現地市場で基本的には自社力でM型の事業も開発しようとする戦略であるから，G型M型両方のグローバルな総合的経営力を持たねばならず，もともと一貫体制の企業経営でないと活用できないモデルであるが，

それだけ多角的な強い事業群と経営力が求められるので，少数のケースが見られるに止まる。

南十字星型モデルは，その特性上，原則としてこの一貫体制で「ダーウインの海」渡りに挑戦するが，日本企業はこのモデルでの展開には弱いので，ほとんど目ぼしい成功ケースは見られない。

アンドロメダ型モデルの活用では，積極的な M&A でグローバル経営力を強化しつつ，状況次第でそれを川上強化にも川下強化にも使い分けられるが，明快な事業戦略の確立が前提になる。本来日本企業がもっと活用してもよいモデルであるが，これまで内部化志向の強かった日本企業の経営理念とのギャップが大きい経営行動であり，またインテグラルな企業体質に多くの海外企業のモジュラーな企業体質を同化させるのに慣れないこと，日本企業の多くは買収資金に限界があることなどから，このモデルの成功ケースもまだあまり多くはない。

一方モジュール化経営の有効性が期待しやすい外部化志向での挑戦では，一体構造での強化でも少数企業の協業でそれを比較的容易に実行できるので，連星型モデルの適用例が比較的多く見られるが，その戦略目的次第で，モジュラー型汎用品事業に強い新興国・地域企業との協業と，先進型経営資源を互いに補完できる先進国企業との協業に二大別される。

星雲型は多角的で柔軟な状況次第の多数連携を行うことになり，「ダーウインの海」渡りにその適用で挑戦するには，グローバルに柔軟なネットワーク協業が求められ，企業は強い理念と一貫した事業の柔軟で強力な経営力が必要なので，日本企業の実施はまだ特定の企業に限られる。

なお彗星型とブラックホール型は，基本的に川下の補完モデルであり，その性質上一貫体制では活用されない。

(1) Ⅰ（ビッグバン）型モデルで強化

「ダーウインの海」渡りのために，川上・川下一体構造での事業強化について，ビッグバン型での自社展開に限界があることは，日本企業の昨今のグローバル

市場でのポジションの動静からも明らかである。伝統的なビッグバン型モデルで常にグローバル市場を制覇できれば，昨今のグローバル市場での後退はなかったはずである。川上・川下両方の強化を要するのは，まだ「ダーウインの海」渡りに挑戦するには全体の経営力が弱過ぎることを意味し，その補強には相当の覚悟と努力が問われる。また日本企業のアーキテクチャ体質はインテグラル型であるとされ，一方加工組み立ての電気電子機器関係や機械関係の汎用化した事業や製品は，昨今では量産段階に入ればモジュラー型で対応することが基本なので，日本企業が自力で川下に展開するには，川下での特殊なアーキテクチャ適合の戦略的な工夫がなければならない。そのためにはインテグラルな自社体質が有利で，かつ自社の経営力でカバーできるハイテク，高機能の特定の中規模事業を選択するか，自社の現地法人で，現地のモジュラー型のアーキテクチャと調和した経営組織体制を構築することが肝要である。

　たとえばトヨタやホンダも基本的にこのモデルによっているが，未だにインテグラル型が有効な高い技術力が求められる事業であり，また世界有数の巨大な経営力を保持する企業であるために，「ダーウインの海」を無事に乗り越えている。ただしその成功には，現地のモジュラーな体制と，日本トヨタや日本ホンダのインテグラルな体質を海外事業所の中間層に構築した第三文化体を介在させることでうまく融和させていると思われる。そのため両社ともに出向者数はかなり多くなっており，また現地人材のトレーニングにも各別意を用いている。

　一方で日本の電気機器や半導体産業などは急激に後退し，2011年度の決算もパナソニック，ソニー，シャープ，NECなどは大幅赤字となっているが，製品の汎用化が進む中で日本の業界の分立が経営力を矮小化し，それでも一貫体制による独力でのビッグバン型モデルに固執し続けているために，競争優位を失ったと見られる。

　工作機械メーカーの多くも，一貫体制のビッグバン型モデルでグローバル展開し，1980年代後半から一旦世界トップの位置を獲得して，「ダーウインの海」を渡れたと思えたが，2000年代前半から次第に低価格の中・小型機械は発展

途上国,特に中国の自給化が進み,さらにグローバル市場への供給者としての地位も築き始めたため(石川善一,2003, pp.84-90),ビッグバン型モデルの限界が見え始め,工作機械でも「ダーウインの海」で後退しつつある。そのような情勢の対応戦略として,森精機は後述する連星型提携に踏み切り,2011年度決算では大幅な利益増を見ているが,さらに2013年からの稼働を目指して,ビッグバン型モデルで自社によるアメリカと中国への工場開設にも着手し,海外での生産と部品調達で川下の強化も進めている(浅沼直樹・中村結,2012.5.14)。

ユニチカは世界トップのナイロンフィルム事業などを持つが,2011年度の売上高は1,740億円で,その売上高国際化率はわずか14％に過ぎず,低利益から脱却できないでいる。安江健治社長は今後の発展には海外事業の強化しかあり得ないとして,2020年に海外市場売り上げを50％として売り上げ倍増を図るビジョンの下,タイに続いてまずインドネシアでの製販拠点化に着手している(花田幸典,2012.5.16)。

このような中で,YKKのファスナー事業はビッグバン型モデルの展開で成功しているが,中規模の製品事業であるために大規模な経営力を必要とせず,またかなり高度な精密加工製品である上に顧客のニーズも多様であるため,擦り合わせ型の開発・生産に適しており,中堅規模の日本企業である同社に合う事業の選択である。

同社は材料から加工機械まで全てを自社開発し,自社で設計・生産し,全世界のユーザーに販売しており,徹底的に内部化を図ることで,発展途上国のノウハウ漏洩による追い上げを防いでいる。また品質にこだわり,使用回数を発展途上国製品の1,000回の10倍である10,000回を保証し,色もアレンジも多様に品揃えし,ユーザーのどのような注文にも応じ,品質を重視する世界のほとんどの主要ユーザーには,顧客対応型マーケティングで対応している。そのため世界71カ国・地域で事業を展開し,デザインや企画は先進国の各地域で行うが,生産は縫製ユーザーに近い場所で行い,それぞれの必要に合わせたサービスで差別化を図ることで,世界シェア45％の圧倒的なNo.1のポジション

を確保している。その売上高約 2,000 億円は 2 位のドイツのオプティ社の 20 倍，中国に乱立するライバルの約 50 倍の規模を保持している（平松茂実，2011，pp.116-119）（岡田貴典，2011.9.13，pp.4-5）。

　YKK のように全てを自社の経営力で対応できるような事業体制でない場合には，ビッグバン型の展開での「ダーウインの海」渡りはむずかしい。セイコーエプソンも同じような挑戦をしていたが，経営力の不足で必ずしも成功していない（平松茂実，2009.8，pp.70-106）。

　THK は事業を半導体製造装置や工作機械向けなどの直動ガイド機器に絞り，世界シェア 60％を占める企業で，彗星型の外部化志向の事業展開をしているが，すでに売上高約 2,000 億円で YKK と似た自立型の事業経営をしている。開発から生産までをビッグバン型の自社力発展に執着しているが，強い技術力を確保しつつ，2012 年度だけで約 100 億円を中国，メキシコの新工場開設に投資しようとしており（日経産業新聞，2012.5.16 ②），川上・川下にバランスのとれた経営を進めている。

### (2) Ⅱ (恒星) 型モデルで強化

　恒星型は G 型と M 型の事業や製品群との併用で発展を図る戦略モデルであり，母体企業にその両方の経営力が求められることから，これも実施ケースはきわめて少ない。

　その中で味の素社は，グローバルな競争優位のある MSG 事業で積極的に「ダーウインの海」を渡ってグローバル市場を開拓した上で，MSG が調味素材でその需要に限界があることから，MSG 事業で構築した現地経営力を活用して，日本市場で培った多角化市場開発力でグローバル各地のローカル事業・製品を開発することにより，全体の経営規模の拡大に成功している（平松茂実，2011，pp.123-135）（同，2011.12，pp.2-29）。

　最近同社は，その事業の恒星型経営体制によるグローバル化を加速するため，研究開発体制でも海外の欧州，北米，中国，ロシア，東南アジアの 5 地域に開発拠点を置き，基礎研究と現地のニーズを捉えた開発の連携を強化しながら，

各拠点では外部の企業や大学の持つ成果と組み合わせて，現地の嗜好性やニーズに合わせた開発を手掛け（西村絵，2011.9.6），G型，M型両面でのグローバルな開発体制の強化も進めている。

同じ展開は，キッコーマンのG型商品化した醤油で培った海外経営基盤に，各地域の需要に見合った日本食品のM型卸売事業のグローバルな上乗せ拡大にも見られるが，このモデルでの成功例はまれである。

### (3) Ⅳ（アンドロメダ）型モデルで強化

川上・川下一体構造でのアンドロメダ型モデルの活用ケースも少ない。一体構造では補完より補強となり，補強を求める必要のある企業がM&A資金を豊富に活用できるのは，限られたケースに止まるためと思われる。

日本電産は，永守重信社長が1973年にモーター業界に最後発で参入して設立した企業で，HDD用では世界シェアトップの80%を占める有力メーカーであり，精密小型モーターを中心に回転機器を主力事業としているが，会社を設立した初期からアンドロメダ型モデルによるグローバル発展戦略を採用し，買収の都度電動モーターについての技術力を補強しながら生産の合理化を図ることで，2010年度の売上高は約7,000億円，売上高国際化率74%の急速な成長をしてきた成功企業の代表とされる。

永守社長は自社の開発力を尊重し，自社研究所を大規模に拡大しながら，一方で変化への対応を重視して開発時間を金で買うという理念で，事業強化と合わせて技術のM&Aにも積極的である。また高機能高級品を重視しながら低価格汎用品のOEM化も行い，また倒産したアメリカの巨大電機メーカーRCAのわだちを踏まぬよう，徹底的にコストダウンを手掛けている。さらに経営の安定化と危機分散のために生産のグローバルな多拠点化に意を用い，世界シェア80%のHDD用スピンドルモーターは，中国，フィリピン，タイの3拠点で生産している（永守重信，2011.5.30, pp.38-41）。

M&Aについてはモーター部門に限らず，たとえば1995年には減速機メーカーのシンポ工業（現日本電産シンポ），1997年には中小型プレス機の京利工業

（現日本電産キョーリ）を買収し，2社が持つ精密加工技術や量産加工技術でHDDモーター事業の発展を図った。

　2003年にはサンキョーをM&Aで吸収して日本電産サンキョーとし，徹底したコスト削減などで主力のモーター事業の収益が大きく向上したが，同社は搬送用ロボット事業も持ち，大気中で液晶パネルを搬送するロボットでは世界シェア60％を占めるトップ企業で，半導体製造装置向け搬送ロボットも長年手掛けてきていたが，まだその販路に弱かった。そこで日本電産サンキョーは，半導体の製造工程で真空容器に入ったウエハーの搬送装置を開発，販売している有力ベンチャーであるマサチューセッツ州のパーシモン・テクノロジーズに200万＄を出資し，その販路で搬送ロボットの販売を強化するとともに，次世代製品の開発でも協業することにし，今後は市場の急拡大が見込める太陽電池パネルの搬送ロボットの共同開発も予定しているとされる（岩戸寿，2011.5.26）。

　2012年にも，アメリカのプレス機最大手でアルミや鋼板を高圧加工する大型プレス機に優れたミンスター・マシン・カンパニーを買収し，その精密加工や制御技術の取得も図っているが（堀江耕平，2012.3.7），また引き続き同年4月にも，イタリアの産業用モーター大手のアンサルド・システム・インダストリーの買収を発表している。同社は風力発電や水力発電用モーターや，製鉄所圧延機用モーターとその高圧電流制御機器を手掛けるが，イタリアやロシアに工場を持つほか，欧州と新興国に販路を持つので，日本電産は同社の取得で産業用モーターにも参入でき，販路の強化にもなっている（堀江耕平，2012.4.13）。

　このように，開発力も含めた全体の経営力をグローバルなネットワークで，常に拡大強化していくとする永守社長の強いモジュール化経営理念の下に，同社はモーターという伝統的事業領域に絞って自社モジュールを強化しながら，強力な合理化で買収資金を生み出して，強い他社モジュールを弛みなく小刻みにM&A取得することで，そのシェアを急速に伸ばしてきた。しかし産業の基幹機器として，モーターはまだ常に技術と事業環境の変化があるために，安んじていれば「ダーウインの海」渡りで遅れを取る危惧がある。ちなみに現在のモーター業界の最大の課題は，節電のための厳しい消費電力規制で，産業用

モーターの効率は，国際規格で標準の「IE1」から，スーパープレミアムの「IE4」までの4段階に設定されている。すでにアメリカでは「IE3」を義務付け，工場などでの消費電力削減を促しており，中国もすでに「IE2」を採用し，欧州でも2011年6月から同じ「IE2」の規制が定められたにもかかわらず，原発事故節電実施中の日本ではまだ規制されない「IE1」のままで，2015年にようやく「IE3」になるのではと予想されている。このような中で日本電産は2010年8月にアメリカのエマソン・エレクトリックのモーター事業を長い年月をかけてようやく買収して川上を強化し，さっそくそのメキシコ・モンテレイ工場で「IE3」モーターを増産し，国内販売を始めた。まずは2011年11月から北米向け輸出ポンプの生産で「IE3」モーターが不可欠な国内メーカーに供給するための受注を始めているが，やがて日本でも全モーターの入れ替えが求められることを予測しての先行行動を評価できる（日経産業新聞，2011.7.13）。

### (4) V（連星）型モデルで強化

川上・川下一体構造の経営でも，「ダーウインの海」渡りに経営力が不足する場合の手っ取り早い対応策は，連星型モデルでの少数企業の協業である。そのやり方は委託から，連携，合弁，M&Aによる取得合併まで，実にさまざまである。一貫体制での連星型の協業は，川下強化の協業とは異なって，低コストよりグローバル市場に向けての事業や製品の差別的競争力の強化を求めるケースが多い。

たとえば1982年以来，日本の工作機械産業は世界トップとなり，約30％のシェアを確保してきたが，ここ数年で中国の工作機械産業が発展して世界トップとなり，ドイツにも抜かれて世界3位に後退した。日本の工作機械メーカーは，同業各社で競合しつつ高レベルの一貫体制の開発生産をしながら，技術漏洩を恐れてほとんどの企業が主に国内でビッグバン型の発展を選択してきた。

しかしそのような中で，森精機製作所の森雅彦社長は事業の海外展開で，ドイツ企業との連星型モデルでのグローバル経営体制強化に積極的に挑戦し，欧州最大手のドイツのギルデマイスターとの資本・業務提携を進めている。森精

機は2012年にカリフォルニアに自社工場を新設しようとしているが、ギルデマイスター、瀋陽機床との3社の合弁で中国にも生産拠点を設ける予定であり、また為替対策として、全体の2割程度の生産をギルデマイスターに委託してユーロ建ての取引にしようとしている。ギルデマイスターも森精機製の高性能複合加工機に自社の数値制御装置などを付けて、欧州の航空機業界などに販売している。持株比率は当初相互に5％であったが、その後ギルデマイスターの資金状況の改善からも、森精機側は増資を引き受けて現在では20％以上となり、持分法適用子会社となっている。森社長によれば、名古屋の日本本社機能は保持するが、日本以外の両社の事業はスイスを拠点に統合する予定とされる（山川龍雄、2011.6.6, pp.90-92）。

　森精機はこのギルデマイスターとの資本・業務提携により、欧州市場に本腰を入れようとしている。2011年9月にドイツ・ハノーバーで欧州国際工作機械展が開かれたが、森精機はギルデマイスターと共同で、新機種26台を含む100台を展示し、展示スペースは2,000社を超える出展メーカーで最大規模で、スペースも台数も両社合わせて昨年の3倍規模である。その最大の目玉はギルデと共同で開発する次世代のコンパクトマシニングセンターで、世界で初めての公開である。両社はこれまでもアジアや北米で、共同の販売体制を構築して提携の相乗効果を確認してきたが、9月には森精機のドイツ子会社が持つ販売・サービス機能をギルデのグループ会社に移管し、ドイツを除く欧州各国では、両社の販売会社は順次統合してスイスに新たに設置する合弁統括会社の傘下に置く計画で、販売サービス網を統合強化して新規の顧客開拓を図ることを意図しており（浅沼直樹、2011.9.9）、今後その成果が問われようとしている。

　一社の一貫した事業の経営力がさらに弱い場合には、同じようなレベルの数社の連携をしないと、「ダーウインの海」を渡る経営力が不足する。日立製作所、富士電機、明電舎の3社も、バブル経済の後始末が必要な2001年に共同で発電関係の事業を統合し、合弁の日本AEパワーを設立することで、事業力や研究陣を強化して、環境に配慮した高性能変圧器や、六フッ化硫黄を使わない高電圧電流遮断機なども開発してきた。この10年間は主にそれらの設備単体で

の輸出が中心であったが，今後は太陽光発電所や変電所建設の一括受注などを柱に，環境対応型発電システムの事業化を図り，2015年度の決算で売上高を対2010年度80％増の1,500億円とし，うち海外は3倍の900億円に拡大しようとしている（日経産業新聞，2011.7.5 ②）。

　経営力の不足を打破する連星型提携の一例として，最近パナソニックとソニーは，ポスト液晶の本命とされる有機EL（エレクトロ・ルミネッセンス）TV事業で提携交渉を始めたが，それにはこの分野ではまだ量産技術が確立されていないために，ソニーの持つ高い有機ELの要素技術と，パナソニックの持つガラス基板上への均質塗付技術の組み合わせによって技術的競争優位を創出するところに協業の狙いがあるとされる（指宿伸一郎，2012.5.16）。しかしこれはむしろ川上の強化策であり，両社に川下の競争優位があればその提携は総合力の優位となって生きてくるが，最近の両社の後退はむしろ川下の競争優位の喪失にあり，この提携だけではそれは補強されないので，やはり「ダーウインの海」渡りはきびしいはずである。このように連星型での経営強化は，川上，川下分業の場合はわかりやすいが，一体構造での提携は，互いの補完分担をしにくいことが多いためか，期待の割には実施ケースは多くない。

### (5) Ⅶ（星雲）型モデルで強化

　星雲型は自律的な経営を営む他社と，状況次第で自由にさまざまなネットワーク協業を試みるモデルであり，多角的で積極的なオープン・アーキテクチャ戦略である。しかし複雑な関係なので，的確な提携戦略発想を持ち，川下展開の場合にも触れたようにクライアント・アンド・サーバー型のネットワーク協業で，サーバーとしてのリーダーシップを発揮できないと大きなメリットが期待しにくく，実施ケースも限られてくる。

　東芝は1995年時点で総合電機国内2位のポジションにあったが，主力の家電事業でアジア進出に他社より出遅れ，総合電機という事業体制も，成熟化によりグローバルな低価格競争に巻き込まれて業績は低迷し，1997年度にはついに赤字に転落するに到った。1996年5月に社長に就任した西室泰三は営業

出身で，東芝アメリカの副社長としてその経営改革を強力に推進した実績の持ち主であり，その間に関係の深かったGEの大胆な変身を見てきてもいた。その経験を活かして選択と集中の理念の下に事業領域の再編成を図り，情報通信事業と環境対応事業を21世紀の主要な柱に選択することにした。また西室はその改革に俊敏を求め，そのためにGEと同様なM&Aを積極的な事業再編の手段とした。すなわち東芝は，それまでの内部化志向のビッグバン型から，外部化志向のアンドロメダ型を中心としたモジュール型経営で，一気にその事業体性を強化しようとした。

　東芝はその推進機関として社長に直轄した経営戦略部「M&A部隊」という特殊なチームを設置し，ビジョンに基づく事業領域の改革のスピードアップを推進したが，単純な買収だけでなく，その活動では，情報通信のデジタル化に向けてそのソフトウエアの先端分野を開拓するためのベンチャー企業，東芝デジタルフロンティアも戦略的に誕生させている（徳丸壮也，2000，pp.7-77）。このような戦略転換で，2010年3月期時点で，東芝の事業はNADAフラッシュメモリを中心とするデジタルプロダクツと社会インフラがともに34％，電子デバイスが19％の構成となり，なんとかこれらの事業で「ダーウインの海」を渡り，売上の国際化率が55％になるまでに変身してきている。

　このような3事業体制をまず確立した上で，東芝はこの3事業分野について，状況次第でどことでも必要に応じ柔軟に協業する星雲型モデルを展開することによって，今後の「ダーウインの海」を乗り越えようとしている。

　デジタルプロダクツと電子デバイス事業では，まず「ダーウインの海」渡り競争の真っ最中である液晶パネルで，自社の一貫した事業力の不足を補うために，ソニーとスマートフォン（多機能携帯電話）やタブレット端末に使われる中小型液晶パネル事業の統合検討に入ったとされる。急成長する中小型液晶市場で海外企業との競合に勝つ巨額な投資が必要であるが，それは単独では難しく，両社は年内にその子会社東芝モバイルディスプレイ社とソニーモバイルディスプレイを合併することによって，新会社を設立する予定とされる。

　液晶パネルは，かつて1990年代はTV用の大型液晶パネル市場で，日本企

図表13-4　中小型液晶パネルでの各社の戦略

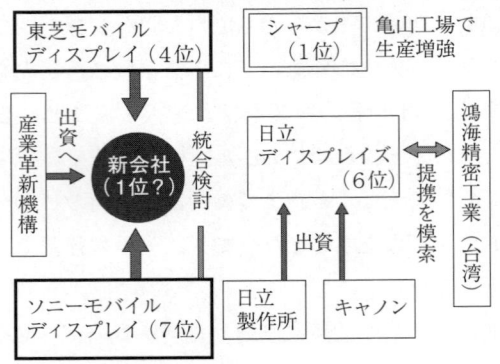

```
東芝モバイル              シャープ    亀山工場で
ディスプレイ（4位）       （1位）     生産増強
        ↓                              
産業革新機構 →出資→  新会社    統合  日立         ←→ 鴻海精密
                   （1位？） 検討  ディスプレイズ    工業
                      ↑           （6位）  提携を模索 （台湾）
                                     ↑出資
ソニーモバイル            日立        キヤノン
ディスプレイ（7位）       製作所
```

注）カッコ内は世界シェア順位
出所）日経産業新聞（2011.6.8 ②）

　業が世界上位を独占していた。しかし2000年代に入ってITバブルが崩壊し，日本企業が大型投資を先送りする間に，韓国，台湾企業が巨額投資して形勢は逆転し，2010年の出荷額は韓国，台湾勢が8割を超えるに到っている。しかし大型パネルより高度な製造技術が必要な中小型パネル市場は，世界7位までに日本企業の4社が入り，現在は日本企業が優勢な立場にある。中小型はスマートフォンやiPadのようなタブレット端末の普及で需要の急拡大が予想され，各社は一斉に中小型への移行を進めている中での，東芝とソニーの統合である（図表13-4）。しかしこの事業領域でも韓国，台湾の追い上げはきびしい。東芝とソニーの提携は，単に事業統合だけでなく，それによって産業革新機構からの出資を受けられる体制を整備して，今後の大型投資が出来るようにすることも意図していると見られている（日経産業新聞，2011.6.8 ②）。

　東芝はその後8月31日に，さらに日立も加えた液晶中小型パネル事業を統合する新会社ジャパンディスプレイを2012年春に設立すると発表した。日立は広視野角の高輝度パネルを作るIPS技術を開発しており，この3社の統合で，新会社の世界シェアは2割強となって世界トップに躍進する。2011年には中小液晶市場は対前年20％増の約2兆円と見られる成長市場で，日本の液晶事

業が生き残る最後のチャンスに間にあったとされる（山本智之，2011.9.13, pp.14-15）。

東芝は国内工場で撮影素子のCMOS（相補性金属酸化膜半導体）センサーも生産しているが，2011年6月中に半導体や電子部品の組み立てを手掛けている江蘇長電科技と合弁企業を設立し，そのセンサーと他の電子部品を組み込んで映像信号に変換する半導体内蔵カメラを中国で生産する。この半導体内蔵カメラは，スマートフォン（多機能携帯電話）向けなどのモジュールで需要が拡大しつつあり，電子機器の世界の一大拠点で顧客に対応できる生産体制が整備できる（日経産業新聞，2011.6.6）。

同様に韓国でも，東芝は半導体次世代分野で，半導体業界トップ企業のサムスン電子との競争に備えるため，韓国ハイニックス半導体と共同して次世代メモリーのMRAM（磁気記録式メモリー）を開発すると発表した。韓国のハイニックスの研究施設で両社の技術者が開発を進め，製造面での協業も検討していく。東芝は自社開発する次世代フラッシュと組み合わせて，高速処理，大容量のメモリーシステム製品の市場投入を目指している（岡田達也，2011.7.14）。

一方，東芝のもう一つの戦略事業である社会インフラ事業では，環境配慮型都市「スマートコミュニティ」事業の強化を戦略に打ち出し，その一端として今後の送配電などのインフラ事業を成長事業と位置付けているが，これについても積極的に星雲型モデルで海外進出を強化しようとしている。

まずアメリカでは，2011年6月にアメリカのヒューレット・パッカード（HP）と環境配慮型都市「スマートコミュニティ」事業で提携すると発表した。東芝は電力制御技術に強いが，ITを駆使した膨大な情報処理とサービス開発では経営力が不足する。一方HPは企業買収を絡めながら，世界中から集まるデータを格納するデータセンター事業や，そこからさまざまなITサービスを提供するクラウド事業を強化している。インターネット経由でサービスを提供するクラウドコンピューティングは環境都市にも拡がり，国境を越えた協力体制が不可欠になってきた。東芝は発電システムや送変電装置，蓄電池，デジタル家電，白物家電など，電気を生み，送り，使う技術や製品をほぼ網羅するが，情

報処理技術やクラウド技術が不足していた。スマートコミュニティでは，個々の家庭や工場，ビルなどの電力使用状況をスマートメーター（次世代電力計）で常時集め，その膨大なデータを基に省エネルギー支援サービスや，地域全体の電力需給を制御しようとするので，高度なITのノウハウが不可欠となる。東芝にも東芝ソリューションがあるが，これから世界的な展開を図るには技術，経営力が十分ではなかった。一方HPも，新しい時代産業のスマートコミュニティを攻める十分な電力技術も，全体をカバーする組織も持たなかった。HPは東芝の半導体やHDD（ハードディスク駆動装置）を購入している関係もあって，両社のトップが2011年3月に会食した時に，両社の協業メリットを確認したことで，この提携が決まったとされる（鷺森弘，2011.6.17）。

　東芝は，さらにスマートメーター（次世代電力計）の世界最大手であるスイスのランディス・ギアを1,900億円で買収することも決めているが，これは図表13-5に見るように，東芝の目指す2大事業の一つであるスマートコミュニティでのHPとの関係強化に寄与する（鷺森弘，2011.6.17）。

　欧州では，2011年3月にはイタリアの重工業大手アンサルドグループの送変電エンジニアリング会社もM&A し，東芝が欧州市場の送配電に本格参入

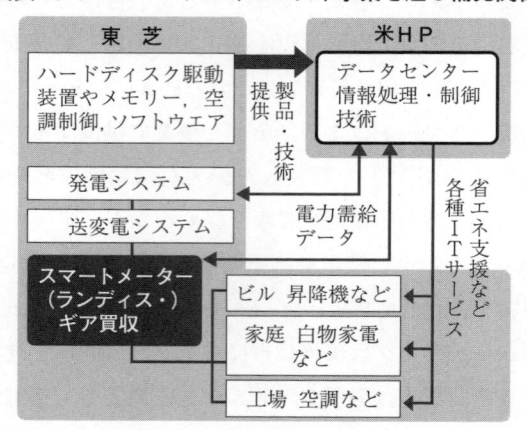

図表13-5　スマートコミュニティ事業を巡る補完関係

出所）鷺森弘（2011.6.17）『日経産業新聞』

する足場を取得した（牛込俊介ら，2011.8.3）。

　アジアでは6月にはマレーシアの送配電機器メーカーであるトップ・ランク社の株式75％を10億円で取得し，東芝電力流通システムアジアに社名変更し，東南アジア地域での送配電を土木工事から一括して請け負うERC事業の拠点とするほか，送配電機器のアジアや中東などへの輸出拠点，今後の成長が期待される太陽光発電やスマートグリッド（次世代送電網）などにも活用するとしている（日経産業新聞，2011.6.9）。

　ロシアでも，2013年後半に稼働を目指して，重電大手でタービンや発電機を手掛ける民間大手企業のシラビエ・マシーニと，電力網向け変圧器を共同生産する折半投資合弁工場の建設を発表したが，東芝はさらに新興諸国での電力流通インフラでの事業を拡大するために，インド企業との合弁生産会社設立にも合意しているとされる（日経産業新聞，2011.9.21）。

　2012年4月にも，東芝の子会社東芝テックが，IBMのPOSシステム事業も約700億円で買収すると発表したが，これによって流通業の投資を呼び込みつつ，新しいITサービスを生み出すことを期待している（鷲森弘・山田剛良・弟子丸幸子，2012.4.18）。

　以上に見てきたような東芝の取り組みは，まだ経過が浅く十分業績に反映されてはいないが，2011年度決算も黒字を確保しながら，このようなさまざまな事業に，各社と川上，川下にまたがる種々のオープン・アーキテクチャ戦略を状況次第で勇敢に挑戦しているのは，星雲型のモジュール化経営の典型的な実施ケースで，多角的で広域な事業経営を行う大企業に適した試みであり，今後の同社の積極的な挑戦の成果を見守りたい。

# 第14章
# 日本企業が「ダーウインの海」障壁を渡るための新IM統合モデル

## 14-1 これまでの「ダーウインの海」渡り試行ケースの点検

　日本企業が現代のきびしいグローバル経営環境にあって,「ダーウインの海」障壁を乗り越え,再びグローバル市場でそのポジションを確保するための戦略的方策は,各企業が置かれた経営環境と当該企業の経営資源や経営の実情によって異なってくるはずで,一元化したモデルに集約されない。モジュール化経営では,モジュールの組み合わせが多様であるから,各社の対応のあり方も,その状況次第でさまざまになる。ただし筆者の提唱するように,モジュール化経営の8類型モデルを活用すればそのいずれかに類型化される上に,8モデル論で提起したように,それは経営理念と事業規模で制約されてくる。さらにその目的を日本企業の新事業・新製品のグローバル市場での産業化に絞ると,そのあり方もまた自ずと限定されてくるはずである。

　第13章で見てきた各社各様の戦略的挑戦もほとんどがその範疇に収まるものであり,いずれのケースを通じても,自社の創出した新事業,新製品を産業化にまで発展させようと「ダーウインの海」障壁を乗り越えるには,まず自社の川上の強さを確認して,それが不十分であれば他社モジュールで補強し,その上で川下でのマス・マーケット開拓と低コスト生産体制を構築するための,経営理念と事業規模を反映させたモジュール化経営を,迅速かつ巧みに実践することが基本になる。しかし第13章に紹介してきた最近の各社の挑戦ケースは,いずれもある程度成功しているとは思われるが,それぞれ次に述べるような制限内での成功であることに留意を要する。

## (1) 川上強化

　日本企業の多くは川上での「魔の川」「死の谷」障壁は乗り越えており，最近では特に弱さが顕著になってきた川下の強化が，「ダーウインの海」障壁渡りに必要となる場合が多くなっている。したがって川上も弱いようではグローバル競争に勝てる見込みはなく，それでも川上協業を求める場合は，すでに十分な研究力はあるが，さらに新規な領域の研究開拓を図りたいとする前向きな挑戦に限られよう。ただしそれは日本企業にとって例外的なケースであり，またその場合は川下がすでに十分強力であることが前提になる。そうでなければ当然併行して川下の強化も「ダーウインの海」渡りに必要となるので，せっかく川上の経営力を強化しても，それを産業化にまで発展させる可能性が低くなる。これからの日本企業の課題である「ダーウインの海」渡りは，川下強化か川上・川下の一貫した事業全体のさらなる強化かのいずれかが本命になる。

## (2) 川下強化

　まず日本企業の「ダーウインの海」渡りで，川下強化を見てみると，補完効果がわかりやすく，また2，3社の互いに不足した面を補強する協業であるから，一見その実施は容易に思われるが，日本企業にとっては外国企業との企業体質やアーキテクチャの適合化が必要になるので，よいパートナーを探せば成功できるような単純な課題ではない。単に強い川上と強い川下の企業協業（モジュール連結）をしただけでは，新事業や新製品の産業化を図ることがむずかしいことは，すでによく認識されている。

　第13章に，多くの日本企業による「ダーウインの海」渡りへの挑戦事例を見てきたが，その点検から基本的にいえることは，新事業や新製品のグローバル市場での産業化での川下強化を，日本企業らしく伝統的な内部化志向を保持したままに，ビッグバン型モデルの活用で行おうとするケースが多いことである。このモデルは自社力による川下強化になるが，さらに自社の経営力に見合った中規模事業に特化し，また外国進出拠点での自社組織で，現地企業や社会のモジュラーなアーキテクチャ・ギャップとの融和を図るために，現地法人組

織のどこかにインテグラルとモジュラー両方のアーキテクチャに通じた人材を配置した，第三文化体の構築を図ることが成功のカギになろう。

川下強化に自社力が不足する場合には，新しい外部化モデルを活用することになるが，連星型モデルの活用ケースが多い。自社に合った少数他社との協業を図ることにより，特定の経営力が不足する場合や，弱いグローバル・エリアに進出したい場合，さらに低コスト生産や，デファクト・スタンダード化した新興国のマス・マーケット開発力を取得したい場合などにとりわけ有効であり，関係する企業が少ない上，補完目的が明確なことが多いために実行しやすく，成功例も多い。

経営規模が小さい中堅，中小規模企業が，新事業や新製品で「ダーウィンの海」を乗り越えて経営のグローバル化に成功したい場合に限っては，彗星型モデルが唯一の，かつきわめて有効性の高い戦略となる。ニッチで国際競争力の強い事業を経営している限り，それを使ってくれるグローバルな大企業や大組織を探してそのモジュラリティに組み込んでもらうことで，容易にそれをグローバルに成長させることができ，たとえ売上高10億円前後の零細経営でも，世界市場でのマーケット・リーダーになることも十分可能で，日本企業にその成功例が多い。

この3種のモジュール化モデルの活用のほかに，南十字星型，アンドロメダ型，ブラックホール型モデルで挑戦している例は見られるが，いずれも例外少数に止まる。

### (3) 川上・川下一貫体制強化

川上・川下を通じた全体構造での強化は，単なる川下強化よりむずかしい場合が多い。自社独力の場合，「ダーウィンの海」を渡るために，自社で川上，川下全体の強化を図っていくことになる。一方一貫した総合経営力を持つ企業同士の協業は，経営力強化の有効性は高いと見られるが，一応完結した経営体制の企業同士が，相互に類似点の多い中で信頼しあった協業ができなければならず，またここでも双方のアーキテクチャの適合性を図ることも必要である。

第14章　日本企業が「ダーウインの海」障壁を渡るための新 IM 統合モデル

さらに川上・川下一貫体制の強化を図ろうとする場合は，開発での連携も含まれるので，川上や川下中心の場合より，相互の関係は複雑になり，マネジメントの負担が重くなる傾向がある。

しかし目下日本企業のこの全体構造での協業ケースは，川下中心の場合とほぼ同じ程度に見られ，やはり日本企業らしく内部化モデルとして自社力挑戦によるビッグバン型モデルでの展開が多い。外部化志向の連星型では，すでに述べた理由や，開発での協業も含むので，自社単独の場合よりも困難になるが，お互いに補強し合いたい協業パートナーは見つけやすいので，ある程度成功した挑戦ケースは確認できる。

恒星型，アンドロメダ型，星雲型モデルも見られるが，これらは特殊な例外ケースと見られる。

### (4)　「ダーウインの海」渡りに活用されるモジュール化経営の3モデル

以上に確認してきたように，現在日本企業がグローバル市場で「ダーウインの海」渡りに活用しているモジュール化モデルは例外を除きほぼ特定されており，川下強化では内部化志向のビッグバン型モデルか，外部化志向の連星型モデルが中心になる。その他ニッチな事業に強い中小零細企業に限っては，外部化志向の彗星型モデルが大いに活用されて成功しており，目下はこれら3モデルのいずれかでの再発展が試みられている。

また川上・川下一貫体制での強化を図るには，内部化志向のビッグバン型がもっとも多用されているが，外部化志向での連星型モデルもある程度活用されている。

このようにモジュール化経営による「ダーウインの海」障壁渡りに，最近日本企業が試みているモジュール化経営戦略はほぼ3モデルに集約されることを明らかにできたが，次節ではさらに日本企業に有効な，連星型モデルを修飾した新しい成功モデルを提起したい。

## 14-2 新 IM 統合モデル

　日本企業はせっかく新事業，新製品などの創出に成功しながら，その後の「ダーウインの海」を渡りグローバル市場でその産業化を図ることに苦手であり，一方新興諸国企業は「ダーウインの海」を渡るために不可欠なコスト・リーダーシップの実現とマス・マーケット開拓力に優れながら，その能力を活かす新事業や新製品などの創出力を欠くことが多いため，いずれも新事業や新製品の産業化を単独で実現する経営力が不足している。特定の中規模事業に絞って強い競争力を確保できる場合は，自社力によるビッグバン型モデルでも「ダーウインの海」渡りは可能であるが，一般的な大規模汎用品事業に発展できる新事業や新製品の産業化を図るには，日本企業の得意とする川上と，新興諸国企業が得意とする川下を巧みに統合する合弁での特殊な協業が，これからの日本企業と新興諸国企業がともに成長発展するために，もっとも高い有効性を期待できる新しい協業のあり方になると考える。

　川上日本企業，川下新興諸国企業の組み合わせ協業では，日本企業のインテグラル型，アジア企業のモジュラー型というアーキテクチャのギャップが，モジュラー型中心の欧米企業より大きいので，日本企業にはその融和への特別な工夫，配慮が必要であり，折角オープン・アーキテクチャ志向に踏み切り，モ

**図表 14-1　新事業・新製品産業化の新 IM 統合モデル**

【川上】日本企業（インテグラル型）
　　　　　　↓
　　人材と新事業・新製品の開発技術力提供
　　　　　　↓
　　新事業・新製品産業化の合弁企業設立
　　（第三文化体を構築し，マス・マーケット適合商品化と低コスト生産で協業し，貢献度に合わせた利益配分の動的な調整を図る）
　　　　　　↑
　　人材とマス・マーケット用商品化・市場開発・低コスト生産技術力提供
　　　　　　↑
【川下】新興国企業（モジュラー型）

出所）筆者作成

ジュール化経営に挑戦しても，その適合融和化に成功できなければ十分な成果は期待できない。以下にそのアーキテクチャ・ギャップを吸収し，モジュールの相乗効果を生むモジュール化経営の新しいあり方を提起したい。

それは連星型の合弁統合であるが，インテグラル（I）型とモジュラー（M）型アーキテクチャの融和統合策であることから，新 IM 統合モデルと仮称し（平松茂実，2011.9 ②, pp.85-88），新モデルの全体体系の概要を図表 14-1 に示す。

新 IM 統合モデルの適用のあり方を概念化して示せば，インテグラル型体質の X 社（ここでは R&D 型日本企業）が A 事業を創出して市場に出した時，モジュラー型体質の Y 社（主に，低コスト量産の製販統合型アジア新興国企業）と A 事業について合弁企業を設立し，双方で協力して産業化と高いグローバル市場シェアの取得を目指す。当初は X 社の出資比率をたとえば 70％ とし，増産につれ Y 社の投資による生産販売拡大で，事業の成長期の後半には A 社の投資シェアは 50％，成熟期には 30％ 前後に漸減し，やがて X 社は Y 社に持株を売却して A 事業から撤退する。しかし引き続き B 事業の開発で Y 社と新しい B 事業での合弁企業を設立し，新しい事業の育成を図ることを繰り返せば，このモデル経営での習熟効果も期待でき，信頼関係も深まる。ただし契約条件や事業の特性次第で，B 事業は新しい Z 社と合弁企業を設立するオプションも当然選択可能である。

新 IM 統合モデルは，もちろん特定国の企業を対象としたものではないが，以下のさまざまな見解などからも，目下のところ台湾企業がもっとも優れたパートナーになる可能性が高く，次いで中国や韓国企業も考えられ，インド，ブラジルなどでも大規模市場と多数の有力企業が存在することから，十分このモデルを実施できる可能性がある。なお ASEAN はまだ有力な現地企業が少ないので，当面は 14-1 に見てきたようにビッグバン型モデルでの展開が中心となろうが，今後急激に現地企業の成長発展が見込まれるので，同様にこのモデルの展開が期待されよう。

台湾企業とのこのモデルによる連携は，主に 2 つの利点が期待できる。すなわち台湾は基礎技術において日本に劣り，研究開発にもあまり資金を投入して

はいないが，資本の論理を前提として莫大な資金投入により，アジルに優れた生産技術工場をつくりあげる実力は，台湾企業の方が日本企業よりはるかに上である（財部誠一，2010.6, pp.44-53）。この台湾企業と連携することで，日本は自らに不足し，新興国市場にも不足していることが多い資本の論理を補うことが可能になるはずで，すでに多くの欧米企業も川下展開に台湾企業を活用している。さらに日本企業にとって，今後中国への生産拠点強化と市場開拓がますます重要になるはずであるが，日本企業が単独で中国に進出しようとすれば，その手続きから経営のノウハウ，人脈づくりまで，ゼロから築かねばならない。さらに今日時々見られるように，反日気運が高まった時の対応など，日本企業ならではのリスクも無視できない。台湾企業との協業は，こうした課題を克服する有効な手段となり得ると見られる（志村宏忠，2010.11.30, pp.72-74）。またすでに台湾への投資は日本がトップとされており，王経済副大臣（Hwang Jung-chiou）は，日本企業の投資の相談室を近く開設すると語っている。特に台湾をベースとしての中国への輸出は，台中関税協定で関税を大幅に下げることが決まり，これまでより有利になることが見込まれ，日台協業に有利な背景と見られる（*The NIKKEI Weekly*, 2011.9.26 ①）。

### (1)　合弁協業の対象はモジュラー型新興国企業

　その協業の具体的な方法は，日本の開発先進型のインテグラル型企業と，新興国（主に NIES, ASEAN や BRICs 諸国・地域）のマス・マーケット開拓と低コスト生産に強いモジュラー型企業が，新事業や新製品毎に連星型モデルによる合弁子会社を設立し，日本企業が創出した新しい事業や製品・ソフトウエア，サービスなどの，グローバル・マス・マーケット市場向け商品化と市場開拓および低コスト生産とで協業して，その産業化（成長発展）を推進することにある。このやり方での協業は，特に日本企業が今後大きく成長すると思われるモジュラー型アーキテクチャのアジア地域で，「ダーウインの海」を渡って新事業や新製品・サービス・ソフトを大きく育てるために，有効性の高い戦略であると考える。

## (2) 新事業・新製品毎の連星型モデルでの合弁子会社による協業

「ダーウインの海」は，創出された新事業や新製品・ソフトウエア・サービスなどを，成熟期の安定した事業に育てるまでの間に存在する障壁であるが，互にその対岸にある新事業や新製品などを創出するモジュールと，量産，マス・マーケット市場開拓および低コスト生産モジュールのアーキテクチャ，およびそれらを扱う組織文化が異なるから，川上を日本企業が，川下を現地企業が分業するだけでは，十分な協業戦略とはならず，その融和を図る施策が重要である。

この新 IM 統合モデルでの協業は連星型モデルの特殊な変形であり，日本（一般的には開発先進国）のインテグラル型企業と，生産立地国（日本企業に対しては通常アジア諸国・地域）のモジュラー型企業が，マザー企業はその固有の体質を保持しながら，対象とする新事業や新製品などについては個別の合弁子会社を設立し，共同して日本（一般的には開発先進国）企業が創出した新事業や新製品などのグローバル市場での産業化を推進する方法である。

インテグラル型体質の R&D 型企業は，常に新事業，新製品などの開発に挑戦する代わりに，高いリターンを求め，一方モジュラー型体質の企業は，成長期後半から成熟期にかけて汎用化した事業や製品の合理化生産，マス・マーケットの開拓・維持に努力を要するが，安定した長期間の寡占的リターンを求められるので，互いに異なるアーキテクチャ体質やビジネス戦略の相違を大切に保持しながら，対象事業や製品などの分業的協業によって共存共栄を図れるようにすることが，この新 IM 統合モデルの狙いである。両社は互いに自社の不得意なモジュールは相手に委ね，自社の得意モジュールを確保するようにし，合弁企業での融和化は図るが，母体となる両社の本来の体質は保持して，協業の基盤となる本来の得意な経営力の確保に努めるようにする。

## (3) 貢献度に応じた持株比率（資産と配当比率）の変更

このモデルが機能し，両社が信頼しあえるようにするためには，両社は利益を常に対等に配分することにこだわらず，その時々の貢献度に応じた配分に配

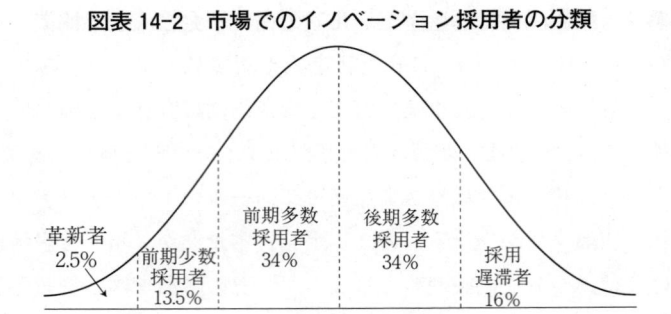

**図表 14-2　市場でのイノベーション採用者の分類**

革新者 2.5%
前期少数採用者 13.5%
前期多数採用者 34%
後期多数採用者 34%
採用遅滞者 16%

イノベーションの採用時期

出所）Rogers, E. M. (1983) *Diffusion of Innovation*, The Free Press.

慮することが肝要であると考える。日本企業は新事業，新製品の創出と市場への導入，成長への寄与度が高いはずであり，合弁協業の前半の段階，すなわち図表14-2のロジャースの分類による市場の革新者，前期少数採用者，前期多数採用者（Rogers, E. M., 1983）からのリターンは，日本企業が相対的により多く回収する権利がある。

しかし事業や製品が成熟化し，コスト・リーダーシップが競争優位の主因になる後半の段階では，新興国（アジア）企業の寄与度が高くなり，日本企業の貢献はほとんどなくなる。市場は後期多数採用者や採用遅滞者が主な対象に替わり，この後半のライフサイクルは比較的長期間の維持が期待できるかわりに，次第にフォロワーが増えて激戦市場になるので利益率も低下する。このような段階に到達すると，モジュラー型の成熟期事業，製品を得意とする企業にしか扱えなくなってくるので，当然新興諸国企業が経営の主体者となり，相対的にリターンを多く得て当然である。

すなわち事業や製品などのライフサイクルの推移に合わせて，リターンの変更を合弁子会社の持株比率の変更で対応するのがもっとも合理的であると思われ，日本企業側はこのような産業化の推移に合わせて，しかるべき時期に持株を順次新興諸国企業側に売却すべきである。こうすることにより，日本企業は高い投資利益を期待できる上に，開発投資資金を比較的早期に回収でき，一方

新興諸国企業は高率ではないが長く安定した成熟期の利益回収の寡占的経営権を取得でき，双方ともにメリットのある協業であると見られる。

## (4) 新事業・新製品の成熟化による合弁協業解消と新たな事業・製品での新合弁協業化の継承

そのようにして地域，アーキテクチャおよび事業などで川上，川下得意領域の異なる企業同士が，新事業・新製品を一つ一つ次々に共同育成し，ともにリターンを享受することになれば，互いに信頼し合える長期のパートナーとして共存共栄することができよう。しかし状況次第で，事業や製品毎にパートナーが替わっても，相互に馴染むまでの期間と手間さえ惜しまなければ，特に差し支えはないはずで，モジュール化経営の本質から言えば，パートナーは事業や製品次第でもっとも適した相手をその都度選択することが正しく，一旦関係ができたからといって，どのような場合も同じ企業と協業を図るのでは有効性を確保できないし，モジュール化経営の本質にも反する。

このような新IM統合モデルによる新事業や新製品などの産業化を推進すれば，事業や製品の技術の進歩や市場ニーズの時代変化に合わせた成長発展と転換が，アジルかつ順調に進むはずである。戸堂康之東大大学院教授は，日本の企業は生産に関する知識は深くても，海外市場の需要，輸出や海外直接投資の手続き，海外でのリスクに関する情報に疎いので，自ら持つ底力を発揮できずにいるとする（戸堂康之，2011）。また三品和広神戸大学大学院教授は，経営の要諦は主力事業をどういう事業に入れ替えるかを決めることであるとし，1980年代になって日本企業はサラリーマン経営者への交代が進んだ結果，守り一辺倒となり，次の事業が生まれなくなったことが今の日本の閉塞状況を生んでいるとする。米国で元気な会社は次から次へと新しい事業を開発しており，GEは白熱電球と発電機の会社から家電，ジェットエンジン，原子力発電，金融，メディカルに展開し，IBMはハムのスライサーの行商から出発して計算機へ移り，コンサルティングへと変身したという（三品和広，2011.7.30, p.103）。これに対し同じ時代に成長発展したアメリカの代表企業コダックが，創業時の写真フィ

ルムに固執して，最近ついに倒産した事例が良く引き合いに出される。コダックはむしろ例外であり，筆者の専門分野でも，デュポンやモンサントなども事業はそのライフサイクルに合わせてどんどん転換させている。

戸堂や三品の上述のコメントは，それぞれ最近の日本企業が「ダーウインの海」障壁を渡れない原因を指摘したものであるが，この新 IM 統合モデルを実施することで，これらの原因は解消できるはずである。激戦の「ダーウインの海」障壁をともに協業で渡るには，日本側が新事業や新製品などの開発期と導入期の基本技術やノウハウを提供し，外国企業が地域適合商品化技術と低コスト生産のノウハウを提供する統合作業によって，新事業や新製品の産業化に成功し，それが一定の市場シェアを確保するまで続けられねばならない。そのライフサイクルの前半に日本企業は高いリターンを期待し，新興国企業は後半の安定したリターンを期待するが，ともにライフサイクルの推移に伴い動的な対応をしながら投資のリターンを回収する必要があり，また対象事業のライフサイクルの末期までにそれを完結させなければならない。

### (5) 合弁企業のアーキテクチャ第三文化体構築

新事業や新製品などの開発育成中の取り組みでは，そのあり方の細部は異なっても，アーキテクチャはある程度インテグラル型として共通するので，本質的に協業するモジュラー型の新興国企業要員にはアーキテクチャ不適合が起きやすい。一方この合弁企業では，新事業や新製品などの量産や量販段階までをフォローせねばならず，その段階ではモジュラー型市場へのデファクト・スタンダード的な新事業や新製品の適合化と，モジュラー型生産体制の確立を図るためにはモジュラー型が中心になるので，インテグラル型の日本企業要員がアーキテクチャ不適合となりやすい。したがって新 IM 統合モデルでの合弁協業を実行した場合，それに成功するためには，両社の異なるアーキテクチャの適合化をどうマネージするかが課題になる。川上はインテグラル型，川下はモジュラー型が中心にはなるが，このモデルでの合弁企業では，ウエイトの違いこそあれ新事業や新製品の開発期から成熟期までの全プロセスを通じてこのアー

キテクチャの両方がからむので，インテグラル型とモジュラー型の両方のアーキテクチャに通じた人材や組織体質が求められる。

なお合弁の母体企業は，マザー企業として自社の経営力を保持し，両社の独立性やアーキテクチャ特性は堅持しつつ，合弁子会社では相互に信頼して協力し合えることと，成熟期までの育成プロセスで多発する情報を，インテグラルな川上とモジュラーであることが多い川下の体質の間で，巧みに相互交換できなければならない。川上企業派遣者が川下企業派遣者にインテグラル型の新事業，新製品などの開発情報を，川下企業派遣者が川上企業派遣者にモジュラー型のマス・マーケットに適合する商品化と低コスト生産の情報を提供し，新事業や新製品の産業化に成功してもはや移転する開発情報がほとんどなくなるまで，これを効率よく継続して行わなければならない。それにはモジュール間のインターフェイス・アーキテクチャをできる限りモジュラー型化する努力も大切であるが，このアーキテクチャ的に相反する作業を進めるために，特に両社から派遣された主要人材が，合弁企業内で融和して両アーキテクチャに通じた第三文化体を形成し，ハイ・コンテクスト型の密接なコミュニケーションを行うようにすることが，この新モデルの成否のカギとなろう。そのために両社で設立した合弁企業に人材を派遣し合って，事前の人材交流とトレーニングで第三文化体の形成を図るとともに，その後の共同作業を通じてのOJTで一層の錬成に努めることで，それが円滑に推進できるようにする。このような第三文化体の構築は，これまで自社力でビッグバン型モデルによって外国に進出した日本企業も，現地法人の組織のどこかにそれを形成する努力をして来ており，その結果すでにそのノウハウは日本企業に蓄積されているので，その経験の活用が望まれる。

## 14-3 新IM統合モデルの試行例

これまでも，日本企業の強みと新興国の低コスト生産力を結びつける協業は，内部化志向，外部化志向を問わずに相当行われてきているが，新IM統合モデルに沿った挑戦は，本書で新たに提起しているように，まだわずかな試みの兆

しが見られるに過ぎない。

　たとえば三菱電機は，日本の競合他社に対して経営規模に劣りながら，積極的なグローバル化を目指してきたが，経営規模の不足を外部化モデルでカバーする必要からか，日本の電気機器企業では珍しく，長年合弁を中心に海外進出することでそれに成功してきている。三菱電機のケースでは，まだ新事業や新製品の開発発展よりも既存事業の成長期からの合弁進出が中心ではあるが，それらの合弁企業では新製品の産業化も当然行われたはずであり，また今後の開発新製品に対しても，新 IM 統合モデル的な機能を果たし得るはずである。同社の 2010 年の国際化率は 34％であるが，2013 年早々には 40％を越えようとしており，自己資本利益率（ROE）も 10％に達している。1995 年時点ですでに海外現地法人は 67 社を開設し，アジア，中東，西欧，北米，中南米，オセアニアに広く展開する中で，アジアには 31 拠点を開設していた。韓国ではラッキーグループ，台湾では大生行グループ，タイではサイアムセメントグループなど，ほとんどが現地の有力資本を介した合弁で，また三菱商事とも組んで三菱電機の出資が 50％以下の合弁が大部分で，投資リスクを分散した慎重な進出であったといえる（東洋経済新報社編，1995，p.94）。

　三菱電機の中国進出は，1987 年に資本参加した上海機電実業とのエレベーター事業だけで，他社に出遅れていた。三菱電機はその昇降機の資本参加で，持分の売上高を 1,000 億円としているが，しかしその後中国での事業基盤も強化し，FA 機器事業では中国国営の上海電気集団と合弁で販売会社を設立しており，カーナビでは中国の大手自動車メーカーである第一汽車集団と合弁企業を設立している。これらの合弁企業は三菱電機の「ダーウインの海」渡りの一助として機能しているはずである。2011 年 6 月に発表した計画では，2015 年度の中国での売上高を，これら空調システムや FA 機器，カーナビゲーション・システムなどの製造販売体制を強化して，2010 年度比 45％増の 5,000 億円に拡大し，昇降機と合わせた 6,000 億円を目指すとしている。ただし三菱電機は，単純に全ての事業を合弁化するのでなく，合弁の有効性を点検し，事業毎にその選択をしている。たとえば 2011 年 6 月には，グループで江蘇省常熟市に約

## 第14章 日本企業が「ダーウインの海」障壁を渡るための新IM統合モデル

25億円を投資して三菱電機自動化機器製造を設立し，自前のFA機器の新工場を建設して，2016年3月までには約300億円の売上高を目標にしている（日経産業新聞，2011.5.20②）。

また新興国では，インドや南米，ベトナムなどでも拡大を意図しているが，2010年11月に営業を始めたインドでは，販売子会社を通じ空調システムやFA機器も拡販して，2015年度には3倍の750億円の売り上げを目指すという（日経産業新聞，2011.6.24）。

このように，新IM統合モデルでの合弁は事業毎に必要に応じて行えばよく，一律に適用することは適切ではない。いずれにせよ新IM統合モデル型のグローバル化を一部進めている三菱電機だけが，現在日本の総合電機メーカーで良好な経営業績を挙げていることに注目したい。

そのほか第13章で見てきた「ダーウインの海」渡りの挑戦事例の中で，ダイキン工業の中国でのエアコン・メーカー珠海格力電器と設立した金型メーカーとエアコン圧縮機および電装品2社の合弁企業，シャープが太陽電池でイタリアのエネル，スイスのSTマイクロエレクトロニクス2社と設立した合弁企業，東芝が星雲型モデルでさまざまな挑戦をしている中で，撮影素子のCMOSセンサーで中国の江蘇長電科技との合弁企業，次世代半導体で韓国ハイニックス半導体との合弁ではないが協業のあり方，ロシアのシラビエ・マシーニとの変圧器での合弁企業，同じくインドの合弁企業の計画なども，新IM統合モデルに近い協業であると見られる。

次節でも触れるが，2012年になって，液晶で一時世界制覇を目指したシャープの，液晶パネルや液晶TV事業の破綻が明らかになり，同年3月27日に鴻海精密工業グループ（ホンハイ）との資本・業務提携が発表された。次期社長に就任する奥田隆司常務執行役員は「苦しい経営環境でパネル生産から液晶TV販売まで自前で行うのは限界がある」「当社の商品開発力と鴻海のコスト競争力を融合すれば，魅力的な商品をタイムリーに投入できる」と述べ，「単独ではなく，世界的な垂直統合を目指す」としている。その中で，今回ホンハイの合弁投資が決まったシャープの子会社でTV用主力拠点である堺工場は，

今後この新IM統合モデル的な存在になる。そのほかはまだ具体的な協業のあり方はわからないが（竹地広憲，2012.3.28），今後その協業が，新IM統合モデルに沿った展開になることが，両社の発展のために望ましい。

100％新IM統合モデルに沿った「ダーウインの海」渡り戦略の実施例は，まだほとんど見ていないが，このようにわずかな挑戦実施例はすでに散見され，今後日本企業のグローバル市場での復活再発展のためにも，その普及を期待して止まない。

## 14-4　台湾・韓国・中国企業の「ダーウインの海」渡り経営

### (1)　台湾

本書で提案したような新IM統合モデル型の協業では，日本企業とパートナーになることを希望する新興諸国企業の有無が問題になるが，それに対して特に台湾は積極的である。台湾の王経済省副大臣は日経とのインタビューで日台企業の提携を促進し，日本企業の台湾投資を推進するための協会（liaison office）を開設することも公けにしているが，台湾側は自らの川下の強さを知りながら，将来発展には川上強化の必要性を感じ，川上に強いが川下に弱い日本企業がもっともパートナーに適していることを認識していると推察される。これまでにも，日台の連星型モデルによる台湾企業の成功例は多く，台湾への日本の投資も2011年1-7月に11億5,000万＄であり，その投資額は日本がトップ（アメリカが第3位）である。先に紹介したように中国と台湾の関税引き下げ交渉も進みつつあり，中国市場への輸出拠点としても台湾はより有利になりつつある（*The NIKKEI Weekly*, 2011.9.26①）。また日本企業が中国市場に進出するには，中国により詳しく通じている台湾企業と連携した方が成功しやすいとする向きも多く見られ，まず台湾に進出し，そこから中国やその他の国・地域に進出している日本企業も多数存在して（志村宏忠，2010.11.30, pp.72-74），日台企業共通の「ダーウインの海」渡り戦略の一端になっている。

その中で鴻海精密工業（ホンハイ）は，モジュール化経営の進展で最近急激に成長し，世界各地に85カ所の生産拠点と100万人を超える従業員を抱え，

第14章　日本企業が「ダーウインの海」障壁を渡るための新 IM 統合モデル　　*223*

売上高約6兆円に及び，川下の金型製作と組み立てで世界トップの企業と見られるが，郭台銘（テリー・ゴウ）会長は 2011 年を準備期間とし，2012 年からの5年間の売上高を年率で少なくとも 15％の成長を遂げるために，日本企業との協業を積極的に図りたいとしているが（*The NIKKEI Weekly*，2011.9.26 ②），協業をシャープとのみに固定的に考えず，事業次第でパートナーを柔軟に考えていることからも，それは新 IM 統合モデルに沿ったあり方と見られる。すなわち郭会長は，台湾が将来ハイテク産業でたとえば韓国と競争することは容易ではないと見て，川上を日本企業との柔軟な協業で強化することによって対応しようとしている。郭会長が考えるシャープとの具体的な提携のあり方は，シャープを中小型と大型の液晶パネル，冷蔵庫，携帯電話端末，電子ブック端末などの多くの優れた製品技術を持つ企業とみて，全面的な提携を求め，それは合弁で共同して研究・開発から調達，生産面にまでわたる協業で，すでに前節で紹介した 2012 年3月の具体的な協業投資となっている（竹地広憲，2012.3.28）。

　郭会長によれば，台湾側が日本企業と提携する理由は3つあるとし，第一に日本と台湾の提携は成功率が高いこと，第二に台湾企業は他社の知的財産に適切な特許使用料を支払うことで日本企業の信頼を得ていること，第三に双方の文化が比較的近く，また日本は長期的安定を求め，慎重・保守的で決められた手順で仕事を進めるが，台湾は柔軟性が高くスピードが速い。したがって精度と柔軟性の間で均衡点を見出して，相互の長所を補完的に発揮できるとする。特にホンハイは，ブランドはないが，製造に従事するチャネルやトータル・サプライチェーンを担うことができるので，ブランド企業の革新技術を最高のものに高めるよう，ブランド企業と提携することを求めているとし，今後共に繁栄し，豊かになる相手も台湾であると言う（頼筱凡・林宏文・葉揚甲，2011.7.30, pp.116-117）。

　ホンハイはこのような理念で，さらに日立やキヤノンのほか，10 社以上と協議しているというが，新 IM 統合モデルは事業・製品ごとのライフサイクルに沿ったダイナミックな合弁連携を前提としており，それぞれの事業で多数社と提携することは，むしろモデルの主旨にも沿っている。

ソニーも，家庭向けの次世代型薄型 TV の量産に，台湾の液晶パネル大手の友達光電（AOU）と提携し，ソニーの技術力と AOU のコスト競争力の協業化を図ろうとしているが（大久保陽一，2012.4.19），このような台湾企業との新 IM 統合モデル型の提携協業は，今後多くなってくるものと思われる。

### (2) 韓国

日本企業の最近の強いライバルである韓国，中国の企業にとっても，「ダーウインの海」をどう渡るかは，これからの重要な経営課題である。韓国は企業のグローバルな競争力は財閥系大企業にあるため内部化志向が強く，ビッグバン型で「ダーウインの海」渡りに挑戦している企業が多い。それらの企業は，ビッグバン型モデルに必要な強みを戦略的に明確に確保し，「ダーウインの海」で日本企業と競り合っていることを忘れてはならない。また同じビッグバン型でグローバル化経営に進出しても，韓国企業は国内市場が小さいために，初めからグローバル市場展開を意図し，そのためマス・マーケット適合にも相当の努力をしているので，日本企業よりはるかに「ダーウインの海」を渡りやすい。

たとえばサムスン電子と LG も基本的にビッグバン型モデルでグローバル成長を目指し，これまでも自社投資を中心としたグローバル進出をしてきているが，国内立地条件と為替レートが日本より有利であるほか，政府のバックアッ

**図表 14-3　大型液晶パネルの中国進出を巡る韓国2社の主な動き**

| | |
|---|---|
| 2009 年 8 月 | LG ディスプレーが広州に第 8 世代の新工場を建設すると表明 |
| | サムスン電子の張元基 LCD 事業部長が中国進出に「関心はある」と発言 |
| 10 月 | LG が新工場を月産 12 万枚規模にすると表明 |
| | サムスンが蘇州に第 7.5 世代の新工場を建設すると発表 |
| 12 月 | 韓国政府が両社の中国工場設置を承認。技術流出の防止策を取るよう要請 |
| 10 年 2 月 | サムスン電子の崔志成副会長と李在鎔社長が中国の習近平国家副主席と会談 |
| 3 月 | LG が新工場に中国・スカイワースの出資を求めると表明 |
| 5 月 | LG グループの具本茂会長が中国の温家宝首相と会談 |
| 11 年 4 月 | サムスンが「蘇州サムスン LCD」設立。TCL が 10%出資 |

出所）尾島島雄（2011.5.31）『日経産業新聞』

プを背景に徹底的な選択と集中投資に徹し，韓国市場に依存せずに初めからグローバル市場を志向して，グローバルなマス・マーケットへの地域適合に徹底して意を用いていることが，「ダーウインの海」渡りの強い経営力の源泉となっている。

　両社は液晶パネルでも世界１，２位を占めているが，その低価格と高品質を両立させる生産を目指し，巨大な生産拠点であり，また市場でもある中国進出にも熱心である。進出には技術流出の不安も残るが，「中国に進出する以外に生き残る道なし」として，最近の大型液晶パネルだけでも図表14-3に見るような積極的な進出意欲を示してきており，サムスン電子は2011年5月末にも，江蘇省蘇州市で第7.5世代大型ガラス基板を使う液晶パネル工場の着工を開始したとされる。その運営会社蘇州サムスンLCDには，入居工業団地が30％，現地メーカーTCLが10％出資するが，サムスンが60％と圧倒的なシェアを握っている（尾島島雄，2011.5.31）。内部化志向が強く，財閥系巨大企業が韓国産業のグローバル化の主役である限り，韓国企業の「ダーウインの海」渡り戦略はこの新IM統合モデルとは無縁で，今後もビッグバン型が中心になろうが，ビッグバン型モデルに執着せず，その好調な経営による高利益で，積極的にアンドロメダ型モデルも活用し始めることが予想される。ちなみにたとえば鉄鋼最大手ポスコは，非鉄金属事業の強化で2011年8月にアルミニウム板材生産のニューアルテックの経営権を取得し，鉄材などリサイクルのリコ金属も買収している。また通信などのSKは半導体メモリー大手ハイニックスの筆頭株主になっている（島谷英明，2012.4.24）。

### (3) 中国

　一方中国は，自由主義経済体制下での企業活動はようやく20年を経たに過ぎないが，外国企業との合弁や提携で，ブラックホール型モデルでの急激な発展を遂げつつある。その輸出の80％は中国進出外資企業によるものとされ，したがって目下「ダーウインの海」渡りの大部分も，ブラックホール型モデルによる外資大企業への相乗りで達成されている。

しかし中国は急速にR&D力を培いつつあり，すでに図表1-7にも示したが，経済産業省の調査でもすでにその能力は日本とほぼ対等とされており，したがってすでに自力によるビッグバン型モデルによって，新しい事業でグローバル市場を大きく開拓している企業が現れている。ハイアールなどはすでに家電で日本市場にも進出してきているが，たとえば中国の広東省にあるZTEは1986年の創設で，スウェーデンのエリクソンなどの欧州勢，中国の華為技術（ファーウェイ）などと並んで，携帯電話向け基地局で世界大手の一角を占め，携帯電話や固定電話事業者向けのサービスやインフラのほか，モバイル端末やタブレット，データカードなどすべて揃えているのが功を奏し，過去5年間の平均成長率は世界の通信設備業界ではトップの37％となり，年間売上高は100億＄に達し，その54％が海外向けである。2011年1-3月の国際特許出願件数でも世界トップとなり，世界の通信機器業界で急成長を続けている。すでに中国で，「ダーウインの海」越えでも日本企業をはるかに凌駕する企業が出現してきている現状を，日本企業は直視する必要があろう。それを可能にしている戦略は，事業育成の研究開発をグローバル市場志向で行い，また強くマス・マーケットの地域適合開拓に意を用い，潤沢な開発投資をし続けているところにあり，ZTEも中国を中心に世界15カ所に研究開発センターを開設し，毎年売上高の10％を研究開発費に投入しているとされる。

　ZTEのアレックス・ワン副社長によれば，「もちろん日本も大事な市場としているが，海外で事業に成功するにはその国特有の文化に合せることが欠かせない上，特に日本は特徴的であるため，2008年には日本法人を開設し，すでに50人以上の日本人社員を抱え，日本市場の嗜好に応じた製品の作り込みを，グループで連携して徹底的に取り組んでおり，将来は日本企業との連携による事業展開も考慮している」という（阿部将樹，2011.6.28）。すなわち中国企業ではあるが，十分な川上能力を持つ同社は，川下の市場参入がむずかしい日本に対しては，ビッグバン型を捨てて，その強力なR&D力を基盤に，新IM統合型モデル的な協業で市場開発を図る体制を整えている。

## (4) 東アジア諸国企業のグローバル化の相違

　以上東アジア3カ国企業の「ダーウインの海」渡りの状況を比較点検してみたが，「ダーウインの海」障壁を渡れる強力な企業が，すでに台湾，韓国，中国にそれぞれ存在することを確認でき，また経営環境や企業体質の相違から，台湾が星雲型か連星型，韓国がビッグバン型，中国がブラックホール型というように，それぞれがモジュール化経営の異なるモデルを活用しているが，韓国はアンドロメダ型，中国はビッグバン型やアンドロメダ型なども加えて，次第にその発展戦略が多様化してくることが予想される。台湾，韓国企業はこれまでもグローバル市場で十分活躍してきているが，今後巨大な中国市場での発展を基盤に，ZTEやハイアールのような「ダーウインの海」を渡る中国の自立型企業が急増すると思われる。

　なお目下のところ日本企業はインテグラル型で川上が中心，中国企業はモジュラー型で川下が中心である。台湾，韓国は，傾向としてはそのいずれもが日中の中間にあると思われる。また日本企業の事業規模は最近世界のトップ・クラスにある業種は少なく，韓国，中国の巨大企業にその事業規模でも及ばなくなりつつあるが，一方ほとんどの台湾企業は，日本企業より事業規模は小さい。労働力，社会インフラや為替レートでも4カ国に大きなギャップが見られる。このような実情から，最近中国はもちろん，韓国にも川下拠点として進出する日本企業が急増しているが（日経BP社，2011.11.7, pp.40-45），しかし一方で強化したR&D力を推進力に，グローバル市場に参入してくる東アジア企業も増えつつあり，特に中国企業の川上強化が進展すると思われる。

　このような東アジア諸国企業の置かれた状況の相違から，これら諸国企業の「ダーウインの海」渡り戦略が同じであってよいはずがない。したがって日本企業のこれからの「ダーウインの海」障壁渡りには，日本企業の現状に適した独自の戦略を考えなければ，これら東アジア企業にグローバル市場でますます追い込まれよう。この新IM統合モデルはその対応戦略への一つの提起であり，今後関係各位の点検と訂正をいただきつつ，その活用を見ることがあれば幸いである。

## あとがき

　筆者はもともと研究者かエンジニアを志して農芸化学を学んだが，味の素株式会社に奉職して製造分野に配属されたため何時の間にか生産管理や工業経営が専門になり，また本社の海外技術部や海外工場にも勤務して，グローバル経営管理も体験学習するに到った。またさらに縁あって大学に移ってからは，経営管理にまで関心が拡大した。場の展開次第で自分の打つ手も変わる碁と同じく，私の人生もまたまさに「一局の碁」であったが，しかし「ものづくり」という対象は変らず，また混沌としたデータからその背景にある原理をいかに読み取るかが農芸化学の研究姿勢で，大学での卒業研究以来，仕事，研究を通じて，個々のデータからの原理を模索することは常に変わらぬ視点であった。改めて卒業研究の指導でそれを徹底して御指導いただいた田村三郎先生（東京大学名誉教授・学士院賞・文化勲章受章）に感謝申し上げます。

　味の素株式会社は日本でも数少ないグローバル企業であり，その経営も常に革新的，挑戦的であったため，幸いかけがえのない勉強をさせていただけたことにも，心から感謝申し上げたい。その間多くの上司，先輩，職場の仲間各位の御指導御鞭撻を賜ったが，本書に関係した領域で格別の御指導を賜った方々として，特に入社時の故安藤武利課長，九州新工場での故竹ノ内邦春部長，佐谷道雄課長，タイ工場時代の故佐伯武雄専務取締役，吉村良彦・住永寛現地法人専務取締役，川崎工場時代の故齊藤正敏専務取締役工場長，木下一幹副部長，本社時代の故池田安彦専務取締役，故稲森俊介・下村皓一部長，ブラジル工場時代の吉川皓三現地法人社長，本社・ブラジル工場・川崎工場時代を通じての歌田勝弘社長，故角田俊直・故鈴木忠雄・明石武和副社長，（いずれも当時の役職名）などがおられ，その御指導御鞭撻に心から感謝を申し上げます。

　経営学の勉強では，企業在職中に慶応義塾大学経済学部の通信教育部に在籍し，そのスクーリングで社会科学的な研究分析視点を学べたことが，その後ず

いぶん役立っている。また大学に転身して後、さらに経営学を深く学びたいと考え、かなりの年齢であったにかかわらずたまたま目についた慶応義塾大学大学院経営管理研究科の院生募集に応募し、幸い学問に年齢は関係ないとして受け入れていただいた学恩にも感謝したい。大学院ではケースメソッドの授業を通じてケース研究のあり方を学ぶとともに、奥村昭博先生には経営戦略、古川公成先生には技術経営（MBO）、河野宏和先生にはIE的な生産経営の研究視点を学ばせていただいたことがその後の役に立っているが、特にゼミ指導をしていただいた石田英夫先生からは国際的な人事組織とグローバル経営のケース研究を、学位論文の御指導を御担当いただいた高木晴夫先生からは、組織行動のほか経営学の研究視点と研究の方法を、ハーバード流に徹底して御指導賜ったことは生涯の財産になり、改めて深く感謝申し上げたい。

学会には壮年の社会人として別の専門分野から加えていただいたために、御面識の深い先生は少ないが、日本経営学会と工業経営研究学会に御紹介賜った故海道進先生、さまざまな機会に激励と御指導を賜った片岡信之、高橋由明、奥林康司先生、国際経営で啓蒙啓発を賜った竹田志郎、植木英雄、安室憲一、小坂隆秀先生、また切磋琢磨していただいた工業経営研究学会の池内守厚、故大平金一、表秀孝、風間信隆、金子逸郎、金子治、鈴木幸毅、関根宏、竹内準治、地代憲弘、常田稔、那須野公人、貫隆夫、野村重信、羽石寛寿、林正樹、宗像正幸、山本孝、劉仁傑先生らの格別の御鞭撻がなければ、本書は誕生していない。

家内綏子と娘夫妻の丸山直哉・さやか、娘のさおりにも、本書執筆の過程でのいろいろな援助を得たことに対しても感謝したい。

なおもはや大学を離れた市井者によるこのような視点の著書は、学文社の御引き受けがなければ日の目を見ることはなかったはずである。前著に引き続き、二度に渡り出版を御英断下さった田中千津子社長に心から感謝申し上げます。また筆者の不出来な原稿を実に懇切丁寧に御点検下さった同社の松澤益代さんにも心から御礼申し上げたい。

最後に今日こうして元気で本を書いていられるのは、近代医学のお陰である。

そうでなければ今頃の私は「千の風」になっていたはずである。神奈川県立がんセンターの本橋久彦・三浦毅先生，千葉大学医学部の巽浩一郎先生，川崎市立井田病院の坂祥平先生始め，各病院で御世話になった御関係各位に厚く御礼申し上げながら，医学の進歩に経営学も遅れをとらぬよう，今しばらくささやかな努力を続けられればと念願している。

2012年9月　　　　　　　　　　　　　　　　　　　　　　　平松　茂実

# 参考文献

**【邦文参考文献】**

青木昌彦（2002）「産業アーキテクチャのモジュール化」青木昌彦・安藤晴彦編著『モジュール化：新しい産業アーキテクチャの本質』東洋経済新報社

浅沼直樹（2011.9.9）「森精機，欧州攻略へ強気」『日経産業新聞』

浅沼直樹・中村結（2012.5.14）「大手工作機械 4 社：今期も業績回復傾向」『日経産業新聞』

阿部将樹（2011.6.28）「世界 ICT サミットインタビュー篇：中国 ZTE 副社長，アレックス・ワン氏」『日経産業新聞』

池田宣政（1966）『高峰譲吉』ポプラ社

石川善一（2003）「工作機械産業」『世界産業地図』かんき出版

石田英夫（1985）『日本企業の国際人事管理』日本労働協会

市嶋洋平（2011.7.12）「新興国攻略・次の一手：コニカミノルタ」『日経産業新聞』

井上孝之（2011.9.7）「トライウイン：携帯カーナビ，安さ圧倒」『日経産業新聞』

岩戸寿（2011.5.26）「日本電産サンキョー，米 VB に出資」『日経産業新聞』

Wind 資訊（2012.3.10）「中国テレビ首位：破格の低価格で世界を猛攻」『週刊東洋経済』

牛込俊介ら（2011.8.3）「発電設備を巡る攻防：日本発インフラ力」『日経産業新聞』

宇都宮裕一・竹地広憲（2011.6.3）「シャープ亀山工場，携帯液晶にシフト」『毎日新聞』

宇都宮裕一（2011.9.15）「パナソニック円高の影響回避：調達部門を海外移転」『毎日新聞』

梅沢正邦（2012.1.21）「ニッチ化学！小さな冒険」『週刊東洋経済』

漆間泰志・高田学也・山田剛良（2011.5.24）「トヨタ逃がした日本 IT 勢：MS に続き，米セールスフォース提携」『日経産業新聞』

江間繁博編（2007）『Imidas2007』集英社

遠藤淳（2011.3.11）「どこまで攻める日本電産：省エネ規制，追い風に」『日経産業新聞』

大久保陽一（2012.4.19）「ソニー，台湾企業と提携へ」『毎日新聞』

大久保陽一（2012.5.18）「東芝，国内テレビ生産撤退」『毎日新聞』

大鹿隆・藤本隆宏（2006）「製品アーキテクチャ論と国際貿易論の実証分析（2006 年改訂版）」MMRC Discussion Paper, No. 72

大鹿隆・井上隆一郎・折橋伸哉・呉在烜（2009）新宅純二郎・天野倫文編著『ものづくりの国際経営戦略』有斐閣

大迫麻記子（2011.5.17）「問答有用—科学技術政策の司令塔：相澤益男」『エコノミスト』

岡田貴典（2011.9.13）「編集長インタビュー：猿丸雅之 YKK 社長」『エコノミスト』

岡田達也（2011.7.14）「韓国ハイニックスと MRAM 開発：東芝，DRAM の代替狙う」

『日経産業新聞』
岡田信行（2011.4.8）「トヨタにクラウド技術，MS 巨人連合に走る」『日経産業新聞』
岡田信行（2012.1.26）「アップル，思わぬ援軍」『日経産業新聞』
岡田広行（2011.9.3）「トップインタビュー：アステラス製薬社長畑中好彦」『週刊東洋経済』
小川紘一（2010.8.3）「大量普及期に入ると負ける日本のエレクトロニクス産業」『エコノミスト』
小倉健太郎（2011.7.12）「シャープ地産地消戦略」『日経産業新聞』
小倉詳徳（2012.5.9）「技術流出実態調査へ」『毎日新聞』
尾島雄（2011.5.31）「中国で液晶パネル工場着工：サムスン，進出に迷いなし」『日経産業新聞』
御田重宝（1987）『戦艦「大和」の建造』講談社
科学技術振興機構（2011）『2011 年科学技術・研究開発の国際比較』
加藤修平・大西孝弘（2011.7.11）「ダイキン工業：風起こし市場丸取り」『日経ビジネス』
加藤修平・広岡延隆（2012.4.2, pp.8-9）「世界戦略車，日本離れ」『日経ビジネス』
金山隆一（2012.3.6）「経営者インタビュー：成長国を支える制御機器の世界企業」『エコノミスト』
川上桃子（1998.12）「企業間分業と企業成長・産業発展―台湾パソコン，コンピュータ産業の事例―」『アジア経済』XXXIX-12
北爪匡（2011.10.24）「先が見えたレアアース問題」『日経ビジネス』
北爪匡（2011.11.28）「三菱商事，チリ鉱山の誤算」『日経ビジネス』
黒瀬泰斗（2011.6.29）「指月電機製作所：コンデンサー，素材から内製」『日経産業新聞』
経済産業省（2010）『2010 年度版ものづくり白書』
経済産業省（2011）『2011 年度版ものづくり白書』
国領二郎（1995）『オープン・ネットワーク経営』日本経済新聞社
国領二郎（1999）『オープン・アーキテクチャ戦略：ネットワーク時代の協業モデル』ダイヤモンド社
小平和良・飯山辰之助（2011.1.10）「変化が試す跳躍力」『日経ビジネス』
後藤晃・小田切宏之（2003）『日本の産業システム(3)サイエンス型産業』NTT 出版
後藤康浩（2011）『資源，食糧，エネルギーが変える世界』日本経済新聞社
小橋昭彦（2009.7.27）「今日の知識―ダーウインの海とは何」『日経トレンディネット』
財部誠一（2010.6）「サムスンはグローバル市場しかみていない」『Voice』
坂本和一（1997）『GE の組織改革』法律文化社
鷲森弘（2011.6.17）「東芝，HP と連合，頭脳にホレ込む」『日経産業新聞』
鷲森弘・山田剛良・弟子丸幸子（2012.4.18）「東芝：IBM の POS 買収」『日経産業新

聞』

佐藤浩実（2011.5.25）「JUKI，台湾ミシン大手から OEM」『日経産業新聞』
島田知穂（2012.2.11）「１万人削減の悪夢再び：内向き NEC の迷走」『週刊東洋経済』
島谷英明（2012.4.24）「韓国大手，M&A 拡大」『日経産業新聞』
志村宏忠（2010.11.30）「新日台湾がもたらすビジネス好機」『エコノミスト』
新宅純二郎・天野倫文編著（2009）『ものづくりの国際経営戦略：アジアの産業地理学』有斐閣
椙山泰生（2009）『グローバル戦略の変遷：日本企業のトランスナショナル化プロセス』有斐閣
椙山泰生（2009.9）「日本企業に密着した論理の構築へ」『書斎の窓』有斐閣
スタン・シー（施振栄）（1995.7）「クライアント・サーバー型経営が成功の秘訣」『日経情報ストラテジー』
スタン・シー（1998）『エイサー電脳の挑戦』経済界
瀬島龍三（1985.3.3）「瀬島龍三インタビュー談話」『毎日新聞』
外山滋比古（1977）『知的創造のヒント』講談社
高木晴夫・木嶋恭一・出口弘監修（1995）「新しい時代の新しい科学思想」『マルチメディア時代の人間と社会』日科技連出版社
高橋慶浩（2012.5.12）「自動車進む空洞化」『毎日新聞』
武田國男（2005）『落ちこぼれタケダを変える』日本経済新聞社
竹地広憲（2012.3.28）「シャープ，筆頭株主に台湾企業」『日経産業新聞』
多部田俊輔（2012.3.1）「近くて遠い中国とアップル」『日経産業新聞』
津村明広（2012.4.10）「行き詰まる半導体産業」『エコノミスト』
寺田剛（2012.3.6）「外資系企業：日本に研究開発拠点」『日経産業新聞』
東洋経済新報社編（1995）『日本企業のアジア進出マップ』東洋経済新報社
徳丸壮也（2000）『東芝デジタル経営革新』出版文化社
特許庁（2011）『2011 年度特許行政年次報告書』
戸堂康之（2011）『日本経済の底力：臥龍が目覚めるとき』中公新書
ドミニク・テュルバン・高津尚志（2012）『なぜ，日本企業は「グローバル化」でつまずくのか』日本経済新聞社
内藤初穂（1987）『軍艦総長・平賀譲』文藝春秋
中川功一（2011）『技術革新のマネジメント』有斐閣
中村結（2012.5.18）「ツガミ，印中で車向け拡大」『日経産業新聞』
永守重信（2011.5.30）「新興国でシェアを取れ」『日経ビジネス』
西澤佑介（2012.4.7）「台湾資本が救済，シャープ苦渋の決断」『週刊東洋経済』
西村絵（2011.9.6）「R&D トップに聞く：味の素副社長国本裕氏」『日経産業新聞』
西村豪太（2012.3.31，pp.26-27）「トヨタ設計大改革で迫る"系列"解体」『週刊東洋経済』

日経産業新聞（2011.2.25）「クルマ大競争：ホンダ，模倣を突破口に」
日経産業新聞（2011.5.20 ①）「新興国事業を強化：武田，スイス社買収を発表」
日経産業新聞（2011.5.20 ②）「三菱電機：中国に FA 工場」
日経産業新聞（2011.5.24）「日本精工軸受け中国生産」
日経産業新聞（2011.6.6）「東芝：カメラ部品の中国合弁」
日経産業新聞（2011.6.8 ①）「太陽光発電パネル製造装置：NPC，中国で廉価品生産」
日経産業新聞（2011.6.8 ②）「東芝，ソニー液晶統合検討」
日経産業新聞（2011.6.9）「東芝：マレーシア社も買収」
日経産業新聞（2011.6.21）「アステラスの新薬候補，がん細胞だけ 2 段階攻撃」
日経産業新聞（2011.6.24）「三菱電機：中国売上高 5000 億円」
日経産業新聞（2011.6.27）「クボタ，タイで生産：トラクター用油圧機」
日経産業新聞（2011.6.30）「新型エアバス向けエンジン部品：川重，月 20 基分量産へ」
日経産業新聞（2011.7.5 ①）「京セラミタ，ベトナムに新工場」
日経産業新聞（2011.7.5 ②）「日本 AE パワーが中計：海外売上高，5 年で 3 倍」
日経産業新聞（2011.7.6）「バンダイ，アジアで直営店拡大」
日経産業新聞（2011.7.8）「タカラトミー，博士蛙と業務提携」
日経産業新聞（2011.7.12）「ツガミ，中国で生産拡大」
日経産業新聞（2011.7.13）「米電力規制の対応モーター：日本電産，国内販売開始」
日経産業新聞（2011.7.19）「車向けコーティング材，ブラジル社に 4 割出資」
日経産業新聞（2011.7.25）「世界シェア 32 品目」
日経産業新聞（2011.8.31）「クボタ，海外調達 7 割」
日経産業新聞（2011.9.21）「東芝，ロシアで変圧器合弁」
日経産業新聞（2011.9.26）「日本企業，品質に偏重」
日経産業新聞（2012.1.12）「ベトナムで現地調達拡大」
日経産業新聞（2012.1.27）「日本企業，M&A57％増」
日経産業新聞（2012.4.6）「超高画質 TV 数年内に：ソニー事業の立て直しの柱」
日経産業新聞（2012.5.16）「業績見通しを読みとく：新興国」
日経産業新聞（2012.5.16 ②）「新興国の設備投資：THK，今期 100 億円に倍増」
日経 BP 社（2011.10.24）「IBM，125 社買収の成果」『日経ビジネス』
日経 BP 社（2011.11.7）「日本企業も韓国に渡る」『日経ビジネス』
日本経済新聞（2012.4.26）「新日鉄，不正取得でポスコ提訴」
日本興業銀行（2002）「我が国製造業の変容と中国進出の実態―加速する『空洞化』の要因を探る」『興銀調査』308
野中郁次郎（1990）『知識創造の経営』日本経済新聞社
野中郁次郎・紺野登（1999）『知識経営のすすめ』ちくま新書
野中郁次郎・紺野登（2003）『知識創造の方法論』東洋経済新報社
長谷川愛（2012.3.17）「コマツ抜いた中国勢：不気味な躍進に裏側」『週刊東洋経済』

参考文献

花田幸典（2012.5.16）「海外軸に成長戦略加速：ユニチカ，完全復活に思い」『日経産業新聞』
林吉郎（1985）『異文化インターフェイス管理』有斐閣
林吉郎（1994）『異文化インターフェイス経営』有斐閣
平田寛編（1981）『定理・法則をのこした人びと』岩波書店
平松茂実（1998.3 ①）「コミュニケーション・コンテクスト・パラダイムとアジア企業の組織特性」『アジア経営研究』第4号
平松茂実（1998.3 ②）「味の素インテルアメリカーナ社」『KBS ケース』
平松茂実（1998.3 ③）「海外子会社の人事・組織管理—味の素インテルアメリカーナ社のケース研究」『KBS ケース研究』
平松茂実（2005.9 ①）「知の創出における PAUSE 理論の提起とモノづくりへの活かし方」『工業経営研究』第 19 巻
平松茂実（2005.9 ②）「知識創造における PAUSE 理論の機能モデル」『日本経営学会第 79 回大会報告要旨集』
平松茂実（2006.9 ①）「同」日本経営学会編『日本型経営の動向と課題』千倉書房
平松茂実（2006.9 ②）「知識創造における PAUSE 理論の事例研究」『工業経営研究』第 20 巻
平松茂実（2006.9 ③）「中国企業の形態的構造とその組織特性」『グローバリゼーション研究』Vol. 3, No. 1
平松茂実（2009.3）「モジュラー・オープン化時代の新しいグローバル化経営戦略モデル」『マネジメント・ジャーナル』創刊号
平松茂実（2009.8）「セイコーエプソン社のグローバル化経営」『グローバリゼーション研究』Vol. 6, No. 1
平松茂実（2009.9 ①）「国際経営環境の変化と経営グローバル化の新モデル」日本経営学会編『日本企業のイノベーション』千倉書房
平松茂実（2009.9 ②）「中小規模企業適合型の新時代グローバル化経営戦略モデル」『工業経営研究』第 23 巻
平松茂実（2011）『モジュール化グローバル経営論』学文社
平松茂実（2011.5）「事業・製品アーキテクチャの基本特性とグローバル経営におけるオープン・アーキテクチャ戦略への反映」『日本経営学会関東部会』
平松茂実（2011.9 ①）「モジュール化グローバル経営の構造と研究の諸問題」『グローバル経営学会 2011 年度シンポジウム論文集』
平松茂実（2011.9 ②）「ダーウインの海を乗り越えるモジュール化経営時代の新事業開拓育成戦略」『工業経営研究学会 2011 年度全国大会予稿集』
平松茂実（2011.12）「味の素株式会社の戦後のグローバル経営—その新しいグローバル化モデルとしての特徴—」『経営史学研究』
藤本隆宏（1997）『生産システムの進化論—トヨタ自動車にみる組織能力と創発プロ

セス』有斐閣
藤本隆宏・葛東昇（2001）「アーキテクチャ的特性と取引方式の選択―自動車部品のケース」藤本隆宏・武石彰・青島矢一編『ビジネス・アーキテクチャー製品・組織・プロセスの戦略設計』有斐閣
藤本隆宏（2004）『日本のものづくり哲学』日本経済新聞社
藤本隆宏・新宅純二郎編著（2005）『中国製造業のアーキテクチャ分析』東洋経済新報社
古生英一（2012.4.28）「崖っ縁の日本板硝子：外国人社長がまた辞任」『週刊東洋経済』
堀江耕平（2012.3.7）「日本電産，1年ぶりM&A再開」『日経産業新聞』
堀江耕平（2012.4.13）「日本電産，伊モーター大手買収発表」『日経産業新聞』
本田奈織（2007.11.5）「ポートレート：コマツ社長野路国夫氏」『日経産業新聞』
前野裕香（2012.2.11）「電子部品もついに陥落：猛威振るうサムスン」『週刊東洋経済』
松井基一（2012.4.20）「欧州車部品大手，日本で開発強化」『日経産業新聞』
松田徳一郎（1984）『リーダーズ英和辞典』研究社
丸山修一（2011.7.15）「ダイキン：新興国開拓のモデルに」『日経産業新聞』
三沢耕平（2012.2.16）「東電やまぬ人材流出」『毎日新聞』
三品和広（2011.7.30）「主力事業を替えられない日本の企業は戦略不全」『週刊東洋経済』
水原凞（1988）吉田和夫・大橋昭一編著『基本経営学総論』中央経済社
宮崎輝（1986）『宮崎輝の取締役はこう勉強せよ』中経出版
向笠雄介（2012.4.17）「次世代ビジネス大研究：製造業が生き残る道とは」『エコノミスト』
茂木健一郎（2006）『ひらめき脳』新潮社
森本三男（1998）『現代経営組織論』学文社
文部科学省科学技術政策研究所（2007.10）『科学技術分野の課題に関する第一線級研究者の意識調査報告書』
文部科学省（2008）『平成20年版科学技術白書』
文部科学省（2011）『平成23年版科学技術白書』
安室憲一（1992）『グローバル経営論』千倉書房
安室憲一（2012）『多国籍企業と地域経済―「埋め込み」の力』お茶の水書房
山川清弘ら（2011.10.1）「中国は台湾から」『週刊東洋経済』
山川龍雄（2011.6.6）「編集長インタビュー：森雅彦森精機製作所社長」『日経ビジネス』
山川龍雄（2011.7.25）「編集長インタビュー：長谷川閑史武田薬品工業社長」『日経ビジネス』
山本智之（2011.9.13）「東芝，日立，ソニー：急成長する中小型液晶生き残りかけた事業統合」『エコノミスト』
指宿伸一郎（2012.5.4）「日本人技術者を積極採用」『日経産業新聞』

指宿伸一郎（2012.5.16）「ソニー，パナソニック提携交渉：有機 EL 技術に賭け」『日経産業新聞』
楊英賢（2009）「アーキテクチャのポジショニングの移動戦略の選択―TFT-LCD 産業発展における台湾キーコンポーネント産業の事例」『国際ビジネス研究』1，1，pp.35-52
吉村章（2010）『中国人とうまくつきあう実践テクニック』総合法令出版
吉村良正（2004）『ひらめきはどこから来るのか』草思社
頼筱凡・林宏文・葉揚甲（2011.7.30）「アジア特報：鴻海の郭会長が語った日本企業と組む３つの理由」『週刊東洋経済』

## 【英文参考文献】

Abernathy, W. (1978), *The Productivity Dilemma: Roadblock to Innovation in the Automobile Industry*, The Johns Hopkins University Press.
Aoki, M. (2001), *Towards a Comparative Institutional Analysis*, MIT Press.（青木昌彦『比較制度分析に向けて』NTT 出版，2001 年）
Auersward, P. & L. Branscomb (2003), "Valleys of Death and Darwinian Seas: Financing the Innovation to Innovation Transition in the United States," *The Journal of Technology Transfer*, Vol. 28, No. 3-4.
Baldwin, C. Y. & K. B. Clark (1997), "Managing in an age of modularity," *Harvard Business Review*, 75, 5.
Baldwin, C. Y. & K. B. Clark (2000), *Design Rules*, Vol. 1. *The Power of Modularity*, MIT Press.（安藤晴彦訳『デザイン・ルール―モジュール化パワー』東洋経済新報社，2004 年）
Bartlett, C. A. & S. Ghoshal (1989), *Managing across Borders: The Transnational Solusion*, Harvard Business School Press.（吉原英樹監訳『地球市場時代の企業戦略―トランスナショナル・マネジメントの構築』日本経済新聞社，1990 年）
Berger, S. & The MIT Industrial Performance Center (2005), *How We Compete: What Companies Around The World Are Doing To Make It ln Today's Global Economy*, Currency Books/Doubleday.（楡井浩一訳『グローバル企業の成功戦略』草思社，2006 年）
Blau, P. M. & R. A. Schoenher (1971), *The Structure of Organizations*, Basic Books
Brown, A. (1945), *Organization*, Hibbert Printing Company.
Brown, A. (1947), *Organization of Industry*, Prentice Hall.（安部隆一訳『経営組織』日本生産性本部，1967 年）
Christensen, C. M. (1997), *The Innovator's Dilemma: When New Technologies Cause Great Firms to Fail*, Harvard Business School Press.
Clark, K. B. (1985), "The Interaction of Design Hierarchies and Market Concepts in

Technological Evolution," *Research Policy*, 14(5).

Clark, K. B. & T. Fujimoto (1991), *Product Development Performance: Strategy, Organization, and Management in the World Auto Industry*, Harvard Business School Press. (田村明比古訳『製品開発力―日米欧自動車メーカー20社の詳細調査』ダイヤモンド社, 1993年, (増補版) ダイヤモンド社, 2009年)

Dertouzos, M. L.et al. (1989), *Made in America*, The MIT Press. (依田直也訳『Made in America―アメリカ再生のための米日欧産業比較』草思社, 1990年)

Fayol, H. (1916), *Administration Industrielle et Générale*, Paris. (佐々木恒男訳『産業ならびに一般の管理』未来社, 1972年)

Fine, H. C. (1998), *Clockspeed: Winning Industry Controll in the Age of Temporary Advantage*, Reading Perseus Books.

Hall, E. T. (1976), *Beyond Culture*, Anchor Press/Doubleday. (岩田慶治・谷泰訳『文化を超えて』TBSブリタニカ, 1979年)

Henderson, R. M. & K. B. Clark (1990), "Architectual innovation: The reconfiguration of existing product technologies and the failure of established firms," *Administrative Science Quartery*, 35, 1.

Hoetker, G. (2006), "Do modular products lead to modular organizations?" *Strategic Management Journal*, 27, 6.

Kinberly, J. R. (1976), "Organizational Size and the Structuralist Prospective: A Review, Critique, and Proposal," *Administrative Science Quarterly*, 21.

Langlois, R. N. & P. L. Robertson (1992), "Network and Innovation in a modular system: Lessons from the microcomputer and stereo component industries," *Research Policy*, 21, 4.

MacCormack, A. & R. Verganti (2003), "Managing the sources of uncertainty: Matching process and context in software development," *Journal of Product Innovation Management*, 20, 3.

Mikkola, J. B. (2003), "Modularity, component outsourcing, and Management," *R&D Management*, 33, 4.

Nonaka, I. & H. Takeuchi (1995), *The Knowledge Creating Company: How Japanese Companies Create the Dynamics of Innovation*, Oxford University Press. (梅本勝博訳『知識創造企業』東洋経済新報社, 1996年)

NSE (2008), *National Science and Engineering Indicators 2008*.

Peters, T. J. & R. H. Waterman, Jr. (1982), *In Search of Excellence: Lessons from America's Best-Run Companies*, Harper and Row. (大前研一訳『エクセレント・カンパニー：超優良企業の条件』講談社, 1983年)

Porter, M. E. (1985), *Competitive Advantage: Creating and Sustaining Superior Performance*, The Free Press. (土岐坤・中辻萬治・小野寺武夫訳『競争優位の戦略』

ダイヤモンド社, 1985 年)
Porter, M. E. (1986), "Competition in Global Industries: A Conceptual Framework," In Porter, M. E. (ed.), *Competition in Global Industries*, Harvard Business School Press. (土岐坤・中辻萬治・小野寺武夫訳『グローバル企業の競争戦略』ダイヤモンド社, 1995 年)
Rogers, E. M. (1983), *Diffusion of Innovation*, The Free Press. (青池慎一・宇野善康監訳『イノベーション普及学』産能大学出版部, 1990 年)
Sanchez, R. & J. T. Mahoney (1996), "Modularity, Flexibility, and Knowledge Management in Product and Organization Design," *Strategic Management Journal*, 17 (Winter Special Issue).
Schramm, W. (1976), "How Communication Works," in J. A. De Vito (ed.), *Communication: Concept and Processes*, Revised and Enlarged, Prentice Hall.
Shibata, T., M. Yano & F. Kodama (2005), "Empirical analysis of evolution of product architecture: Fanuc numerical controllers from 1962 to 1997," *Research Policy*, 34, 1.
Simon, H. A. (1957), *Administrative Behavior*, 2$^{nd}$ ed. Macmillan. (松田武彦・高柳暁・二村敏子訳『経営行動』ダイヤモンド社, 1965 年)
Simon, H. A. (1962), "The architecture of Complexity," *Proceedings of the American Philosophical Society*, 106, 6.
Sturgeon, T. J. (2002), "Modular production network: A new American model of industrial organization," *Industrial and Corporate Change*, 11, 3.
Takeuchi, H. & I. Nonaka (1986), "The New Product Development Game," *Harvard Business Review*, Jan.-Feb.
*The NIKKEI Weekly* (2011.9.26 ①), China, Taiwan trade talks stalled
*The NIKKEI Weekly* (2011.9.26 ②), Taiwan to open trade body aimed at Japanese investment
*The NIKKEI Weekly* (2011.10.3), Nishinbo deals for TMD Friction Group
*The NIKKEI Weekly* (2012.4.9), As manufacturing might declines, soft culture exports may lift Japan
Ulrich, K. T. (1995), "The role of product architecture in the manufacturing firm," *Research Policy*, 24, 3.
Vernon, R. (1966), "International Investment and International Trade," *Quarterly Journal of Economics*, May.
Weber, M. (1922), *Bürokratie im Wirtschaft und Gesellschaft*, Mohr. (阿閑吉男・脇圭平訳『官僚制』角川書店, 1958 年)
Whitney, D. E. (1996), "Why Mechanical Design Cannot Be Like VSLI Design," http://web.mit.edu/ctpid/www/Whitney/morepapers/design.pdf.

# 人名索引

## 【A】

相沢益男　16
青木昌彦　53, 64, 77, 78, 155
天野倫文　23, 53, 61, 65, 67, 106, 109, 110, 112, 113, 157
アルキメデス　143
アレックス・ワン　226
アンゾフ　138
アンリ・ポアンカレ　142
Abernathy, W.　39, 112, 121
Aoki, M.　77
Auersward, P.　40

## 【B】

バーガー　52, 77
バートレット　162
バッドリー　143
バラ・チャクラバーティ　26
ブランスコム　41
Baldwin, C. Y.　21, 51, 53, 68, 72, 73, 108, 108, 110, 112
Bartlett, C. A.　24
Berger, S.　22
Blau, P. M.　69
Branscomb, L.　40
Brown, A.　69

## 【C】

Christensen, C. M.　110
Clark, K. B.　21, 50, 51, 52, 53, 60, 66, 68, 72, 73, 107, 108, 110, 112, 117

## 【D】

ドミニク・テュルバン　26
Dertouzos, M. L.　10

## 【E】

エイラーズ　41
江間繁博　40

## 【F】

ファイヨル　138
藤本隆宏　51, 52, 108, 109, 110, 128, 160
Fayol, H.　69
Fine, H. C.　51, 111, 121
Fujimoto, T.　53, 66, 110, 112

## 【G】

ゴシャール　162
呉在烜　111
後藤晃　14
後藤康浩　97
ゴーン　31, 154
Ghoshal, S.　24

## 【H】

林吉郎　129, 130
平井一夫　159
平田寛　142
平松茂実　28, 36, 53, 62, 74, 77, 84, 87, 98, 99, 100, 101, 113, 114, 128, 129, 138, 141, 143, 166, 170, 196, 197, 213
星野孝平　43
本多光太郎　43
Hall, E. T.　127, 128
Henderson, R. M.　50, 60, 112, 114, 117
Hoetker, G.　57

## 【I】

池田宜政　145
石川善一　195
石田英夫　128

人名索引

伊藤孝紳　161
井上隆一郎　111

【K】

郭台銘　223
金山隆一　29
川上桃子　94
葛東昇　52, 108
ケキュレ　142
国領二郎　50, 65, 77
コトラー　79, 84
紺野登　138
Kinberly, J. R.　69
Kodama, F.　124

【L】

Langlois, R. N.　50, 108

【M】

松田徳一郎　114
三品和広　217
三島徳七　43
水原熙　64
宮崎輝　142
向笠雄介　154
茂木健一郎　114, 136
森雅彦　200
森本三男　71
MacCormack, A.　68, 73, 74
Mahoney, J. T.　108
Mikkola, J. B.　52, 108

【N】

内藤初穂　111
中川功一　58, 60, 61, 63, 66, 112, 113, 115, 116
永守重信　198
西嶋尚生　180
西田幾太郎　143
西室泰三　202

野中郁次郎　136, 138
Nonaka, I.　114, 125, 127, 137

【O】

大鹿隆　109, 111
大迫麻記子　16
王東登　36
岡田隆典　197
小川紘一　11
奥田隆司　188, 221
小田切宏之　14
折橋伸哉　111
御田重宝　111

【P】

ポーター　138
パレート　49
Peters, T. J.　48
Porter, M. E.　49, 80, 85

【R】

ラクシュミ・ミタル　89
李健熙　143
Robertson, P. L　50, 108
Rogers, E. M.　158, 216

【S】

坂本和一　70
桜田一郎　43
佐々木則夫　30
清水洋　19
清水劉螢　143
志村宏忠　214, 222
新宅純二郎　23, 53, 61, 65, 67, 106, 109, 110, 112, 113, 157
鍾政用　186
椙山泰生　20, 53, 106
スタン・シー　75, 82, 94, 102, 103, 170
瀬島龍三　29
外山滋比古　136, 142

Sanchez, R. 108
Schoenher, R. A. 69
Schramm, W. 128
Sibata, T. 124
Simon, H. A. 50, 65, 70, 113
Sturgeon, T. J. 21, 52, 109, 112

【T】

高木晴夫 82, 94
高津尚志 26
高橋宏 43
高峰譲吉 43, 144
財部誠一 31, 214
竹内弘高 137
武田國男 146, 152
津村明広 27
徳丸壮也 203
戸堂康之 217
Takeuchi, H. 114, 125, 127, 137

【U】

ウイリアム・ハミルトン 143

Ulrich, K. T. 50, 65, 66, 106, 107, 114, 115

【V】

Verganti, R. 68, 73, 74
Vernon, R. 28

【W】

ワット 143
Walpole, H. 136
Waterman, R. H. 48
Weber, M. 69
Whitney, D. E. 68, 72, 73

【Y】

安江健治 196
安室憲一 50, 77
山本智之 205
楊英賢 109
吉村章 148, 149
吉村良正 142
Yano, M. 124

## 事項・企業名索引

### 【あ 行】

アーキテクチャ  3, 50, 59, 61, 65, 74, 105, 106, 110, 126
——特性  50, 51, 53, 66, 97, 98, 108, 109, 110, 112, 115, 117, 127, 157
——の基本原理  106, 113
——の適合化  56
——の変化  111, 112, 120
アーポール  184
RCA  198
IBM  90, 207, 217
IBMシステム/360  21, 51, 73, 78, 107, 110
朝日インテック  191
旭硝子  85
アステラス製薬  175
アジェンシス  175
味の素社  87, 152, 166, 197
アタゴ  191
アップル  94, 162
アルセロール・ミタル  89
アングロ・アメリカン  97
アンサルドグループ  206
アンサルド・システム・インダストリー  199
暗黙知  136, 141
Ⅰ（ビッグバン）型モデル  80, 85, 98, 99, 101, 165, 179, 194
イノベーション  108
——のジレンマ  152
——理論  121
——論  39
インクリメンタル・イノベーション  39, 121
INSUAD  160
インターフェイス・アーキテクチャ  105, 121, 123, 124, 219
インテグラル（型）  3, 22, 50, 66, 106, 115, 117, 119, 127
——企業  214, 215
——組織  128
エアバス  190
エアフェル  186
エイサー  94, 104
SMC  191
SK  225
STマイクロエレクトロニクス  188, 221
エマソン・エレクトリック  90, 176, 200
MSG  152
NEC  25
NSE  13
NPC  184
エネル  188, 221
エリクソン  226
LG電子  75, 187, 224
OSIファーマシューティカルズ  176
オープン・アーキテクチャ  21, 45, 50, 65, 82
——戦略  108
——と第三文化体  129
——論  77
小田原エンジニアリング  191
オプティ  196

### 【か 行】

華為技術（ファーウェイ）  226
外部アーキテクチャ  105, 123
外部化志向  20, 23, 157, 168, 178, 184
価値観  139, 140
カプセル化  51, 68, 73
川上・川下一貫体制強化  210
川上・川下モジュール  193
川上強化  209
川上モジュール  172
川下強化  209

川下モジュール　177
ガラパゴス化　25, 178
川崎重工業　189
韓国　224
——企業　35
キッコーマン　87, 166, 198
機能連鎖　21, 73
——構造　47, 48
基本システム　2, 45, 71
京東方科技集団（BOE）　36
京利工業　198
京セラミタ　182
協和発酵　152
業績方程式　20
キリンビール　85
ギルデマイスター　200
クボタ　29, 179
クライアント・サーバー型ネットワーク　75, 82, 94, 170, 202
クライスラー　91, 169
クローズド・アーキテクチャ　21, 82, 127
global　24, 39
——型多国籍企業　39
——型モデル　162
グローバル（G）型事業　80, 85
グローバル市場シェア　11
経営管理過程論　138
経営戦略論　48
形式知　136, 141
後期多数採用者　158, 216
江蘇長電科技　221
髙林（SIRUBA）　185
合同　136
コード情報　128
コカ・コーラ社　87, 166
個人職務型組織　150
個人職務規定　127, 145
コスト・リーダーシップ　20, 21-23, 30, 118, 120, 126, 158, 168, 216
コダック　217

コマツ　29, 166, 181
コニカミノルタ　181
コミュニケーション　128
——コンテクスト　126, 131
——モデル　128
V（連星）型モデル　81, 90, 98, 99, 101, 168, 176, 184, 200
コンテクスト情報　128
コンピュータ産業　21
コンポーネント　50, 60, 63, 73, 114, 115

【さ　行】

サープラスケミカルス　184
サイアムセメントグループ　220
サイエンス型産業　14
採用遅滞者　216
ザインエレクトロニクス　170, 191
SCM（supply chain management）　49
サブ・システム　45, 71
サムスン電子　31, 33, 75, 159, 187, 205, 224, 225
三一重工　35
サンエムパッケージ　29, 92, 170
サンキョー　199
Ⅲ（南十字星）型モデル　80, 87, 98, 99, 101, 166, 183
サンリオ　167
シアトル・ジェネティックス　175
GE　203, 217
シーシーエス　29, 191
JT　168
シェフラー　44
市場の革新者　216
資源誘引型　95
市場誘引型　95
市場でのイノベーション採用者　216
システム　63, 71, 115
——特性　113
死の谷　32, 41, 42, 125, 147, 148
資本収支　33

事項・企業名索引　*245*

ジブリ　167
シャープ　17, 187, 188, 189, 221, 223
ジャパンディスプレイ　204
上海機電実業　220
上海電気集団　220
シュープラ・システム　71
JUKI　185
珠海格力電器　186, 221
受注型事業　119
情報異化型・進化的連結　78, 79
情報共有型集団責任組織　127
情報貯蔵・意図センター　139
情報同化型連結　78, 79
情報保護　34
ジョンソンコントロールズ・オートモーティブシステムズ　45
シラビエ・マシーニ　207, 221
新IM統合モデル　208, 212, 219
神経節（シナプス）　139
新事業・新製品開発　38
浸透工業　191
新日鉄　35
シンポ工業　198
瀋陽機床　200
垂直統合　29, 52, 112
スクラム・モデル（サシミ・メソッド）　125, 127
スマイリングカーブ　102
住友化学　96, 166
住友商事　96
3M　44
セイコー・エプソン　197
精工技研　191
成長ベクトル・モデル　84
製品アーキテクチャ　58, 107, 109, 112, 113, 121
セールスフォース・ドットコム　91, 177
セイリン　191
SECI（セキ）モデル　114, 136
瀬島モデル　7, 19, 28

SEMCO　35
ZTE　226, 227
セレンディピティ　114, 125, 135
前期少数採用者　216
前期多数採用者　158, 216
前頭前野の背側46野　139
セントラルプロセッサー　139
双日　96
組織文化要件　47
ソニー　159, 202, 203, 224

【た　行】

ダーウィンの海　32, 41, 42, 45, 126, 131, 153, 162, 164, 172, 208, 211, 227
第一汽車集団　96, 220
ダイキン工業　186, 221
第三文化体　33, 129, 130, 131, 165, 212, 218
大生行グループ　220
ダイムラー　91, 169
台湾　222
──企業　213, 223
ダウ・ケミカル　86
タカラトミー　93, 185
武田薬品　89, 146, 151, 168, 174
竹中製作所　191
知識創造スパイラル・モデル　137
知識創造の機能モデル　139
──体系モデル　136
──方法モデル　141
──理論構造　138
知の創出モデル　136
──変換過程の類型　136
中国　225
──型チームワーク　149
──企業　36, 95
青島海信電器（ハイセンス）　31
TRWオートモーティブ　45
THK　197
TMD Friction Group SA　91
ツガミ　180

テファニー　100
DSN グループ　44
デファクト・スタンダード　118, 126, 158
デュポン　218
東映アニメーション　167
東京ガス　96
東京電力　36, 96
東芝　30, 94, 203, 221
東芝ソリューション　206
東芝テック　207
東レ　29
特許件数　16
突発型事業　119
トップ・ランク社　207
ドミナントデザイン　39, 121
トヨタ　31, 91, 176, 177, 182, 195
トライウイン　192
トランス化　20
トランスナショナル化　54

【な　行】

NASA　150
ナイコメッド　90, 175
内部アーキテクチャ　76, 105, 121, 123, 124, 165
内面化　137
内部化志向　20, 24, 164, 173, 178
Ⅶ（星雲）型モデル　93, 98, 99, 101, 170, 192, 202
ナブテスコ　29
Ⅱ（恒星）型モデル　80, 86, 98, 99, 101, 166, 197
西田哲学　143
日産自動車　31, 81, 91
日清食品　166
日清紡　91
ニッチ事業　30, 80, 92, 119, 169, 189
日本板硝子　85, 169
日本 AE パワー　201
日本型チームワーク　149

日本企業の開発費対成果　20
日本光電　191
日本精工　29, 180
日本セラミック　29, 191
日本電産　29, 90, 168, 176, 198
日本の
　――国際競争力　10
　――産業競争力　14
　――論文数占拠率　15
ニューアルテック　225
脳科学　138, 140
ノキア　22, 94, 159, 162, 192
ノネボーン・アンド・リーク　184

【は　行】

ハーレー　159
パーシモン・テクノロジーズ　199
pause　140, 143
PAUSE 理論　114, 143
VC（value chain）　49
ハイアール　226
ハイ・コンテクスト　127, 128
ハイテク事業　119
ハイテク産業　12, 13
ハイニックス　225
ハイニックス半導体　205, 221
博士蛙国際控股（ボシワ・インターナショナル）　185
Ⅷ（ブラックホール）型モデル　82, 95, 98, 99, 101, 171
パナソニック　161, 201
ハリマ化成　29
バンダイ　183
万有製薬　96
ヒエラルキー的分割　78
BASF　86
日立　31, 204, 223
ヒト・情報移動モデル（パラダイム）　50, 77
ヒューレット・パッカード（HP）　205
ピルキントン　169

事項・企業名索引　247

ファーストソーラー　189
ファースト・リテイリング（ユニクロ）　166
ファッション型事業　119
ファナック　124
複雑多主体（poly-agent-system）　75, 81, 93
──型ネットワーク　170
──システム　81, 82, 93
藤倉化成　184
ブランド商品　88
プロジェクト　41, 147
──チーム　147, 150, 151
プロダクト・ポートフォリオ・マネジメント・モデル　82, 147
プロダクト・ライフサイクル・モデル　28, 154
プロダクト・ライフサイクル論　118
分課分掌規定　127
分節化　137
ベネトン　85
ヘルムスマン　78
ベンチャー企業　41
ベンチャービジネス　125, 150
ベンチャーキャピタル　41, 147
ボーイング　189
ポスコ　35, 225
ボッシュ　44
ボルボ　44
ホンダ　159, 161, 166, 195
ホンダロック　162
ホンハイ（鴻海精密工業）　162, 188, 202, 221, 222, 223

【ま　行】

マイクロソフト　91, 176, 177
マイヤー　185
マス・マーケット　20, 23, 24, 30, 158, 214
マニー　191
魔の川　32, 41, 42, 134, 135, 145
マブチモーター　29
マルチ・ドメスティック（M）型事業　80, 86, 87
ミキモト　88
ミクロ発條　93, 170, 191
三菱化学生命科学研究所　144
三菱自動車　32
三菱商事　97, 220
三菱電機　220
三つの発展障壁　3, 38, 40, 43, 46
ミネベア　29, 167
三星ダイヤモンド　191
ミンスター・マシン・カンパニー　199
村田製作所　35
Made in America　10, 22, 52
メルク　96
目的意識　139, 140
モジュール　64, 74, 76, 105
──開発　107
──型ネットワーク　52, 112
──分業配置　157
モジュール化　2, 21, 56, 64, 68, 72, 120
モジュール化経営　20, 21, 27, 45, 53, 56, 105, 153, 160
──の経営戦略の評価　57
──の体系構造　59
──の対象　56
──の発展経緯　49
モジュール化経営（モジュラリティ）8類型モデル　79, 83, 84, 85, 164
──出現の経緯　80
──と経営理念　84
──と事業規模　84
──とスマイリングカーブ　102
──のアーキテクチャ特性　98
──の意義と効用　83
──の活用　97, 164
──の業種適合性　99
──の成立要因　97, 98
──の選択方法　100
──の適合規模　101
──の展開スパン　101

――の投資度合　101
――の特徴　80
――の必要動因　97, 98
――のモジュラリティ構造　97, 98
モジュラー化　22, 50, 52, 108, 119
モジュラー型　3, 22, 23, 50, 66, 106, 107, 115, 127, 158, 213
――企業　214, 215
――新興国企業　214
――組織　128
――ネットワーク　21
モジュラリティ　2, 30, 46, 64, 77, 105
――構造　77, 79
――構築　77, 84, 156
――3類型モデル　78, 211
――設計　50, 53, 56, 97, 100, 121
モトローラ　162
モノ・資本移動モデル　50
森精機　196, 200
森松グループ　191
モンサント　218

## 【や　行】

ヤマハ　159
友達光電（AOU）　224
ユーロコプター　44
ユニチカ　196

指月電機製作所　190
Ⅳ（アンドロメダ）型モデル　81, 88, 98, 99, 101, 167, 173, 183, 198

## 【ら　行】

ラッキーグループ　220
ラディカル・イノベーション　39, 121
ランディス・ギア　206
リコ金属　225
立地競争力　17
良品計画　192
ルノー　81, 91
ルンビックシステム　139
レッドスポット・アンド・バーニッシェ　184
連結　137
ロー・コンテクスト　127, 128
ロープ・リーバ　97
ロールス・ロイス　189
Ⅵ（彗星）型モデル　81, 92, 98, 99, 101, 169, 189
ロレアル　44

## 【わ　行】

ワーキングメモリ　139, 140
YKK　29, 166, 196

## 著者略歴

平松茂実（實）（ひらまつ・しげみ）
1934 年 8 月 24 日三重県生れ
学歴・資格：1957 年東京大学農学部農芸化学科卒業
　　　　　　1999 年慶應義塾大学大学院経営管理研究科博士課程修了
　　　　　　1977 年農学博士（東京大学）
　　　　　　2002 年博士（経営学，慶應義塾大学）
　　　　　　1990 年技術士（経営工学）
職歴：1957 年味の素株式会社入社，タイ味の素社取締役工場長，本社海外技術部副部長，
　　　九州工場製造部長，味の素インテルアメリカーナ社取締役工場長などを経て，1983
　　　年取締役川崎工場長
　　　1987 年信州大学経済学部教授，1989 年同大学院経済・社会政策科学研究科修士課程
　　　教授兼任，1996 年高千穂商科大学商学部兼同大学院経営学研究科修士課程教授，
　　　1998 年同博士課程教授兼任，2001 年高千穂大学経営学部長（校名変更・学部新設），
　　　2005 年同経営学部兼大学院特任教授
　　　　その他東京工業大学工学部，武蔵大学経済学部，創価大学経済学部，松商学園短期
　　　大学経営情報科，信州短期大学経営科非常勤講師など
　　　2010 年平松技術士事務所
学会：2003-2005 年工業経営研究学会会長
著書：『現代生産経営論』（2001）青山社（著）【2004 年度工業経営研究学会賞】
　　　『経営管理ビジネステキスト』（2007）大和産業研究所出版部（著）
　　　『モジュール化グローバル経営論』（2011）学文社（著）【2011 年度工業経営研究学会賞】
　　　『現代社会変化と消費者・企業行動』（2000）税務経理協会（編著）
　　　『転機に立つ日本型企業経営』（1988）中央経済社（共著）
　　　『日本企業のアジア進出』（1998）税務経理協会（共著）
　　　『地球環境問題と各国・企業の環境対策』（2001）税務経理協会（共著）
　　　『現代東アジアの社会開発と儒教』（2003）高千穂大学総合研究所（共著）
　　　『経営学の新展開』（2003）ミネルヴァ書房（共著）
　　　『組織マネジメント戦略』（2005）有斐閣（共著）
　　　『アジア地域のモノつくり経営』（2009）学文社（共著）

---

現代モジュール化経営論―日本企業の再発展戦略

2012 年 9 月 20 日　第 1 版第 1 刷発行

著　者　平　松　茂　実
発行者　田　中　千津子
発行所　株式会社　学文社

〒153-0064　東京都目黒区下目黒 3 - 6 - 1
電話（03）3715-1501㈹　振替 00130-9-98842
http://www.gakubunsha.com

落丁・乱丁の場合は，本社にてお取替します　　印刷／新灯印刷㈱
定価は，カバー，売上カードに表示してあります　〈検印省略〉

ISBN 978-4-7620-2308-8
© 2012 HIRAMATSU Shigemi　Printed in Japan